本书获

教育部人文社会科学研究一般项目立项资助（批准号：11YJA860024）

浙江省哲学社会科学规划课题立项资助（批准号：07JDCB08YB）

浙江省重点学科——浙江工业大学新闻传播学学科出版资助

美国公共电视

观念、价值与规制

王哲平　著

中国社会科学出版社

图书在版编目(CIP)数据

美国公共电视：观念、价值与规制／王哲平著．—北京：中国社会科学出版社，2016.3

ISBN 978 – 7 – 5161 – 7854 – 6

Ⅰ.①美…　Ⅱ.①王…　Ⅲ.①电视节目—研究—美国　Ⅳ.①G229.712

中国版本图书馆 CIP 数据核字（2016）第 063197 号

出 版 人	赵剑英
责任编辑	刘志兵
特约编辑	张翠萍等
责任校对	蒲东春
责任印制	李寡寡

出　　版	中国社会科学出版社
社　　址	北京鼓楼西大街甲 158 号
邮　　编	100720
网　　址	http://www.csspw.cn
发 行 部	010 – 84083685
门 市 部	010 – 84029450
经　　销	新华书店及其他书店

印刷装订	三河市君旺印务有限公司
版　　次	2016 年 3 月第 1 版
印　　次	2016 年 3 月第 1 次印刷

开　　本	710×1000　1/16
印　　张	14.5
插　　页	2
字　　数	258 千字
定　　价	48.00 元

目　录

第一章　引言

所谓公共电视，简单地说，就是在西方公民社会中，通过建立和提供人人都能参与的公共领域，帮助公民实现公共利益的一种大众传媒形式。

公共电视滥觞于欧洲，英国广播公司（BBC）、德国电视一台（ARD）堪称其典范。作为一种承载了西方国家政治、经济和社会多重使命的电视体制，公共电视体现了对于广播电视社会功能的一种价值认同。历史地看，公共电视无疑是整个世界电视体制的一个重要组成部分。

迄今为止，公共电视仍是一个众说纷纭的概念。国内外很多专家认为，要对公共电视的定义进行清晰的表述非常困难。

西方学者对公共广播电视的定义源自两个维度：一是公共广播电视"是什么"；二是公共广播电视"应该怎样"。前者侧重于对公共广播电视实践的认同，后者侧重于从操作上对公共广播电视进行规范。但是，这些定义方法都不应该局限于历史的思维，而应着眼于制度和实践变革的需要，以一种动态变化的视角考察公共广播电视的现状和未来。

我国学者对此观点也有类似的表述，认为考察公共电视可以从两个维度进行分析：一种是规范性的，"理想中的公共电视是什么样的"；另一种是实证性的，"现实中的公共电视是什么样的"[①]？

美国公共电视有别于欧洲公共电视的一个鲜明特征是，美国商业电视雄厚的经济基础、娴熟的操作技巧，始终给它以无法逃遁的冲击和挑战。据 2001 年世界经济合作与发展组织（OECD）统计，美国商业媒体的收入比重占 98%，而公共媒体只占 2%[②]。这一数据足以显示美国私营的商

[①] 陆地、方芳：《国际公共电视的历史、现状和发展趋势》，《声屏世界》2005 年第 8 期。

[②] 参见国家广电发展研究中心《国外广播影视体制比较研究》，中国国际广播出版社 2007 年版，第 2 页。

业广电业具有强大的市场盈利能力和广泛的社会影响力。然而长期以来，美国政府为保障公共利益的实现，一直致力于广播电视内容在商业利益和公共利益方面的平衡，形成了一系列完备而成熟的法律法规体系①。借此，美国的公共电视与商业电视各安其命，彼此依存，互为补充。

一　研究缘起

作者选择"美国公共电视"作为研究对象，主要出于以下三个方面的考虑。

（1）前期研究的承续。2002年至2005年，作者在复旦大学新闻学院博士后流动站从事博士后研究，工作报告《中国教育电视：历史、现状与发展》最终以专著的形式于2006年由中国社会科学出版社出版。在该著中，作者把中国教育电视置于经济全球化、文化多样化、信息一体化和传媒数字化的宏观背景之下，从频道专业化的视角出发，描述了中国教育电视的发展脉络，分析了当下中国教育电视的生存状态，把握了教育电视发展与经济发展的互动关系，阐述了教育电视的功能与定位，通过与国际经验的比照借鉴，尝试在理论架构和实践导向方面探寻一条适合中国教育电视可持续发展的路径。其中的第六章"教育电视的经验借鉴"，作者主要考察了英国、美国、德国公共电视的运行机制和历史经验。美国公共电视的前身是教育电视（《1967年公共广播法》颁布后才由教育电视更名为公共电视），美国公共电视这一独特的传媒体制激发了作者的好奇心和探知兴趣——在强大的商业电视垄断了几近98%的市场份额的美国，公共电视存在的合法性和合理性何在？由于主题和论域的限制，该著不可能对其做更深入、更全面系统的探究，却为作者的后续研究预留了空间。2006年9月，作者有幸进入浙江大学从事二站博士后研究，这为作者在原有的研究基础上延续拓展，进一步开展美国公共电视研究提供了机缘。

（2）本土问题的触发。进入新世纪以来，广播电视公共服务问题渐成我国广播电视研究的"显学"，有价值的研究成果不断涌现。对此现象形成的背景原因，胡正荣有过透辟的分析："2003年，中央推行文化体制改革，

---

① 参见黄春平、杨世军《简论美国广播电视内容监管政策的演变》，《三峡大学学报》2009年第3期。

将包括广播电视业在内的文化业分为公益性事业和经营性产业。国家广电总局将 2005 年定为'农村公共服务年',而加强社会主义文化建设、逐步形成覆盖全社会的比较完备的公共文化服务体系成为'十一五'期间的重要任务之一,也是构建社会主义和谐社会的重要内容之一。在部署的七项公共文化建设重点工程中,涉及广播影视的就有三项,包括:村村通广播电视、农村电影放映和'西新工程',特别是村村通广播电视,已被列入 2006 年国务院工作要点,成为'十一五'期间社会主义农村文化建设的一号工程。由此,广播电视业的公共性及其公共服务功能日益成为理论和实践界关心的问题,如何在当前世界与国内格局下建构社会主义市场经济的广电公共服务体系,以及建构这样体系的目标是什么和如何实现等问题都是急需我们探讨和研究的。"[①] 本质地看,我国广播电视公共服务体系建设的根本目标就是要改变城乡差异、东西失衡、市场失灵的状况,提高公共服务水平,实现公共服务的均等化。全面建设小康社会战略目标的实现,需要广播电视公共服务体系的有力支撑。广播电视公共服务与美国公共电视尽管并非一个对等的概念,其历史语境和实践指向均有所不同,但是,"他山之石,可以攻玉"。对于美国公共电视这一范型的研究,或许有助于从全球化的视野更全面、更紧密地把握电视传媒本土化问题的特征与规律。

(3)赴美访学的机缘。2008 年 3 月至 2009 年 3 月,在国家留学基金委资助下,作者被公派到美国南加州大学安纳伯格传播学院(Annenburg School of Communication,ASC)做访问学者。南加州大学的 Loper 公共广播研究中心是美国公共广播研究的重镇,名流荟萃,少长咸集,学校与美国公共传媒业界、FCC 等传媒管理机构保持着稳定而良好的联系;ASC 每周工作日中午 12 点至 13 点举办的学术午餐会,可以带给与会者诸多学科前沿动态信息;而有关公共服务广播的特色讲座 *The James L. Loper Lecture in Public Service Broadcasting* 则已成为 ASC 的学术传统和文化名片,像美国传媒集团主席兼 CEO 威廉·科林(William H. Kling)主讲的 "Preseving Public Media in an Era of Change"、伯纳德·奥舍尔基金会主席玛丽·比特曼(Mary G. F. Bitterman)主讲的 "A Public Trust Revisited"、美国教育广播公司主席兼首席执行官威廉·贝克尔(William F. Baker)主讲的 "The New World of American Media" 等引人入胜。除去听讲座,

---

① 胡正荣主编:《媒介公共服务:理论与实践》,中国传媒大学出版社 2009 年版,第 7 页。

作者的大部分时间都用在了图书馆检索和研阅论文、研究报告上，如 "Public Television's Struggle to Survive: An interview with Bill Baker" "What's the Future of Public TV" "Is PBS Still Necessary?" "How FCC Justifies Relaxing Media Ownership Restrictions: An Interview with the Chairman" "How to Save Public Broadcasting: A Veteran Public Broadcasting Executive Prescribes a Solution for the Beleaguered Enterprise" "Saving Our Legacy: Archiving Television at the Crossroads" "Media Consolidation: Not in the Public Interest" "Television's Convergence Conundrum" "Does the Internet Promote Diversity?" 等，作者还借阅和扫描了一些国内稀见的公共广播电视研究专著，如 *Making a difference—Public Service Broadcasting in the European media landscape*、*The media in American politics*（Second edition）、*Television for the 21st Century: The next wave*、*Public radio and television in America: A political history*、*Public service broadcasting in transition: A documentary reader*、*The public's use of television: Who watch and why*、*Public broadcasting for the 21st century*、*Television and the public*、*Media diversity: Economics, ownership, and the FCC*、*Public television: panacea, pork barrel, or public trust? Public television for sale: media, the market, and the public sphere*、*Public television in the digital era: Technological challenges and new strategies for Europe*，等等。在南加州大学访学期间，充裕的研究时间、丰富的图书资料以及亲身的实地走访，为作者的思考与研究提供了良好的条件和保障。

二　文献回顾

本报告研究资料主要基于三个来源：一是中国大陆基础数据库（China National Knowledge Infrastructure，CNKI）中国期刊网提供的统计文献。它集中于四个部分：重点新闻传播类学术期刊；社会科学类学报；中国博士硕士论文文库；其他信息技术和社会科学类期刊。这是因为其涉猎广泛、篇幅相对短小、出版发行定期、期刊论文频繁，无论对于公共电视传播的实务和学理研究都具有更高的敏感度、及时性和反应力[1]。二是国外

---

①　参见王怡红、胡翼青主编《中国传播学 30 年》，中国大百科全书出版社 2010 年版，第 386 页。

图书馆数据库和网站论文或报告。三是国内外出版的专著。

综括业已检阅的研究文献，其主题主要集中在以下几个方面。

（一）公共利益

与公共电视概念关系最紧密的一个词当属"公共利益"。

"公共利益"（Public Interest）是西方社会的公共价值观，号称"民主政治理论的核心"。美国国会、法院以及各种利益集团在讨论和决定政策时，声称公共利益是共同的标准。任何政策、法规、观点或诉讼都需要经受"公共利益"这一标准的检验。"公共利益"因此成为传播法规中的核心原则[①]。

美国的社会价值观中对传媒影响最大的是"公共利益"。1927 年"公共利益"一词最早出现在《无线电法》中，《通信法》中则出现了 11 次，1996 年《电信法》中出现 40 次之多[②]。

纵观美国近百年的传播法规与政策，还没有哪个问题像"公共利益"这样引起了如此普遍的关注和争论，以致至今仍然莫衷一是。批评者认为公共利益"是空洞的，为管制机关的行为，既没有提供指导，也没能施加约束"[③]。前任联邦通讯委员会主席埃尔文·杜根也指出："一个成功的 FCC 政策制度，常常在对公共利益标准的热忱和厌憎之间，来回狂乱地振荡。"[④] 从某种意义上说，公共广播的制度设计最初是建立在一些不甚明晰的原则性理念之上的。只是随着实践的发展，伴随着广泛的社会争议与学理的研究和总结，这些理念才逐步清晰并日臻完善的[⑤]。

以美国广播电视为例，《1927 年无线电法》所奠定的广播频谱资源公有、委托私人运营的"公众委托模式"其实就已埋下了危机的根源。在该模式下，公共利益与商业利益之间的博弈始终伴随着整个美国广播电视

[①] 参见陈昌凤《美国传媒规制体系》，清华大学出版社 2013 年版，第 3 页。

[②] 参见陈昌凤《多重制约：美国对电视娱乐化的管控》，《中国广播电视学刊》2011 年第 9 期。

[③] Glen O. Robinson, "Title I, The Federal Communications Act: An Essay on Origins and Regulatory Purpose", in Max D. Paglin（ed.）, *A Legislative History of the Communications Act of 1934*, New York: Oxford University Press, 1989.

[④] Ervin G. Krasnow and Jack N. Goodman, *The "Public Interest" Standard: The Search for the Holy Grail*, 50 Fed. Comm . L. J. 605, 1998.

[⑤] 参见郭镇之《美国公共广播电视的起源》，《新闻与传播研究》1997 年第 4 期。

业，因而适度、有效的政府规制就成了公共利益的生命线。一旦规制放松，公共利益不可避免地为商业利益所侵蚀，这正是美国广播电视体制的困境之所在①。

可见，实践中的"公共利益"并不像其字面所示的那样简单，而是具有模糊性和功利性。在市场环境下，它总是一个被各种利益集团所利用的概念，各个利益集团试图借公共利益之名行集团利益之实，以致在制定政策过程中，由于媒介和公众间组织资源不平衡，公共利益往往不能公平表达。正像迈克尔·罗金斯指出的那样，由于公共政策包含着一种选择，它们常常引起争论，所以不得不以"公共利益"的名义来辩护②。约翰·基恩（John Keane）也注意到公共媒介也会不平等地分配表达权和被告知的权利，新闻工作者反而依赖仅由媒介指派的一组专家或"撰稿人"来代表公众说话③。

考察"公共利益"这个概念，起初是为了处理基础产业所涉及的商业利益与大众利益的关系，根源于政府有责任创造有利于服务公众的健康的垄断企业。这个概念与垄断、企业自由、经济权利存在着密切关联。"公共利益"一词广泛运用在不同场合，就其字面含义来说，公共利益与个人利益、特殊利益相对立，是"普遍利益""公共福利""社区利益"和"公共品"等。公共利益概念本身是为了平衡矛盾、谋求协调，因此，它始终是复杂的和充满纷争的。鉴于"公共利益与广电媒介规制的复杂关系"，学者提醒应该更加"关注媒介规制的公共利益本体"④。

综观有关"公共利益"的讨论，当斯（Downs）将其分为三个学派：第一种主流学派（Majoritarian），指的是大多数人的利益，因此集合了多数人的偏好，就是公共利益；第二种则指的是不管人们怎么想，公共利益要根据一些绝对的价值标准，如公共广播电视系统，就依据一些标准如保留本国文化与认同，有教育、资讯服务的要求等；第三种学派则是"实

---

① 参见张春华《美国广播电视体制的反思与中国启示——基于公共利益与体制变迁的视角》，《中州学刊》2011年第5期。

② 参见［美］迈克尔·罗金斯等《政治科学》，林震等译，华夏出版社2001年第6版，第32页。

③ 参见［英］约翰·基恩《民主与媒介：缺乏依据》，载奥利弗·博伊德-巴雷特、克里斯·纽博尔德主编《媒介研究的进路》，汪凯、刘晓红译，新华出版社2004年版，第324页。

④ 夏倩芳：《公共利益界定与广播电视规制——以美国为例》，《新闻与传播研究》2005年第1期。

际派"（Realist），认为政治机构经由决策过程作出的决策，就是符合公共利益，这种"公共善"的途径强调终极的目的，如"资讯社会"之达成乃符合公共利益。公共利益的规约假设在特殊的政治或经济精英利益之上，存在着"公共善"，这对媒介而言尤具意义，如内容规约、频谱管理以及如补贴报业等，都是基于"公共善"的考量①。

有必要提醒注意的是，"近年来有关广播电视公共服务的论文大多集中在探讨广播电视的公共品属性及其产供组合方式的变化，但实际上，无论是发展公益性事业还是建构公共文化服务体系，都关乎一个最基本的学术概念和实践理念，那就是对于公共利益及其实现手段的认识"②。

（二）公共服务

作为一个基本概念的"公共服务"，应该归功于法国学者莱昂·狄骥（Leon Duguit）的思想贡献。1912 年，他在《公法的变迁》一书中，首次将"公共服务"作为现代公法制度的一个重要术语提出。在他看来："现代公法制度背后所隐含的原则，可以用这样一个命题来加以概括：即那些事实上掌握权力的人……负有使用其手中的权力来组织公共服务，并保障和支配公共服务进行的义务。……公共服务的概念也就因此成了现代公法的基本概念。"这位公法学者如此界定"公共服务"的意涵和特征："任何因其与社会团结的实现与促进不可分割、而必须由政府来加以规范和控制的活动，就是一项。只要它具有除非通过政府干预，否则便不能得到保障的特征。"③

"公共产品"是著名经济学家保罗·萨缪尔森（Paul A. Samuelson）于 20 世纪中叶提出的一个重要学说。他在《公共支出的纯理论》一文中，从消费的角度清晰地阐述了公共产品的基本特征：效用的不可分割性、消费的非竞争性和受益的非排他性，即任何人消费这种物品不会导致他人对该物品消费的减少。萨缪尔森认为：政府提供公共产品与公共服务具有提高市场效率、实现社会平等和稳定经济的三个重要作用。这就是说，依据市场经济和公共产品理论，政府不仅要为市场经济运行提供必要

---

① 参见彭芸《NCC 与媒介政策——公共利益、规管哲学与实务》，风云论坛有限公司 2012 年版，第 22 页。

② 胡正荣主编：《媒介公共服务：理论与实践》，中国传媒大学出版社 2009 年版，第 7 页。

③ 李军鹏：《公共服务学——政府公共服务的理论与实践》，国家行政学院出版社 2007 年版，第 33 页。

的外部条件，还要在市场经济中发挥填空补充、矫正和调节作用。政府成为公共经济活动的中心，为社会提供越来越多的公共产品和劳务。

美国公共服务运动的创始人和第一任主席罗伯特·B.登哈特与其夫人珍妮特·V.登哈特在对新公共管理进行反思和批判的基础上，通过比较分析，从七个方面系统地阐述了新公共服务的基本理论内涵：（1）服务于公民，而不是服务于顾客；（2）追求公共利益；（3）重视公民权胜过重视企业家精神；（4）思考要具有战略性，行动要具有民主性；（5）承认责任并不简单；（6）服务；（7）重视人，而不只是重视生产率。他们期待，"促进公共服务的尊严和价值"和"将民主、公民权和公共利益的价值观重新肯定为公共行政的卓越价值观"的核心理念，将有助于从我们自身内部寻找我们所作所为的精神之所在①。

新公共行政理论的形成，源于它强烈主张将社会公正作为公共行政的重要价值。新公共行政理论最早的倡导者之一托德·拉波特（Todd LaPorte）认为，社会公正应该是行政管理职业者的最为重要的价值，"公共组织存在的目的就是要降低人类经济的、社会的、精神的痛苦，并改善组织内外部人们的生活状况"。拉波特坚信，当代公共行政产生的诸多问题都可以追根溯源，它在传统上过少关注社会公平，过少关怀相对弱势群体的福利改进②。

公共服务有赖于广泛的公民参与。约翰·克莱顿·托马斯指出："今天，政府做出公共决策的方式发生了重要的变化。人们已经不能再接受这样的观念，即政府的公共政策是由那些掌握权力，声称代表公共利益，但拒绝公民参与政策过程的少数领导人制定的。""新的观念认为，现代公共管理者作为公共政策的制定者，他们对于公民偏好与利益的认定和选择，远比他们对技术标准的界定和提供要重要得多。"伴随着公民参与的作用和公民管理的本质被重新定义，公共管理已经成为推进民主决策的一个基本目标③。

从传播政治经济学角度看，公共利益、公共服务的实现，有赖于公共

---

① 参见［美］珍妮特·V.登哈特、罗伯特·B.登哈特《新公共服务：服务，而不是掌舵》，方兴、丁煌译，中国人民大学出版社2010年版，前言。

② 参见［美］约翰·克莱顿·托马斯《公共决策中的公民参与》，孙柏英等译，中国人民大学出版社2010年版，第14页。

③ 同上书，第1页。

政策的保驾护航，而政策理念、制度安排与实施又深受政治经济思潮的影响。"存在于发达资本主义民族国家内部的'公共领域'和自由民主制度有其特定的世界历史条件和演变路径。比如，西欧历史上的'公共领域'中的'自由个体'首先是第一世界的白种有产男性，他的主体性是与殖民主义和后殖民国际政治经济密不可分的。"因此，"中国传播学者不要滥用'全称命题'而混淆自由主义、权威主义与极权主义传媒的界限，盲目地把西方学者在西方语境下对西方媒体制度不够民主或'去民主'（Curran & Leys，2000）的批判照搬到中国"[①]。

（三）公共政策

公共政策（Public Policy）是政府就社会公共事务或社会问题所采取的政治策略或行动。托马斯·戴伊（Thomas R. Dye）认为："凡是政策决定做的或不做的事情就是公共政策。"[②] 戴伊的界定突出了政策的行动特征。其实，政府的不作为并不代表没有政策，政府决定做或不做与政府真正做或不做差别很大。

美国政治学家戴维·伊斯顿（David Easton）强调："公共政策是对全社会的价值作权威性分配，包含着一系列分配价值的决定和行动。"[③] 伊斯顿所谓的"全社会的价值"可理解为公共利益，任何公共政策都是对公共利益进行分配。虽然公共政策以服务和增进公共利益为出发点，但任何政策都是对公共利益的分配，本身就意味着不同群体的利益会出现"得到"或"失去"、多或少的差异，因此公共政策制定过程实则是不同利益主体相互博弈的过程。参与这场博弈的不只是各利益群体，还有政府部门。政府的自利性不仅表现在追求部门的物质利益，也表现在政绩、工作便利性的追求等，还表现在政府工作人员个体的自利性[④]。

20 世纪 70 年代中期以来，西方尤其是美国公共政策研究领域出现了一场研究政策执行的热潮，形成了声势浩大的"执行研究运动"。其兴起

---

① 赵月枝：《国家、市场与社会——从全球视野和批判角度审视中国传播与权力的关系》，《传播与社会学刊》2007 年第 2 期。

② Thomas R. Dye, *Understanding Public Policy* (6th ed.), Englewood Cliffs, N. J.: Prentice-Hall Inc., 1987, p. 2.

③ D. Easton, *The Political System*, New York: Knopf, 1953, p. 129.

④ 参见何志武《公共政策的电视对话：协商民主的视角》，《当代传播》2010 年第 2 期。

以 1973 年加州大学的普雷斯曼（T. L. Pressman）和韦达夫斯基（A. Wildavsky）的专著《执行——华盛顿的美好期待是如何在奥克兰破灭的》的出版为标志。自此开始，西方国家在政策执行的研究方面逐渐形成三个重要的发展时期：第一代研究的主要特点是偏重政策执行实务、个案研究及坚持自上而下的政策执行研究路径，代表者为普雷斯曼与韦达夫斯基；第二代政策执行研究是在对第一代政策执行研究批评和发展的基础之上建立起来的，更加偏重政策执行理论分析框架及模式的建立，主要代表人物是爱德华兹（George C. Edwards）、萨巴蒂尔（Paul Sabatier）等；第三代研究试图克服第一代和第二代政策执行研究的弊端，提出更加整合的执行框架。整合型的执行研究路径强调政府机关间的网络关系与政策执行力的表现[①]。

虽然人们普遍认为公共广播是社会公器，可以为公众带来更多的信息、教育和文化体验以及政治对话，但回首美国公共广播的公共政策，它并没有得到任何特殊对待，更多的时候反倒是被忽视。《1967 年公共广播法》不仅未使困扰非商业电视多年的长期资金问题得到解决，而且还使公共广播抗拒政治压力的能力从一开始就受到了限制。1981 年，里根政府通过了《公共广播法修正案》（*Public Broadcasting Amendments Act of 1981*），进一步削减了对公共广播的政府资助，公共广播再次陷入困境。《1996 年电信法》（*Telecommunications Act*）对公共广播只字未提，公共广播彻底被排除在主流政治话语之外[②]。

英国学者哈奇森在论及媒介政策时曾说过，政府在媒介领域所制定和实施的公共政策往往体现了统治者与被统治者之间的关系，透视出一个政府如何看待自己的公民及其社会作用（Hutchison & David，1999），也体现了政府执政的政治观念和价值理念。英国广播电视公共服务政策几经变革与调整，这期间信息传播技术的进步与政治经济社会环境的变迁自然是促使政策变化的重要因素，而意识形态的变化则是其重要根由之一[③]。

中国台湾地区公共电视不同于 BBC、NHK 等经典公共电视模式的诞生背景决定了其发展路径的独特性。台湾公共电视的构建与形成是政府的

---

① 参见贺东航、孔繁斌《公共政策执行的中国经验》，《中国社会科学》2011 年第 5 期。

② 参见侯红霞《美国公共广播的公共政策和资金模式》，《现代传播》2012 年第 3 期。

③ 参见李继东《英国公共广播电视政策变迁的意识形态成因分析》，《新闻大学》2007 年第 3 期。

重要公共政策之一。台湾公共电视政策从构想、提出到最终形成经历了18 年的时间，经过政府、学界及民间团体和公众的共同参与，终于达成共识，在政策形成过程中，我们清晰地发现：台湾的公共电视政策从比较复杂的政治干预转向了相对独立、自主的发展空间，但是经济因素的影响在随后的十年（1997—2006 年）变得越来越重要①。

（四）传媒公共性

"公共性"这个概念在传播研究中始终占据关键性的位置。从早期的李普曼的研究、传播批判学派的阐述到近年来关于各种公共媒体的探讨，始终聚焦于"公共性"话题。这一方面是由于传播研究者关注身负"第四权"的重责大任的媒体，看重媒体与公共利益之间的紧密关系；另一方面，媒体再现经验、建构认同、形塑社会关系，理论上，公众经由大众媒体进行沟通，了解彼此对公共事务的意见，"公共性"由此而生②。

公共电视之所以具有公共的属性，"不是因为它占据了完全分离的空间，相对自由地存在于市场的考虑之外，而是因为它是由特定形式的过程构成的，这个过程中坚持民主胜于商品化"③。公共电视不仅要为所有的人提供相同的服务，而且要为那些更需要服务的人们提供更高层次的服务。倘若它不这么做，公共电视这个名头也就毫无价值了。

传媒公共性是自新世纪以来学界的热点问题和业界普遍关心的话题。公共性是传媒的本质属性，它体现在一定历史场景中传媒以公共利益至上为原则的实践中。今天重提公共性问题，并不是简单重复，而是在多元利益群体并存的社会结构中和媒介技术发展的新阶段对这一问题的新思考④。

传媒公共性的缺失与公共性传媒的缺位，是世界范围的传媒危机。传媒公共性的缺失是政治和经济双重逻辑制约的结果。因为传媒一方面受到

---

① 参见刘新传《商业与公共的博弈：台湾公共电视政策的形成、变迁及启示——以台湾公共广播电视集团（TBS）为例》，《现代传播》2010 年第 10 期。

② 参见黄月琴《公共领域的观念嬗变与大众传媒的公共性——评阿伦特、哈贝马斯与泰勒的公共领域思想》，《新闻与传播评论》2008 年卷。

③ ［加］文森特·莫斯可：《传播政治经济学》，胡正荣等译，华夏出版社 2000 年版，第 165 页。

④ 参见李良荣、张华《参与社会治理：传媒公共性的实践逻辑》，《现代传播》2014 年第 4 期。

政治集团的控制，出于保护自身利益的需求，传媒经常会与国家、政治集团或其他利益群体达成妥协；另一方面，传媒又受到商业逻辑的控制。在市场利益驱动下，传媒往往在社会责任、伦理道德与巨额商业利润的纠结中陷入困境，以致丧失其社会独立品格，放弃其社会公众立场①。

从电视的产业（industry）、视听文本（sets of audio - visual texts）以及社会文化经验（sociocultural experience）这一"电视三棱镜"（television prism）的视角去分析电视的公共性，是瑞典学者达尔格伦的创新。他认为，就产业而言，要看的方面有组织的结构与动力、运作上专业的框架以及政治经济；就电视文本而言，要观照其对话的形式与对不同观点的敏锐度；就社会文化经验而言，要注意阅听人经由视听所感受到的文化生态。"公共性"与这三者息息相关②。

在潘忠党看来，传媒公共性是指传媒作为社会公器服务于公共利益的形成与表达的逻辑实践。它体现在三个方面：传媒的服务对象必须是公众；传媒作为公众的平台必须开放；传媒的使用和运作必须公正。传媒公共性是在体制场景下传媒实践所体现出的逻辑，离开了传媒的实践，任何体制安排都与传媒的公共性之间没有必然的逻辑关联③。

朱清河强调，现代政府和传媒是践行公共思想的两大社会主体，其公共性的兑现，既要依赖于二者对应然公共性理念的共识和信仰程度，又要紧贴社会当下看二者之间的实践默契与妥协程度。然而，政府—传媒公共性实践中呈现出的多维困境告诉人们，失去了对公共精神的培育与敬畏，只追逐各自"自利性"本能的放大与满足，再好的社会民主理论设计与制度安排，都将形同虚设④。

肖生福认为，传媒的公共性是指传媒在服务于公共利益以及促进公共生活的过程中所体现出来的一种属性。传媒的公共性是传媒的一种"镜像"属性，它是从传媒的外部（即社会公众及其公共利益与公共生活）

---

① 参见张金海、李小曼《传媒公共性与公共性传媒——兼论传媒结构的合理建构》，《武汉大学学报》（人文科学版）2007 年第 6 期。

② Peter Dahlgren, *Television and the Public Sphere: Citizenship, Democracy and Media*, London: Sage, 1995, p. 72.

③ 参见潘忠党等《反思与展望：中国传媒改革开放三十周年笔谈》，《传播与社会学刊》2008 年第 6 期。

④ 参见朱清河、张荣华《现代政府——传媒公共性实践的多维困境》，《国际新闻界》2012 年第 9 期。

来加以判定的，只能从人们公共活动的实际状态来判断传媒对其施加的影响（即传媒公共性状况）①。

许鑫指出，传媒公共性是在传媒体制规训下传媒实践公开性、批判性和公益性理念所产生的社会公器属性，包括"应然"和"实然"的双重含义，涵盖理念、体制和实践三个层面。传媒公共性问题的实质是媒体与民主的关系问题，尤其是传媒自身的民主化问题，核心是传媒与政府、市场、公众之间的关系或传媒管理体制问题②。公共电视的基本功能应该包括两个层次：第一层次是提供公共信息服务，满足公众的知情权，这是最基本的服务，即实现汤普森所谓"可见的公共性"；第二层次则是提供公共话语平台，组织公共讨论，形成公共舆论，满足社会公众的表达权、参与权和监督权，即实现哈贝马斯所谓"对话的公共性"③。

中国台湾学者夏铸九从台湾公共电视的现状出发，认为应从政经时空背景的脉络探讨公共性的定义，并质疑现实中所谓"公共媒介"公共性的虚矫，揭开其为商品化和私有化的烟幕。身为公共领域核心的公共性是一种"既定权力关系下的论述的建构"，其内涵端是"制度层面的斡旋中介"，从林林总总的论述来看，公共性是一种"非物质化的'公共幽灵'"④。

另一位台湾学者方念萱在《与谁与共？台湾公共媒体公共性的扎根法研究——以公共电视公众近用节目为主》一文中，则采用扎根法研究对"公共媒介"内部关于"公共性"概念的衍生与变换进行了细致的考察。

（五）公共电视存在的必要性

公共广播电视从一开始便成为独立追求文化目标的社会公器。虽然欧洲各国除奥地利和爱尔兰以外，或多或少地引进了商业广播电视，各国公营广播电视机构的力量相对削弱，但没有一个国家抛弃公众利益的原则，

---

① 参见肖生福《传媒公共性之内涵解析与考察框架》，《社会科学论坛》2010 年第 9 期。
② 参见许鑫《传媒公共性：概念的解析与应用》，《国际新闻界》2011 年第 5 期。
③ 参见许鑫《公共电视的本质、模式及其建构——对重庆卫视"公益频道"实验的反思》，《理论导刊》2013 年第 5 期。
④ 参见夏铸九《重建构公共空间——理论的反省》，《台湾社会研究季刊》1994 年第 16 期。

完全把广播电视当作一般产业对待。德国一方面大力引进新技术和新的私营频道，另一方面对私营领域的各频道严加管理，并且从宪法的高度保证公营广播电视及其价值体系在今后的主导地位。即使在美国，集中反映了市场化思潮的《1996 年传播法》也没有抛弃公众利益这一概念①。

欧洲广播联盟主席阿尔内·韦斯贝里在 2001 年的一次关于世界公共广播电视的未来的会议上强调："必须加强现在的公共广播电视，以保证在数字时代社会的民主和多元化。公共广播电视在信息社会中的任务是培养文化多元性和平等性，培养社会凝聚力，保证为全体欧洲公民提供全面的服务。这要求公共广播电视必须有明确的管理框架和充足、稳定的财政来源。在这种情况下，对区域型社会提供综合服务的义务是为了保证公民的基本权利。"②

英国《2003 年通讯议案》第一次宣称要把公共服务广播概念以法律的形式定义下来。按照它的观点，一些广播公司是完全的公共服务广播，另一些有较少的公共服务性质，有的一点儿也没有。总之，演变后的公共服务广播概念将不再拒绝商业频道，而是通过强有力的规制确保其公共服务性质，并以多样的体制保持其经费活力。虽然这一议案没有被《2003年通讯法》通过，但从中可以看到，公共服务广播的概念已经观念化或者理念化。正如詹姆斯·卡瑞（James Curran，2001）所评价的那样，公共广播电视本来就是一个需要不断重新定义和发展的概念。强调公共广播电视的观念化，有利于更好地理解公共广播电视所建构的价值观和历史、文化意义③。

法学家查尔斯·贝克（Charles E. Baker）在深刻检视精英民主、共和、自由多元与复合民主理论及传媒经济的内部机理后犀利地指出："美国的市场机制不能提供受众所真正想要的传媒内容。"④

从根本上说，"当市场已经脱离了社会发展进程，围绕着公共电视的

---

① 参见赵月枝《公共利益、民主与欧美广播电视的市场化》，《新闻与传播研究》1998 年第 2 期。

② 袁侃、周怡：《西方公共广播电视体制变迁研究——以 BBC 为例》，《青年记者》2005 年第 11 期。

③ 参见李娜《欧美公共广播电视危机与变迁研究》，中国传媒大学出版社 2009 年版，第 7—8 页。

④ ［美］查尔斯·埃德温·贝克：《媒体、市场与民主》，冯建三译，上海世纪出版集团 2008 年版，内容简介。

争论实际上更多的是关注我们的整个生活，我们的行为准则、价值观以及道德体系"①。

对于查尔斯·麦克格拉思（Charles McGrath）怀疑公共电视是否还有存在的必要："有线电视能提供你在公共电视频道所看到的一切，至少在某些方面做得更好"，纽约市公共电视台台长尼尔·夏皮罗（Neal Shapiro）辩称："公共电视节目与有线电视节目是完全不同的，有线电视节目是简单的拼贴，而公共电视节目则是深入地研究并注重质量；公共电视节目不是改造原有节目，而是原创的。"②

随着媒介技术的迅猛发展，有学者认为，新媒体能取代公共服务广播。加拿大学者朱莉亚·罗扎诺瓦（Julia Rozanova）指出，这种观点是非常错误的。首先，西方社会和类似俄罗斯这样的集权政府竭力控制电视，这一事实说明了电视的巨大影响力。其次，网络并非是一个自由而不受监控的领地。最后，这一说法涉及公共领域的碎片化和对其本质的扭曲。新媒体是服务于少数人的媒体，而少数人的利益表达自然不能等同于公众利益③。

中国台湾学者针对公共广播服务在"形式上始终是透过公共资源做出的一种市场干预"的怪论反唇相讥："公共广播中不少价值和原则，尤其是维护公众利益的原则，不但不是干预市场，而且更是市场经营运作赖以维持的一些要素。例如公共广播所担当的公民教育的责任、对社会核心价值（例如法治自由）的传扬等，都是以公共资源制作而成的，但这些节目在哪一点上干预了市场运作呢？"他们坚定地认为，公共广播在民主开放社会里扮演的独特角色无可替代④。

从实践上看，台湾公共电视诞生在商业化环境主导的台湾媒介生态中，而且是在新自由主义逐渐兴起、全球公共广播电视由盛转衰的历史时期。台湾公共电视为什么能够逆潮流而上并显示出蓬勃的生机？这其中体现了台湾地区媒介发展的特性，同时也显示出公共电视在商业化环境中存

---

① 洪浚浩、劳伦斯·舍立克：《BBC 与 BSkyB 之战：新环境下公共广播电视与商业广播电视的竞争及启示》，《新闻大学》2003 年冬季号。

② Fritz Jacobi, "Is PBS Still Necessary?", *Television Quarterly*, Spring/Summer, 2008, p. 38.

③ Julia Rozanova, "Public Television in the context of established and emerging democracies: Quo Vadis", *International Communication Gazette*, No. 69, 2007, p. 129.

④ 参见张楚勇《公共广播的使命非市场所能取代》（http://www.rthk.org.hk/mediadigest/20060215_76_120831.html）。

在的必然性①。

　　总而言之，公共广播电视并不会因为商业化的侵袭而寿终正寝。因为公共广播电视在政治上、文学艺术上和社会生活方面发挥着一种独特的广义上的文化作用，这种作用在很大程度上可以而且应该是不变的。"在当今世界上，公共广播也许不是最好的传播制度，但应该算得上'最不坏'的政策选择。中国应该加入'公共服务'不变的传统中来。"②

（六）公共电视遭遇的现实挑战

　　公共电视遭遇的挑战与危机显然是多方面的。但是，资金短缺是当前西方公共电视生存困境的主要原因之一。例如，收视费的义务征收困难加大；财源受国家的影响，政治因素无法摆脱；作为补充的商业收入暧昧不清③。频道资源不再稀缺使公共电视昔日"唯我独尊"的地位与权威大打折扣；相关法规日渐放松使公共电视需要面对更加激烈的竞争；受众细分趋势日益明显造成原有的目标受众群不断流失；商业台的竞争使其处于不利的地位④。

　　另一个突出的问题是"伪广播电视公共服务"的挑战，公共广播电视的弱势以及政治与市场的干预，形成了公共电视实践的阻碍⑤。

　　一些学者还分别以英国、美国、日本的公共电视为个案，深入剖析了不同国家在公共电视领域遇到的具体问题和挑战。

　　在英国，20世纪80年代开始，来自大企业的商业压力，使BBC不得不以多种方式参与激烈的竞争并进行组织和机构改革。以此为开端，欧洲公共广播电视体系发生"裂变"：公共性传媒日益丧失其公共服务和公共表达的社会职能，而向以美国为代表的私有化传媒体制与高度商业化运作模式转化。欧洲公共性传媒最大限度地向商业性传媒转化⑥。英国BBC当

---

① 参见刘新传《商业与公共的博弈：台湾公共电视政策的形成、变迁及启示——以台湾公共广播电视集团（TBS）为例》，《现代传播》2010年第10期。

② 郭镇之：《欧洲公共广播电视的历史遗产及当代解释》，《国际新闻界》1998年第5—6期。

③ 参见崔亚娟、俞虹《以财源为核心的公共电视运营模式分析——域外公共电视系列研究之一》，《现代传播》2008年第4期。

④ 参见张钗《西方公共广播电视现状透视》，《声屏世界》2005年第6期。

⑤ 参见张毓强《角色与责任：西方广播电视与公共服务》，《现代传播》2008年第1期。

⑥ 参见张金海、李小曼《传媒公共性与公共性传媒——兼论传媒结构的合理建构》，《武汉大学学报》（人文科学版）2007年第6期。

前面临的两个问题是：其一，新技术、新媒体带来的挑战；其二，BBC的管理必须面对日趋严格的公众监督①。

在传播革命的新环境里，公共电视如何既利用好旧的体制，又采取新的策略和手段至关重要。公共电视确实需要改革。BBC虽然采取了一系列商业化和私有化的应对策略，但并未动摇它的公共电视领军者的地位。不可否认的事实是，许多人以为公共电视即将衰亡，但是它并没有消失，相反，通过改进服务、调整手段，公共电视已经在这个多频道的时代重获新生②。

在美国，对美国电视新闻业者的访谈，反映了目前美国公共电视生存不易，造成这种状况的原因一方面是由于电视媒体本身受到新媒体的冲击，另一方面是由于媒体的体制和环境③。在某种程度上，美国的情况与英国的情况有点儿类似。

自1968年以来，美国国会每年都把公共电视的未来置于非常危险的境地。资金成为危及公共电视生存的头号难题。尽管许多人断言，公共电视应当在自由市场经济的政策下得到生存和发展④。

在联邦政府提供的资金严重不足的情况下，公共电视提出的只吸引特定观众的"精英"定位受到社会的质疑，而且被批评为"势利眼"。因此，如何用有限的节目资源去吸引大量的受众，公共电视确实有必要制定一套系统的生存战略⑤。

"由于资金的不确定性和长期短缺，公共电视的节目决策日益保守。资金赞助在公共电视的节目决策过程中扮演的角色是一个很微妙却非常重要的驱动力量，各种赞助力量虽然没有直接干涉节目，但一些被赞助者为了拿到资助经费，会下意识地在某种程度上投其所好。这样，赞助者还是以

---

① 参见侯红霞《英国公共服务广播面临的问题及对策》，《中国广播电视学刊》2008年第4期。

② 参见洪浚浩、劳伦斯·舍立克《BBC与BSkyB之战：新环境下公共广播电视与商业广播电视的竞争及启示》，《新闻大学》2003年冬季号。

③ 参见沈国麟《美国公共电视的生存空间——美国公共电视网（PBS）记者温格·艾菲儿访谈》，《新闻大学》2008年第2期。

④ 参见陆地、方芳《国际公共电视的历史、现状和发展趋势》，《声屏世界》2005年第8期。

⑤ 参见［美］詹姆斯·沃克、道格拉斯·弗格森《美国广播电视产业》，陆地、赵丽颖译，清华大学出版社2005年版，第156页。

资金作为筹码在某种程度上对节目题材、创意和决策施加了无形的影响。"

"如果延续现在的资金结构，只能导致美国公共电视在越来越谨小慎微、囿于常规的同时日趋商业化，最终与其创建者的初衷渐行渐远。要想让公共电视真正成为激发公共辩论、促进社会民主的有力工具，构建一个全新的稳定、独立和充裕的资金体系是必由之路。"①

在日本，NHK 发生信任危机引发日本学界和业界对"公共放送"进行讨论的案例。学者指出，NHK 作为公共放送拥有的公权力的主权是否属于视听民众，即是否"公权在民"，是日本学界和业界对公共放送理解上的分歧所在②。

按照媒介经济学者布鲁斯·欧文（Bruce M. Owen）和史蒂文·怀尔德曼（Steven S. Wildman）的观点，一般来说，竞争性市场趋于高效，专控性市场趋于低效。而市场低效的原因之一，便是"限制——通常是政府鼓励实施的限制，禁止某些产品或业务的交易，或者禁止在这些业务中存在完全的市场"③。

一直以来，公共广播电视依靠收取执照费的垄断经营备遭诟病。"那种试图以公共领域的垄断经营来确保广播电视公共性的观点，只是电波短缺时代的认识，在多频道竞争的今天，将所有频谱资源视为公共资源的物质基础已经不复存在，固执于这一观点会妨碍广播电视的多元化发展，也无助于激活竞争、提高效率"④。

（七）公共电视的规制变迁

自由化、商业化和"非规则化"是 20 世纪 80 年代以来欧美广播电视的三项变革内容。这场改革意味着欧美广播电视管理在总体指导思想上的市场化和政策天平上由公众利益向商业利益的倾斜⑤。

---

① 侯红霞：《美国公共电视的资金机制及其问题》，《现代传播》2013 年第 9 期。

② 参见徐帆《2008 年中国电视研究报告》，2009 年 3 月，传媒学术网（http：//www. chi-namediaresearch. cn/）。

③ Bruce M. Owen and Steven S. Wildman, *Vedio Economics*, London：Harvard University Press, 1992, p. 36.

④ 康贤斗：《多媒体时代韩国广播电视业的发展》，中日韩广播电视发展国际学术研讨会，北京，2000 年 6 月。

⑤ 参见赵月枝《公共利益、民主与欧美广播电视的市场化》，《新闻与传播研究》1998 年第 2 期。

表达自由、公共利益、多样性、竞争、普济服务等是欧美国家与政府传媒政策的中心范畴，而政治福利、社会与文化福利、经济福利则是其基本目标取向。在这些基本目标之间，一直存在着潜在的与现实的多重冲突。尽管理论上公共利益的宗旨未有改变，但是，当今欧美国家与政府传媒政策偏重于从经济角度酝酿传媒政策却是不争的事实。这一点在实际的表现方面更是如此。美国《1996年电信法》和20世纪90年代英国《广播电视法》就是典型代表。欧美主导下的WTO，在传媒政策上也呈现出相当强烈的自由贸易倾向①。

新自由主义对西方广电业的影响将会是持久而深远的。欧美电视传播机制从国营垄断向市场模式转变，在经济层面回应了20世纪80年代以来在美、英掀起的新自由主义大潮。如何处理好市场逻辑与保护公众利益的社会责任、经济效益同社会公平之间的关系，成为广电产业规制永恒的难点②。

传媒技术不仅全景式地改变了世界及人们的生活方式与文化价值，而且在20世纪90年代前后促使传媒技术形态发生范式转型。多媒体跨媒体融合成为传媒组合的突出景观之一。当代传媒新技术，尤其是互联网的飞速发展，不仅导致了当代西方传媒制度的结构重建，而且激发了当代西方传媒制度历史性转型过程中诸多深层次矛盾。较为错综复杂的西方传媒制度形态基本集中在电影与广播电视，其较能凸显当代西方大众传媒制度的特殊之处，显示当代西方传媒制度内在的现实冲突与矛盾理念。深入考察当代西方传媒制度形态，不仅是把握当代西方传媒现状与演化态势的枢纽之一，而且也是透视当代世界传媒发展的重要角度③。

在全球曾引发热议的高清电视标准和数字电视标准，充分显示了电视媒介更新换代并非简单的技术问题。在欧美数字电视标准的确立背后，是国家利益、集团利益以及公众利益在相关规制政策的制定中的多重博弈④。

---

① 参见金冠军、郑涵、孙绍谊主编《国际传媒政策新视野》，上海三联书店2005年版，第87页。

② 参见郭小平《新自由主义思潮对当代西方广播电视业的影响》，《新闻大学》2008年第1期。

③ 参见郑涵、金冠军《当代西方传媒制度》，上海交通大学出版社2008年版，第1页。

④ 参见赵瑜《电视媒介新技术背后的利益博弈——从欧美数字电视标准的确立谈起》，《中国广播电视学刊》2008年第5期。

　　美国的社会价值观对传媒规制具有重要的影响，公共利益、自由市场、多样性、公平、竞争等成为规制的基本原则。美国传媒规制系统及其理念与运作，蕴含了资本主义制度下传媒制度的内在规律和问题，也彰显了信息化、全球化时代西方主流国家的传媒战略。美国的传媒规制系统组成至少包括法制系统、行政系统、传媒专业系统、权势集团和社会力量，这些系统之间复杂的互动关系作用于传媒政策规制，从而合力规制传媒①。作为匡补商业利益偏失、捍卫公共利益目标的公共电视，不可能不受到这种规制体系嬗变的制约和影响。

　　英格尔曼的《美国公共广播和电视：一部政治史》，从一个独到的考察视角——政治史出发，对第二次世界大战以来美国非商业广播和电视的发展提供了阐释性概述。其方法来源于传播学研究的批判学派，探讨审视处于广阔的社会（如政治、经济和意识形态等）背景中的大众传媒。其批判方法的基本原则是"传播的社会关系是与社会的权力关系分不开的"。该著作广泛地聚焦于发起和形成公共广播电视主要机构的社会力量上，不期望提供非商业广播电视权威的制度发展史。它只是一种说明叙述，针对美国历史上公共广播的轨迹提出系列问题并阐明固定的模式。

　　德国是除英国之外西欧公共广播电视极具代表性的国家，其体制模式、治理结构等方面都有可资借鉴和可供研究之处。严斯·鲁赫特（Jens Lucht）博士的专著《德国公共广播电视：基础—分析—展望》就二元体制模式下德国公共广播电视的现状和发展趋势、德国公共领域的建构等政治民主进程中的社会参与等问题进行了深入阐述，力图根据公共广播电视体制的社会价值和政治价值，对公共广播电视是否是一个过时的模式作出一个根本的回答。

　　《公共广播收入模式研究》一书以传播政治经济学为研究范式，系统考察了英国、德国、加拿大和日本公共广播体制的历史演变及其影响因素，深入分析了英国公共广播制度多元化发展的社会环境因素、德国公共广播制度变迁的法律保障体系、加拿大公共广播制度变迁中的政府与文化因素、日本公共广播制度变迁的技术因素，借此阐述公共广播收费模式的变迁历程和发展趋势的内在机理。

　　专著《欧美公共广播电视危机与变迁研究》则把欧美公共广播电视

---

　　①　参见陈昌凤《美国传媒规制系统》，清华大学出版社 2013 年版，封底。

的危机与变迁置于市场化背景下予以宏观审视，揭示了传播制度背后的政治经济思潮和权力影响，探索了公共广播电视与国家、市场和公民社会之间的互动关系。

（八）公共电视的本土实践

中国大陆和台湾关于公共电视的理论研究及探索实践因了海峡两岸在制度与传媒政策上的显著差异，而各自的探索路径有所不同。

1. 大陆地区

从理论研究层面看，近些年来，中国有关公共电视的研究较之以往纯介绍性质的文章显得更加深入。这些成果一方面从学理上厘清了公共广播电视存在的理论基础，认为公共广播电视在全球化时代仍然不可替代，缺少"公民社会"，最终会导致社会基本结构的解体；另一方面则运用制度比较等方法分析了西方公共电视的不同类型，并较为客观地分析了西方公共电视遇到的困境和应对的措施，让人们看到了有关西方公共电视的一个更为清晰的图景，尽管这一图景还远称不上系统和完整[1]。

从探索实践层面看，学者们对因政策要求而蜂拥产生的省级公共电视频道有着比较清醒冷静的评价。一方面，学者们肯定了成立公共频道的意义，认为"'公共频道'概念和实体的出现，可以说是中国电视功能认识上的一大进步，是中国公共电视的先声，更是中国公共领域不断扩大的反映"[2]。但另一方面，学者们也明确指出，大陆目前的"公共频道"与西方的公共电视是根本不同的。广电总局要求（1999年和2002年两次下发关于开办公共频道的文件）在全国范围内开办省级公共频道，其目的是缩减市县两级庞大的播出机构，"由省级电视台制作一套公共节目供所辖各县电视台播出，从中空出一定时段供县级电视台播放自己制作的新闻和专题节目"[3]。由此可见，目前公共频道的"公共"实质上是"共用"，这和具有比较确定含义的、基于"公共性"理论基础之上的"公共电视"确实大异其趣。尽管本质上不同，但既然同冠以"公共"之名，公共频

---

① 参见王辰瑶《2004年广播电视研究的十个关键词》，《声屏世界》2005年第2期。

② 陆地、方芳、朱一彬：《中国的公共频道离公共电视有多远？》，《南方电视学刊》2004年第5期。

③ 国家广电总局：《关于加强广播电视有限网络建设管理的意见》，1999年，国务院办公厅，文号：国办发〔1999〕82号。

道还是引起了人们对公共电视的遐想、比较和追求，借这一机会，出现了不少介绍西方公共电视的学术文章①。

随着中国行政管理体制改革和政府职能转变的逐步推进，公共服务已经成为政府的基本职责和主要任务。"当前，我国的广播电视公共服务正在从适应计划经济体制环境向适应市场经济体制环境转型，公共服务的结构和模式也随之转变，呈现出以下三个特点：一是广播电视公共服务的主体正从以往的单一事业主体向多元主体转变；二是广播电视公共服务的技术支撑从单一手段向复合手段转变；三是公共服务的运行机制从过去的以行政机制为主向行政机制与市场机制相结合转变。"②

胡正荣、李继东在其主编的《中国广播电视公共服务体系：目标与实践研究》中，对中国广播电视公共服务体系问题进行了全方位的分析与探讨，着重讨论了中国广播电视公共服务体系的内涵、目标和实践问题以及政府施政理念与制度基础，对北京市广播电视公共服务体系建设问题进行了个案研究，以期在制度理念和安排上对广播电视公共服务体系建构与完善有所见地，并提出一些建设性的策略。

如何建设适合中国国情、具有中国特色的广播电视公共服务体系？张国涛认为，目前中国政府要推进的广播电视公共服务体系，可以说是政府主导的、以满足农村的基本视听权益为重点、以均等化为目标的基本公共服务体系建设。除了基本公共服务体系之外，专业公共服务和市场主导性公共服务，以及高端的城市公共服务也不可忽视③。

2. 台湾地区

出于对商业电视追逐利润模式的不满，台湾学术界提出了最早的公共电视构想。20世纪70年代初，台湾政治大学李瞻教授基于道德教化的角度多次撰文建议政府主导创设公共电视，不播放广告并以执照费作为财政基础④。但直至20世纪80年代，政府部门对建立公共电视的倡议才有所回应。1980年2月，孙运璿表示应在目前三家电视台之外，再成立一家

---

① 参见王辰瑶《2004年广播电视研究的十个关键词》，《声屏世界》2005年第2期。

② 黄勇：《中国广播电视的公共服务建设》，载胡正荣主编《媒介公共服务：理论与实践》，中国传媒大学出版社2009年版，第3页。

③ 参见张国涛《广播电视公共服务的基本内涵》，《现代传播》2008年第1期。

④ 参见冯建三《台湾公共电视的构建与扩大（1990—2006）》，《传播与社会学刊》（香港）2006年第1期。

公共电视台，负责制作没有广告的社会教育节目，以配合国家政策与教育的需要[1]。

作为公共媒体独特样本的台湾公共电视从概念提出到集团化构建迄今经历了近几十年的发展，在政治民主转型语境和相关利益群体的博弈与互动中，它已然成为台湾商业化媒体环境中的重要媒体样态，逐步建构起其公共性理想并呈现出独立于政府与商业的公共性特征。但是，对于肩负市民社会中公共领域重要论坛角色的公共广播电视而言，公共广电的成熟度自然会受到民主政治和公共领域发展程度的影响与限制。台湾公共电视及其公共性呈现的发展与完善既有赖于公共电视理念及制度的丰富和健全，还寄望于宏观层面台湾政治民主的深化与公共领域的崛起[2]。

黄学建以台湾公共电视台为案例，从公共电视与政治、经济的关系，为如何建立简明的绩效机制，精英路线与收视率的关系以及多种电视体制如何共存等维度，提供了一个参照体系[3]。台湾学者冯建三在与卢迎安的访谈中，就公共电视的理念以及推进该理念的"媒体改造学社"的实践进行了交流。他认为，在扩大"公的空间"的过程中固然会遇到很多阻力，但还是要通过朝野与社会游说、研究个案与书报杂志的时论写作以及在电台制播节目，而为公共电视鼓与呼[4]。

透过上述八个方面的研究主题及成果，不难发现它们大致呈现出以下五个特点。

（1）从研究视角看，相对于喧闹且呈"显学"之势的传媒产业化、媒介经济学、媒介管理学研究，当前电视研究对媒介规制的公共利益本体关注有所提高，但仍显不够。当整体上缺乏从公共利益的宏观层面上审视时，上述产业化方式的研究显得缺乏政治和文化上的方向感，而且媒介产业化的结果缺乏合理的社会和文化评判标准。

（2）从研究对象看，在当前已有的公共电视研究成果中，研究者多

---

① 参见翁秀琪《我国公共电视立法应有之精神》，（台湾）《新闻学研究》第 44 期，1991年 3 月。

② 参见殷琦《公共媒体的公共性建构及其现实困境——台湾公共电视的理念与实践》，《厦门大学学报》（哲学社会科学版）2012 年第 6 期。

③ 参见黄学建《公共电视的四大难题——从台湾公视的经验和困扰说起》，《现代传播》2008 年第 1 期。

④ 参见卢迎安《公共电视：理念、实践与挑战——访台湾政治大学冯建三教授》，《新闻大学》2008 年第 2 期。

半聚焦于以英国（如 BBC）、德国（如 ARD）等为代表的欧洲公共电视，而对美国公共电视研究较少（专著更是罕见）。这一方面因为欧洲公共电视的历史传统悠久，另一方面则要归结为美国公共电视的成就显然不及商业电视来得显赫。

（3）从研究内容看，过去那种侧重于内部规律的静态研究已逐渐转向对电视的外部关系——规制变化的动态研究，而传媒规制恰恰是当下传媒研究极富活力和魅力的富矿。

（4）从研究方法看，已有成果大多以规范性方法为主，而采用实地访谈、问卷调查、网络分析、统计分析等方法的实证研究则很少。

（5）从成果形式看，专论性的单篇论文占据多数，而整体性的专著研究着实偏少。这一情形与系统的宏观研究需要掌握大量的一手资料不无关系。

三　内容框架

（一）美国公共电视的观念发生

从思想基础看，西方的自由主义传统和构建"公共领域"的有关学说是美国公共电视诞生的"助产士"。美国公共电视正是在这些理念的指导下来确立它的使命与任务的。毫无疑问，电视传媒要想在"公共领域"发挥作用，就必须做到在实践中既不能为市场中盈利欲望和压力所左右，也不能接受政府的直接领导或作为政府的一个部门来运行。

美国发展公共电视事业的主要动机在于匡正商业电视机构对经济利益的过分追求和对社会弱势群体的关照不足。因此，"市场失灵"理论便成为美国公共电视问世的法理基础。

（二）美国公共电视的补偿功能

民主社会中公共传播的目的是扩大社会各阶层成员的政治文化视野，使他们了解不同的尤其是对立的观点，使各利益集团在相互了解、民主协商的过程中解决矛盾冲突，从而达到社会的有机协调与稳定。

美国电视是当今世界最为商业化的，但是，美国的公共电视却以市场无法提供其播出的特殊节目以及为公众服务的目标在美国电视业中占有独特的地位。公共电视建立在文化理念、教育使命和社会平衡的价值体系之上，具有崇高的目标和信念。

美国公共电视的使命表现在四个方面：一是"传播要为公民权的实现服务"；二是"办好儿童节目"；三是通俗高明地"普及文化珍品"；四是"平等地看待和传播国内各民族与各地区的文化"。

基于上述四项使命，美国公共电视机构把其节目制作和选购的价值标准确定为：一是节目要有质量、有特点；二是要扩大节目范围并使节目多样化；三是要充分发挥敢于探索的大胆创新精神；四是要形成一种与商业电视不同的独有特色。

（三）美国公共电视的运行机制

（1）体制流衍。在美国商业电视激烈竞争的大环境下，是佩恩、福特、卡内基等私人基金会慷慨地扶持了摇摇欲坠的教育电视，并促使非商营电视从教育电视转型为公共电视。

（2）节目内容。公共电视的节目以制播教育、文化类节目为主，既要反映本土文化特征，又需兼顾多元化和少数族群，注重满足公民的视听需要，而非迎合观众的喜好。

（3）生产机制。公共电视台的节目绝大部分是由对口的各专业公司生产的，只有少量节目自己独立制作。

（4）经费来源。与商业电视相反的是，公共电视台的资金都是由附属台（亦称成员台）流向电视网总部的。各附属台首先须向PBS支付入网费，然后PBS才给它们提供充足的节目以充填黄金时段和许多其他白天时段。此外，各附属台还需要向PBS支付所购节目的部分成本费用。

（5）编排方式。针对商业电视台的传播策略，公共电视往往采取反向节目编排、有限系列剧的节目拆开编排、捆绑编排、搭桥编排等策略，常常收到出其不意、攻其不备的收视效果。

（四）美国公共电视的规制变迁

规制是在特定的社会领域中对矛盾倾向的调整。媒介规制主要是研究媒介规制建构过程中政府（主体）、媒介（规制对象）、公众（媒介服务对象）三者之间的关系。无论是政府规制的变革、媒介管理的创新，还是对为公共利益服务宗旨理解的嬗变，都是整个媒介市场不断成熟、媒介产业不断细分、单一媒介边界逐渐融合消失，进而扩大和产生新的媒介市场这个大的市场变革的产物。

当前美国公共电视面临的挑战，意味着在新的环境里，公共电视既要坚守传统的体制，又须采取新的策略与手段。公共电视的改革势在必行。BBC虽然采取了一系列商业化和私有化的应对策略，但并未动摇它的公共电视领军者的地位。不可否认的事实是，许多人以为公共电视即将衰亡，但是它并没有消失，相反，通过改进服务、调整策略，公共电视完全有可能在这个多频道的时代重获新生。

（五）美国公共电视的启示意义

（1）"内容为王"是永远的真理。电视传媒做强的第一要义在于内容的打造。一个传播内容和商业电视差别不大的公共电视机构，人们必然会质疑其存在的合理性。

（2）受众至上、服务第一。公共电视的实践证明，一个服务做得好的电视媒体，其受众的忠诚度和满意度也往往与之呈正比关系。

（3）在实现公共服务的整个过程中，政府必须承担最终责任，保障公共服务的提供和绩效，但提供公共服务的方式，却可以根据情况灵活选择和组合。公共电视显然是政府公共服务职能的题中应有之义。

（4）即使是肩负公共目标的传媒机构也无法置身于当前市场经济的洪流之外，大众传媒不能回避市场，只能面对市场、适应市场。

四 基本思路

本书以观念、价值、规制三个关键词为研究核心，着力对以下五个重点和难点问题予以深入细致的阐释，以期掘发和彰显美国公共电视的学理价值和经验意义，进而实现对美国公共电视研究的视角转换。

（1）支撑美国公共电视观念的社会、文化、制度根基是什么？

（2）美国公共电视如何克服电视的商业属性与文化属性之间的巨大冲突？

（3）美国公共电视如何处理与政府、协会、民间团体和各种社会力量之间的关系？

（4）美国公共电视在其演进过程中，规制产生过怎样的变迁？导致这种变迁的内部力量和外部力量是什么？

（5）美国公共电视对于中国电视发展的启示意义与借鉴价值何在？

在研究方法上，本书综合运用文献研究、文本分析、个案研究和比较参照等方法，注意定性与定量的有机结合。借助个例考辨，以获得具体的实证材料；在个例考辨中贯穿着比较参照的方法，并在此基础上进行综合分析，梳理出美国公共电视与社会发展之间的内在关联；将对节目内容的解读与对受众、传媒机构以及节目运营商的调查相互印证，依此把握不同时期的社会心理与受众的意识结构，以期多维度地实现研究目的。力求点面结合，点线相连，史论并重。

第二章　美国公共电视的观念生成

鲁思·本尼迪克特曾经说过：研究各国社会，不仅要"找寻决定性的物质因素"，而且要"探讨起重要作用的精神因素"，不是只得出"抽象模式"，而且要发现"具体典型"①。

纵观人类社会发展史，"自由主义是影响现代西方社会最为深远的一种意识形态。这并不是说大多数现代西方人都信奉自由主义，而是指西方社会的建构原则主要出于自由主义的理念。在西方各国政府的施政中，或是人民的日常生活里，我们固然可以察觉出许多与自由主义信念矛盾的地方，但是就一个政策或一种行为的正当性基础而言，自由主义仍然是最理直气壮的论辩依据"②。

美国公共电视继承了美国自由主义的历史传统，从其诞生之日起即被赋予了政治、文化和社会的多重使命。可以说，"天赋人权"、"主权在民"、表达自由、民主政治、公共利益等思想基因滋润了美国公共电视的观念生成，也为公共电视体制的形成提供了温床。

一　思想渊薮："天赋人权""人人平等"

托马斯·杰斐逊（Thomas Jefferson）执笔完成的《独立宣言》，是美国的立国之本。这份纲领性文件，不仅向世界庄严宣告了美利坚合众国脱离英国而独立，而且也在人类历史上第一次以国家的名义宣布：人民的权利神圣不可侵犯。它所贯穿的自由主义精神至今仍为世人称颂。

---

① ［美］鲁思·本尼迪克特：《菊与刀》，吕万和、熊达云、王智新译，商务印书馆1990年版，译者序言第3页。

② 江宜桦：《自由民主的理路》，新星出版社2006年版，第53页。

《独立宣言》包括三个部分的内容：第一部分阐明政治哲学——民主与自由的哲学；第二部分列举若干具体的不平事例，以证明乔治三世破坏了美国的自由；第三部分郑重宣布独立，并宣誓支持该项宣言。

《独立宣言》的核心，是五条"不言而喻"的基本原则，即"人人生而平等，造物主赋予他们若干不可剥夺的权利，其中包括生命权、自由权和追求幸福的权利。为了保障这些权利，人类才在他们之间建立政府，政府的正当权力来自被治者的同意。当任何形式的政府对这些目标具有破坏作用时，人民便有权利改变或废除它，以建立一个新的政府；其赖以奠基的原则，其组织权力的方式，务使人民认为唯有这样才最可能获得他们的安全和幸福"①。

细析上引这段文字，它明确地阐述了美国作为新生国家立国理论基础的一系列资产阶级民主主义原则。一是关于平等的理论。作者认为每个人在法律面前都是平等的，都有权利直接或间接参加国家管理。二是自然权利学说。即人一生下来就应该是自由平等的，这些权利不是创世主或权威的恩赐，而是大自然所赋予的，因此是不可剥夺或割让的。这种学说提高了人民的地位，承认了个人的尊严，从理论上摧毁了专制主义存在的基础。三是主权在民学说。杰斐逊指出，人民是主权者，政府的一切权力来自人民，政府是服从人民意志的，是为了人民幸福和保障人民的权利而存在的。四是人民革命权利的理论。杰斐逊以自然权利论和人民主权论为基础，指出政府的宗旨是使人民的自然权利得到保障；为此而建立的各级政府的正当权力来源于被统治者的同意；任何形式的政府一旦变得有害于这些目的时，人民有权举行革命或起义对政府加以改变或废除，并按照最有可能为他们带来安全和幸福的方式组织新政府，从而使宣言明确体现了人民主权的要求，确认了人民革命的正当权利，戳穿了君权神授的谬论。

据此可知，深信人的尊严、信仰人类理性的力量和自由求知的力量、高度意识到个人对自己及其邻居的责任、坚信一个最好的社会就是能使其最大多数成员最充分地发挥其潜力、愿意并感到有义务通过公共机构为公共利益而行动是构成美国自由主义传统的五个要素②。

---

① Bernard Schwartz, *The Great Rights of Mankind*, New York：Oxford University Press，1977，p. 70.

② 参见钱满素《美国自由主义的历史变迁》，生活·读书·新知三联书店 2006 年版，第100—101 页。

　　杰斐逊把英国哲学家约翰·洛克（John Locke）的自然权利学说同彼时的美国社会现实结合起来，用"追求幸福"去代替"财产权利"，维护了人的自然权利。这一崭新的观念，可谓现代政治理论上的一场革命，因为它彻底颠覆了否定现世生活而把希望寄托于来世或天堂的中世纪宗教观念。

　　在世人推崇备至的众多的西方思想家中，洛克最脍炙人口的主张是其在《政府论》中提出的"天赋人权"和"主权在民"的思想。

　　　　人们既生来就享有完全自由的权利，并和世界上其他任何人或许多人平等，受控制地享受自然法的一切权利和利益，他就自然享有一种权利，不但可以保有他的所有物——即他的生命、自由和财产——不受其他人的损害和侵犯，而且可以就他认为其他人罪有应得的违法行为加以裁判和处罚，甚至在他认为罪行严重而有此必要时，处以死刑。但是，政治社会本身如果不具有保护所有物的权力，从而可以处罚这个社会中一切人的犯罪行为，就不成其为政治社会，也不能继续存在；真正的和唯一的政治社会是，在这个社会中，每一成员都放弃了这一自然权利，把所有不排斥他可以向社会所建立的法律请求保护的事项都交由社会处理。于是每一个别成员的一切私人判决都被排除，社会成了仲裁人，用明确不变的法规来公正地和同等地对待一切当事人，通过那些由社会授权来执行这些法规的人来判断该社会成员之间可能发生的关于任何权利问题的一切争执，并以法律规定的刑罚来处罚任何成员对社会的犯罪；这样就容易辨别谁是和谁不是共同处在一个政治社会中。凡结合成为一个团体的许多人，具有共同制定的法律，以及可以向其申诉的、有权判决他们之间的纠纷和处罚罪犯的司法机关，他们彼此都处在公民社会中。①

　　洛克认为，自由、平等和财产都是人们自然的权利；人类天生都是自由、平等和独立的；但为了保证各自和相互间的利益不因社会无序而受到损害，人们必须建立一种相互间的承诺，或一种社会契约。按照这种契约，人们自愿地放弃自己的一部分自然权利，将这部分权利交给一个共同

---

① ［英］约翰·洛克：《政府论》，瞿菊农、叶启芳译，商务印书馆1964年版。

认可的、至高无上的权力（政府）行使，从而使自己的其他权利得到保护。当人们自愿交出一部分权利结成公民社会时，他们也就从自然状态转入具有实际政治意义的社会状态。所以，政府的权力来源于受政府管理的社会成员。洛克的"天赋人权"和"社会契约"的理论，不仅成为北美殖民地人民反抗英国暴政、争取独立的思想武器，也成为《独立宣言》和未来美国宪政的理论基础之一。

事实上，西方思想史上的自由主义论者并非洛克独步天下。

弥尔顿"出版自由"的思想和主张，不仅使他成为"言论自由"的创始人，也奠定了西方言论自由理论的基础，尤其对美国和法国的言论自由思想的建立与发展产生了深远影响。在弥尔顿那里，出版自由的实质性目的可以从两个方面去理解：一是开明地听取人民的怨诉，因为一个言论开放的社会，能够听到人民的怨怼、批评、意见，恰恰是一个社会必不可少的条件；二是容忍不同意见的争论，因为压制新颖而不能见容于流俗的意见，已被实践证明是不识时务的螳臂当车的行为。宽容这一美德，不仅符合基督的精神，而且还是接近真理的重要条件。

斯宾诺莎强调思想和言论自由作为人的天赋权利的重要性，认为把意见当作罪恶的政府是最暴虐的政府，允许自由思辨的政府才是好政府。总之，"自由比任何事物都珍贵"。

按照霍布斯对于人性的理解，他认为，为了维护生命，每个人都拥有天赋的或自然的权利，可以按照自己的意愿采取一切自己愿意的手段自由行事。这种自然权利是每个人都平等拥有的，它出于每个人对自我生命的绝对权利而不在于其出身、门第和血统。因此，这样的权利（或自由）是普遍的，也是绝对的。霍布斯在政治的人性基础、国家的必要性、国家的权力范围以及个人自由的依据和内容等问题上的见解对自由主义产生了深刻影响，也在一定程度上奠定了自由主义的基础。

相较而言，洛克的思想相比同期的斯宾诺莎和霍布斯等人更具自由主义与个人主义色彩，他的自由主义观念中体现了鲜明的私有财产神圣不可侵犯、社会契约论、政治分权、宗教宽容等观念。限于篇幅，我们无法一一概述西方自由主义思想家的理论，然而，他们的思想精髓早已化为助推人类社会进步发展的动力。

杰斐逊起草《独立宣言》时之所以将洛克的政治理想奉为圭臬，并将其与培根、牛顿尊为自己心目中的三位伟人，用他的话来说，是因为他的任务"不是去发现新原则或新论据……而是将有关这个问题的常识以简洁、确凿的语言呈现在全人类面前，以获得他们的赞同……用意在于表达美国思想……它所有的权威来源于当时一致的情感，无论是表达在言谈中、信件中、发表的文章中，或是阐述公共权力的基本读物中，如亚里士多德、西塞罗、洛克、悉尼等"，美国的"理想是立宪共和而不是民主"①。

路易·哈茨在其《美国自由主义传统：诠释美国革命后的政治思想》一书中，高度评价了洛克对美国的深远影响，认为美国的政治传统始于洛克，美国的政治思想是洛克的理论与新大陆环境的完美结合。他还称许自由主义是美国历史上唯一占主导地位的政治思想传统。

霍夫施塔德的《美国政治传统及其缔造者》在考察了从建国到罗斯福新政各历史时期的主要政治状态及其代表人物后，得出了一个引人注目且十分有趣的结论：这些人物大多有一个似乎自相矛盾的头衔，杰斐逊——"出身高贵的民主派"、卡尔洪——"主子阶级的马克思"、西奥多·罗斯福——"充当进步派的保守派"、威尔逊——"作为自由主义者的保守派"，而富兰克林·罗斯福则是"有教养的机会主义者"。好像他笔下的这些人无论是左是右，都被某种向心力牵制着，不至于走得太极端，而这一向心力正是美国的主流思想——自由主义②。

中国台湾学者江宜桦在梳理西方自由民主的理路之后，颇有见地地指出："自从洛克提出天赋人权的概念后，西方自由主义的核心信念就开始形成。其后无论是美国《独立宣言》中所标榜的'人人生而具有生命、自由以及追求幸福的权利'，或是法国大革命时期所喊出的'人人享有自由财产、安全与抵抗压迫的权利'，都是洛克自然权利概念的回响。"③

显然，缺乏共识是不可能产生一个稳定的社会的。美国稳定的原因正在于它是一个有着广泛共识的自由主义社会④。而作为一种传媒制度设计

①　钱满素：《美国自由主义的历史变迁》，生活·读书·新知三联书店 2006 年版，第 20 页。
②　同上书，第 2 页。
③　江宜桦：《自由民主的理路》，新星出版社 2006 年版，第 125 页。
④　参见钱满素《美国自由主义的历史变迁》，生活·读书·新知三联书店 2006 年版，第 4 页。

的美国公共电视，对于构建"一个有着广泛共识的自由主义社会"是有所助益的。

二　法理基础："没有表达自由，思想自由就会萎缩"

1787 年 9 月在美国宾州费城召开的联邦制宪会议，正式通过了世界上第一部成文宪法——《美利坚合众国宪法》（*Constitution of the United States*），又称《联邦宪法》。该法由序言和七章条文组成。序言阐明了制定美国宪法的理论基础和目的，七章条文主要规定了政府三大权力的组织和运作、各州与联邦政府的关系、宪法本身的修改及批准程序等。

具体地说，宪法第一章规定了立法机构即美国国会的权力和组织；第二章规定了行政机构即美国总统的相关事项；第三章是对司法机关即美国联邦法院系统（包括美国联邦最高法院）的有关规定；第四章规定了各州与联邦政府之间以及各州之间的关系；第五章规定了修正美国宪法的程序；第六章规定了宪法本身和联邦政府制定的法律以及签订的条约在全国范围内具有最高权威；第七章规定了这部宪法本身得以生效的表决程序。该宪法于通过之日起正式生效。

"1787 年宪法的制定，标志着《独立宣言》的共识和原则以根本大法的形式固定下来了。这两个文件也因此成为美国立国的根本。"①

1789 年，时任第一届国会议员、后任第四届美国总统的麦迪逊根据各州要求制定联邦宪法权利法案的一致意见，在由梅森起草的《弗吉尼亚权利法案》的基础上，完成了美国的权利法案，共计 10 条，并于 1791 年召开的第一届国会上获得通过。这 10 条遂成为联邦宪法第一至第十修正案，亦称《权利法案》（*Bill of Rights*）。这样，美国联邦宪法最终不仅规定了政府的基本构架，而且以宪法的形式确认并保障了《独立宣言》中宣示的人民的生命权、自由权和追求幸福的权利。麦迪逊因其制定和完善联邦宪法的卓著贡献，被誉为"美国宪法之父"。

美国联邦宪法现今共有 27 个有效的修正案，最初的 10 个修正案是一次性获得通过的，此后的 17 个修正案则是逐次获得通过（表 2—1）。其

---

① 钱满素：《美国自由主义的历史变迁》，生活·读书·新知三联书店 2006 年版，第 22 页。

中最重要的是《宪法》第一修正案（也称《权利法案》）。

表 2—1   美国联邦宪法的 27 个修正案

序号	法案批准日期	主要内容
1	1791 年 12 月 15 日	保护公民信仰、出版、集会、示威的自由
2	1791 年 12 月 15 日	携带武器的自由
3	1791 年 12 月 15 日	军队不得进入民房
4	1791 年 12 月 15 日	免于不合理的搜查与扣押
5	1791 年 12 月 15 日	正当法律程序、一罪不再理、无罪推定、征用私产需赔偿
6	1791 年 12 月 15 日	刑事案件接受陪审团审判的权利
7	1791 年 12 月 15 日	民事案件接受陪审团审判的权利
8	1791 年 12 月 15 日	禁止过度严厉的刑罚和罚款
9	1791 年 12 月 15 日	宪法未列明的权利同样受保护
10	1791 年 12 月 15 日	宪法未赋予政府的权力都属于各州和人民
11	1795 年 2 月 7 日	限制联邦法院对各州的管辖权
12	1804 年 6 月 15 日	总统选举办法
13	1865 年 12 月 6 日	废除奴隶制度
14	1868 年 7 月 9 日	国籍、处罚程序、众议员选举、叛国罪、国债，所有公民享有平等被保护权
15	1870 年 2 月 3 日	所有公民不得由于肤色、种族的区别或曾被强制劳役（即曾身为奴隶）而受到选举权的限制（不包括性别）
16	1913 年 2 月 3 日	国会对所得税的征收权
17	1913 年 4 月 8 日	代表各州的联邦参议员必须直接选举
18	1919 年 1 月 16 日	禁止在美国国内制造、运输酒类（后被第 21 条废止）
19	1920 年 8 月 18 日	公民的选举权不因性别而受限（即赋予女性选举权）
20	1933 年 1 月 23 日	规定总统任期、国会议事程序
21	1933 年 12 月 5 日	废除第 18 条修正案
22	1951 年 2 月 27 日	总统最多连任一次
23	1961 年 3 月 19 日	首都华盛顿哥伦比亚特区指派总统选举人的办法
24	1964 年 1 月 23 日	选举权不受税收限制
25	1967 年 2 月 10 日	总统与副总统的继任规则
26	1971 年 7 月 1 日	保护 18 岁以上公民选举权
27	1992 年 5 月 7 日	随意改动议员薪酬

资料来源：维基百科（http://zh.wikipedia.org）。

　　《宪法》第一修正案素被视为保护表达自由的典范，亦被誉为宪法中"最重要、最富政治智慧的条款"①。美国人毫不掩饰对《宪法》第一修正案的热爱和信仰，这是基于一个基本的假设，即"民主制度之所以兴旺，某种程度上归结于新闻媒介传播的信息"②。《宪法》第一修正案把言论自由作为公民权利的第一条。在他们看来，在美国所有的政治文明中，言论自由是最重要、最富政治智慧的发明，也是对其他诸多自由的最忠实和最有力的保障。美国新闻界因此把《宪法》第一修正案视为美国第一部新闻法，《宪法》第一修正案中的条款是新闻诉讼中处理新闻法律和道德问题的最高准则，美国早期的政治家亦把争取言论自由与出版自由看作美国政治观念中"人权"的一个核心内容。

　　《宪法》第一修正案的核心原则，是每一个人应有权自己决定表达的思想和奉行的信仰。它用一种"否定性"的语态对政府权力的边界进行了规定："国会不准制定有关下列事项的法律，即确立一种宗教或禁止信仰自由；限制言论自由或出版自由；或限制人民和平集会的权利以及向政府请愿的权利。"③同时也宣告了公民权利的范围。在这一范围内，政府权力的活动受到宪法的限制。

　　与《独立宣言》中的自然法相一致，《宪法》第一修正案的价值表述显然具有启蒙时期"天赋人权"的特征。它把个体权利认定为是先于国家而存在的，个体权利构成对公共权力的限制，并且为公共权力的范围划定了边界。因此，个体是否具有哪些权利，无须通过立法来加以宣告或者"赋予"④。

　　传播自由的基本意义就是表达自由。民主政治的基础，应该是公民不受限制地表达和传播思想。美国立国先贤们确信，自由是幸福的源泉，勇气是自由的奥秘。没有表达自由，思想自由就会萎缩。思想自由和言论自由是发现和传播政治真理不可或缺的手段。有了言论自

　　① ［美］亚历山大·米克尔约翰：《论表达自由的法律限度》，侯健译，贵州人民出版社2003年版，前言第2页。

　　② ［美］J. 赫伯特·阿特休尔：《权力的媒介：新闻媒介在人类事务中的作用》，黄煜、裘志康译，华夏出版社1989年版，第20页。

　　③ Bernard Schwarts, *The Great Rights of Mankind*, New York：Oxford University Press, 1977, pp. 171–191.

　　④ 参见徐贲《政府以什么理由来"管理"媒体——美国政府与新闻媒体关系说》，《中国传媒报告》（*China Media Reports*）2010年第2期。

由和集会讨论，才能抵制有害思想的传播。对自由的最大威胁来自惰性的人们。公众参与讨论是一项政治义务，也应该是美国政府的根本原则。

美国宪政的基本原则是，言论自由是因其对美国社会所作的重要贡献而占有崇高地位。国家以立法来表明政府对人民若干基本自由的尊重——无论在任何情况下，人民的思想信仰、人身财产、集会结社等自由都不得恣意加以侵犯。让思想得到传播，能使本来可能具有破坏性质的压力得以宣泄。当思想在市场上竞争时，充分和自由的讨论能揭露并孤立虚假。充分和自由的讨论甚至为美国痛恨的思想，也是鼓励检验美国自己的偏见。美国的政治制度就是建立在充分和自由的言论之上。充分和自由的讨论一直是美国各种宗教、政治、哲学、经济和种族团体的守护神。压制受到轻视的少数，而不是让他们一吐胸臆，只能使自由付出更加沉重的代价。美国最害怕的莫过于政治审查。美国需要这样一块土地，在那里美国人民能接触到世界上各种思想和文化[①]。

在美国人看来，不鼓励思想、希望和想象是危险的。事先限制比事后惩罚更加侵犯第一修正案保障的表达自由，因为事后惩罚性质的法律只是冷却言论，事先限制则是冻结言论。恐惧会产生镇压，镇压会产生仇恨，仇恨会威胁政府的稳定。安全的坦途在于有机会自由地讨论可能的冤枉，并提出纠正的办法。为了寻求真理，最好通过思想的自由交流，对真理的最好检验是在市场竞争中让思想的力量本身被人们接受。人们相信，通过公众参与讨论表现出的理性力量，会打破法律这一表现在最坏形式上的强力论断所强加的沉默。更重要的是，"一个国家限制言论自由是很困难的，消息总是会通过某种情况散播出去的，虽然政府把正规的渠道控制住了，但还是可以通过许多其他地下渠道"[②]。因此，明智的做法是开放和畅通所有的言论渠道。

美国人认识到，多数统治有时会带来暴虐。只有言论，才能把人们从非理性的恐惧中解救出来[③]。一个建立在思想开放基础上的政府，必然会

---

① 参见邱小平《表达自由——美国宪法第一修正案研究》，北京大学出版社 2005 年版，第57 页。

② ［法］托克维尔：《论美国的民主》下卷，董果良译，商务印书馆 1988 年版，第 641 页。

③ 参见邱小平《表达自由——美国宪法第一修正案研究》，北京大学出版社 2005 年版，第44—45 页。

面临种种固有的危险，美国乐于接受这些危险的挑战①。

检视当时的美国社会状况，美国宪法学者巴伦不无忧虑地指出，美国一方面努力保护表达，另一方面却对为表达提供机会漠然处之。毫无疑问，让思想在市场中自由竞争的理论其不言而喻的前提应该是，每一个人都能自由地进入思想市场。倘若公众不能自由使用媒体，公众使用媒体的自由受到一小撮媒体巨子垄断的限制，就无从谈起保障公众的表达自由②。在他看来，广播电视是能把任何思想提供给全美观众的唯一最有效的手段，广播电视已被公认为美国文化中最具影响力的组成部分。由于广播电视更具有公共传播媒介的特点，因此它对公众富有更加广泛的服务义务。

为了更好地保护公民的思想自由和表达自由，《宪法》第一修正案对公民接近和使用媒体一直奉行这样四项原则：第一，表达什么和如何表达应由个人决定，而不是政府决定。第二，作为一项政策，政府应促进公众更多地使用媒体，以防止媒体被垄断和保障公众的表达自由，传播信息的自由。第三，政府的政策应能促进媒体市场的多元化。真正意义的多元化指的是，政府不能对传播和接受言论强加任何人为的障碍。第四，联邦宪法不强求政府资助公众使用媒体或促成信息多元化，但联邦宪法也不禁止这一资助③。

美国人深知，随着私人和公共的权力越来越集中，规模越来越大，要求划一的压力日益增加。如果美国要维护鼓励不同表达，以最大限度地作出自由选择这一宪法传统，显然就继续需要一个独立的新闻界，通过报道、调查和批评，提供广泛的信息和意见。一个自由的新闻界，是建设一个民主而繁荣的国家的必要前提。

事实上，《宪法》第一修正案在政府和新闻界之间树起了一道不可逾越的障碍，如：新闻界不能受到政府的审查，但这不意味着新闻界对其选择发表的东西不负任何责任④；新闻界是为被统治者，而不是为统治者服务的；政府审查新闻界的权力已经被废除，这样新闻界就能永远自由地监

---

① 参见邱小平《表达自由——美国宪法第一修正案研究》，北京大学出版社2005年版，第23页。

② 同上书，第483页。

③ 同上书，第514—515页。

④ 同上书，第492页。

督政府；新闻界受到保护，这样他们就能揭露政府的秘密，并告知人民；唯有自由和不受限制的新闻界才能有效地揭露政府管理中的欺诈①等。这些思想，深深扎根于《宪法》第一修正案，并在美国其后的 200 多年司法实践中，有力地保障新闻界能履行在美国民主制度中充当的重要角色。对于《宪法》第一修正案，美国通过《诽谤法》（1798 年）、《间谍法》（1917 年）、《煽动法》（1918 年）、《无线电法》（1927 年）、《通讯法》（1934 年）、《信息自由法》（1966 年）、《阳光下的政府法》（1976 年）、《电信法》（1996 年）等一系列立法措施，廓清了言论自由和出版自由概念的内涵和外延，维护了美国早期政治家的政治理念，增加了实际执法过程中的可操作性。

在美国人的心目中，言论自由和出版自由绝非一个抽象的概念，而是美国走向自由和强大的基石。"一个良好的社会有赖于事实和观点的自由流通，也仰仗于对意识和想象力的发展——明确地表达人们的实际所见、所知和所感。任何对个人言论自由的限制，实际上就是对社会资源的限制。"②基于这一坚定的信念，许许多多的有识之士对《宪法》第一修正案的宗旨和原则进行了有益的探索。

著名思想家亚历山大·米克尔约翰认为，第一修正案并不保障"说话的自由"，它保障的是借此进行"统治"的思想和交流活动的自由；它关注的并不是一种私人权利，而是一种公共权力，一种统治责任。他把言论分为公言论和私言论，公言论就是与统治事务有关、代表人们参与自治过程的言论；私言论就是与统治事务、与自治过程无关的言论。前者受到第一修正案的保护，后者受到第五修正案的保护（没有人能够剥夺他人的生命、自由、财产，除非有正当的法律程序）。

米克尔约翰在《言论自由与民主自治》里对第一修正案的保障范围作了界定：第一修正案仅仅保障与自治事务有关的公言论，并不惠及与自治事务无关的私言论。他认为这一范围有失狭隘。对此，他的论文对第一修正案的保障范围进行了扩充和修正。

不仅如此，他还发现，在人类的交流活动中，还有许多思想与表达形

---

① 参见邱小平《表达自由——美国宪法第一修正案研究》，北京大学出版社 2005 年版，第 87—88 页。

② ［英］尼克·史蒂文森：《认识媒介文化：社会理论与大众传播》，王文斌译，商务印书馆 2013 年版，第 26 页。

式有助于增益投票者的知识、智慧和对于人类价值的关怀，有助于增进他们作出明智、客观判断的能力。这些活动的自由也是不可限制的。他具体列举了这样的四类活动：（1）教育旨在培养公民的心灵和意志，以使他们获得智慧、独立性，进而获得作为一个自治公民的尊严。因此，教育自由是建设一个自由社会的基本要求。（2）哲学和科学有助于增进公民对于自身与世界的理解，每一个公民都必须不受限制地接触哲学和科学的成果。（3）文学和艺术必须得到第一修正案的保障。因为它们有助于培养公民对于人类价值的深刻、丰富的认识和关怀，而公共幸福正是源于这些价值。（4）对于公共问题作公共的讨论，以及有关这些问题的信息和意见的传播活动，必须享有不受政治代理人的限制的自由。尽管在表面上是政治代理人在统治着我们，而在更深的意义上是我们在统治着他们。在我们的统治之上，他们没有任何的权力；而在他们的统治之上，我们享有主权性质的权利。由此引申开去，凡是涉及上述四类活动的传媒报道活动理应受到《宪法》第一修正案的保护。

宪法是人民自治的产物。法律的作用就是制定规则。规则的意义不在于告诉社会成员如何生活，而是告诉他们，在规则遭到破坏时，他们能够期待得到什么[1]。

美国宪法的精髓不在于它在那个已经逝去的世界里曾经有过的确定含义，而在于它的那些伟大的原则可以与世推移，并解决一个发展的美国面临的各种问题。一项原则往往产生于一桩伤害或一场事变，但一项原则所以有生命力，是因为它比催生它的伤害或事变具有更广泛的适用性[2]。

三　道德信条：“正确理解的自利”

“建立一个新世界，必须有新的政治理论。”托克维尔在《论美国的民主》一书序言中的这句话，深刻地寄予了他对民主理论的强烈认同和无限憧憬：“即使民主社会将不如贵族社会那样富丽堂皇，但苦难不会太多。在民主社会，享乐将不会过分，而福利将大为普及……国家将不会那

---

① 参见邱小平《表达自由——美国宪法第一修正案研究》，北京大学出版社 2005 年版，第35 页。

② 同上书，第 611 页。

样光辉和荣耀，而且可能不那么强大，但大多数公民将得到更大的幸福。"①

在托克维尔的民主理论体系中，最重要的两个价值莫过于平等和自由。托克维尔希望自由与平等能同时实现，但是他也关心平等（作为一种社会价值）可能会在现实上威胁到自由，因此民主社会必须设法预防身份平等所带来的若干社会效果，使平等与自由可以完善地结合在一起。依此，他洞见并提示了民主社会的潜在危机，包括多数专制、个人主义、中央集权等。为了应对这些挑战，他反复提醒大家要重视出版自由、结社自由、政治参与、地方分权。他的分析构成了一幅多元主义市民社会的美好蓝图，至今仍为西方政治学家所津津乐道②。

对"自由"一词的理解，托克维尔表现出与古典自由主义的分殊性。古典自由主义的自由观通常具有较强的功利色彩，托克维尔走出了功利主义的窠臼，将自由视为首要的善。在托克维尔的眼中，民主的前提始终是自由。美国是首先成为一个自由的国度，才在自由原则下确立民主的制度、民主的社会。尽管追求自由的道路从来都是坎坷的。

翻开《论美国的民主》，托克维尔对美国人如何以自由制度对抗个人主义的言行，充满了由衷的钦敬和赞赏。

> 美国的立法者们认为，只在全国实行代议制，还不足以治愈社会机体在民主时期自然产生的而且危害极大的疾患。他们还认为，使国内的各个构成部分享有自己的独立政治生活权利，以无限增加公民们能够共同行动和时时感到必须相互依赖的机会，是恰当的。这个办法被他们明智地实施了。（第631—632页）

> 美国的民主制度之所以能够繁荣昌盛，是因为这些官员是通过选举产生的。
> 美国居民享有的自由制度，以及他们可以充分行使的政治权利，使每个人时时刻刻和从各个方面都在感到自己是生活在社会里的。这

---

① ［法］托克维尔：《论美国的民主》上卷，董果良译，商务印书馆1988年版，序言第4—5页。

② 参见江宜桦《自由民主的理路》，新星出版社2006年版，第125页。

种制度和权利，也使他们的头脑里经常想到，为同胞效力不仅是人的义务，而且对自己也有好处。同时，他们没有任何私人的理由憎恨同胞，因为他们既非他人的主人，又非他人的奴隶，他们的心容易同情他人。他们为公益最初是出于必要，后来转而出于本意。靠心计完成的行为后来变成习性，而为同胞的幸福进行的努力劳动，则最后成为他们对同胞服务的习惯和爱好。（第 633—634 页）

实际上，美国人既把自由视为获得幸福的最佳工具，又把它视为获得幸福的最大保障。他们既爱自由，又爱幸福。因此，他们从来不认为参加公务是分外的事。恰恰相反，他们相信自己的主要活动要有一个政府来保护，这个政府既能使他们得到所希望的财富，又不妨碍他们平平安安地享用得到的财富。（第 674 页）

托克维尔盛赞美国的自由与民主的伟大，因为美国宪政制度的特点是，确认并保障个人的自由和权利，限定和限制政府的权力与特权，禁止任何个人或任何机构的专制和武断权力①。

资产阶级民主的最主要弊端是个人主义，托克维尔对此感触尤深。他仔细辨析了个人主义与利己主义之不同。

利己主义是对自己的一种偏激的和过分的爱，它是人们只关心自己和爱自己甚于一切。

个人主义是一种只顾自己而又心安理得的情感，它使每个公民同其同胞大众隔离，同亲属和朋友疏远。因此，当每个公民各自建立了自己的小社会后，他们就不管大社会而任其自行发展了。

利己主义来自一种盲目的本能，而个人主义与其说是来自不良的感情，不如说是来自错误的判断。个人主义的根源，既有理性欠缺的一面，又有心地不良的一面。

利己主义可使一切美德的幼芽枯死，而个人主义首先会使公德的源泉干涸。但是，久而久之，个人主义也会打击和破坏其他一切美

① 参见邱小平《表达自由——美国宪法第一修正案研究》，北京大学出版社 2005 年版，第 1 页。

德，最后沦为利己主义①。

托克维尔断定，个人主义是资产阶级民主的直接产物，是整个民主运动所固有的力求社会平等的意志，并随着身份平等的扩大而发展。民主社会虽然也追求自由，但这种追求要服从于对平等的追求。"民主国家的人民天生就爱好自由，你不用去管他们，他们自己就会去寻找自由，喜爱自由，一失去自由就会感到痛苦。但是，他们追求平等的激情更为热烈，没有止境，更为持久，难以遏止。他们希望在自由之中享受平等，在不能如此的时候，也愿意在奴役之中享用平等。他们可以忍受贫困、隶属和野蛮，但不能忍受贵族制度。"②

托克维尔注意到，"民主主义不但使每个人忘记了祖先，而且使每个人不顾后代，并与同时代人疏远。它使每个人遇事总是只想到自己，而最后完全陷入内心的孤寂"③。大而言之，在一个平等的社会里，每个人都关心自己的私利（托克维尔称之为"每个人都沉溺于琐细而卑微的小小欢乐"），而不顾及公共事务，不考虑国家权力扩张有可能对个人带来的危害，这个被他称之为社会生活朝过度私人化方向发展，个人只关心私人的利益，结果会导致政治自由的瓦解和国家的专制集权。

然而，美国人用"正确理解的利益"的学说来反对个人主义，而这种利益又使他们习惯于结社与合作。享有政治结社的无限自由，是美国能够出现各种社团的基础，它使美国人从结社中了解了自己的使命。另外，言论和出版自由也对抵制个人主义起了一定作用。"美国人以自由抵制平等所造成的个人主义，并战胜了它。"④

其实，民主并不意味着即能获得自由，民主不完全是平等的代名词。身份与智力上的平等既能造就民主也极易导致暴政。多数暴政是平等的社会面临的又一项威胁。在托克维尔看来，"多数的道义影响，一部分来源于下述这样一种思想：许多人联合起来总比一个人的才智大，所以立法的人数比选举还重要……还来源于多数人的利益应当优先于少数人的利益的原则"⑤。多数具有了无限权威而且具有了快速坚定地表达意志的方式。

①　[法] 托克维尔：《论美国的民主》下卷，董果良译，商务印书馆 1988 年版，第 625 页。
②　同上书，第 624 页。
③　同上书，第 627 页。
④　同上书，第 631 页。
⑤　同上书，第 283—284 页。

托克维尔认为无限权威是一个坏而危险的东西。任何阶层任何人拥有无限权威都是给暴政播下了种子。托克维尔在对比了这两种暴政之后指出，从某种意义上来说，多数的暴政比君主的暴政更可怕。后者只是靠物质力量进行压制，而前者则是靠精神力量进行压制，连人们的意志它都想征服。多数的暴政不给少数任何不服从的机会，更没有言论的自由，不服从于多数就会被排斥在社会之外失去做人的权利。

面对平等有可能导致的专制，托克维尔把希望寄托在了美国人的"自由精神"上。此外，他格外强调言论自由和出版自由的重要性，特别是结社自由的重要性。在他看来，言论自由和出版自由可以增加人们对公共德行的坚持，而结社自由更是可以对美国人的公民意识起到言传身教的作用。

由于自然环境、法律体系和民情的缘故，美国实行了高度的地方自治，享有思想、结社、言论、出版自由等权利，这些都对民主社会中"多数的暴政"起着积极的抵制和销蚀作用。尽管他并不认为美国已经摆脱了"多数的暴政"的危险。换句话说，在美国式的民主中，保留了平等，并用高度的自治和人权抵制了民主所带来的多数暴政，促进了自由的发展。所以，用自由来克服民主的缺陷才是正途。一个没有政治自由的国家，民主就有转化为暴政的危险。

托克维尔不像当前自由主义那样强调普遍主义、个人主义、价值中立等，而是十分重视民情风尚、公共利益，以及宗教信仰与道德规范对民主政治的重要性[①]，强调公共道德对于维护现代民主中的自由是必需的，他的公共道德以"正确理解的自利"原则为核心，是一种结合了自利与公益、个性与公共性的现代公共道德[②]。

在公共道德问题上，托克维尔最初深受孟德斯鸠的影响，服膺于"公民美德"（自愿地把公共利益置于一个人的私人利益之上）的原则要求。但对照美国人的现实精神状况，他不无失望地表示，孟德斯鸠所说的公民美德已不适合现代民主国家，就古典公民美德而言，美国人是没有道德的。

于是，托克维尔一方面接受了传统自由主义者对于个人利益的关注，

---

① 参见江宜桦《托克维尔论自由、平等与民主政治》（http://www.aisixiang.com/data/31262.html）。

② 参见胡勇《论托克维尔的公共道德观》，《武汉大学学报》（社会科学版）2010年第5期。

承认民主时代的身份平等使得"个人利益即使不是人的行动的唯一动力，至少也是现有的主要动力"①，但又声称传统自由主义者所珍爱的个人独立不是绝对和无限的，它对于维护现代自由是不充足的，个人利益的追逐不会自动达成公共利益，个人利益同公共利益并非一路为友，个人必须为自己的同胞牺牲部分的时间与财富，他们才能为了自己的快乐而根据自己的利益而行动。

托克维尔一方面认为古典共和主义者的公共利益至上论在现代社会是不可行的，但又同古典共和主义者一样相信德行对于现代共和国是必不可少的。道德，尤其是公共道德是政治生活运作的内在动力，是政治统治合法性的基础与标准②。现代社会中个人道德的销蚀、公共道德的腐败带来了共同语体的破碎、个人的无力感、政治革命的频发，最终危及了公共自由。因此，"不管到什么时候，在智力和道德世界都要有某种权威存在"③。民主社会不能被允许蚕食个人的活动空间，然而每一个人必须同时被导向一个更高的公共责任感和一种忙于公共事务的健康愿望。美国的道德信条——"正确理解的自利"原则为托克维尔提供了调和个人利益与公共利益、个性独立及公共精神的手段。

四　社会理想："公共领域将经济市民变为国家公民"

公共领域是现代社会的核心特征，公共领域的核心问题是舆论。公共领域思想在现代西方学术思想中占据着重要的地位。

按照哈贝马斯在《公共领域的结构转型》中的理解，"公共领域"（Public Sphere）是一个描述性概念，用来指称一种现实存在的社会机制，这个社会机制允许公民针对公共事务彼此之间进行公开和理性的讨论，并最终形成公共舆论。公共领域保证了"文化和政治上已经动员起来的大众"由市民变成政治社会中的公民，可以"有效地使用自己的交往和参与权利"，进入"大众民主自身的合法化过程"④。

---

① ［法］托克维尔：《论美国的民主》下卷，董果良译，商务印书馆1988年版，第654页。
② 同上书，第924页。
③ 同上书，第525页。
④ 傅永军：《公共领域与合法性——兼论哈贝马斯合法性理论的主题》，《山东社会科学》2008年3期。

在哈贝马斯的眼里，公共领域是一个历史的概念："资产阶级公共领域首先可以理解为一个私人集合而成的公众的领域；但私人随即就要求这一受上层控制的公共领域反对公共权力机关自身，以便就基本上已经属于私人，但仍然具有公共性质的商品交换和社会劳动领域中的一般交换规则等问题同公共权力机关展开讨论。这种政治讨论手段，即公开批判，的确是史无前例，前所未有。"①

他认为，公共领域是在欧洲中世纪"市民社会"的基础上发展起来的，公共领域是私人领域的一部分，但有别于私人领域，只限于具有批判力量的私人所构成的针对公共权力机关展开讨论批判的领域，是资产阶级通过公共讨论的方式来调节社会冲突的一个公共话语空间。由于"公共领域将经济市民变为国家公民，均衡了他们的利益，使他们的利益获得普遍有效性，于是，国家消解成为社会自我组织的媒介"②。如此一来，具有政治控制功能的公共领域成为代议制政府形式的资产阶级法治国家的组织原则，即"具有政治功能的公共领域获得了市民社会自我调节机制的规范地位，并且具有一种适合市民社会需要的国家权力机关"③。公共领域因此也实现了它对于自由资本主义的重要实践意义。

客观地说，"公共领域"这一观念并非哈贝马斯的首创。从西方思想史上来看，就曾经存在过作为政治行动的公共领域、作为社会舆论的公共领域、作为经济活动的公共领域和作为意识形态的公共领域等观念。哈贝马斯从民主的角度综合了这几种公共领域观念，重点阐述了政治公共领域，并将其作为资本主义民主政治必不可少的一种理想范畴，认为其中蕴含了民主的机制和旨趣。他所提出的公共领域充满了私与公之间的张力，是伦理、道德与政治之实践话语的结合④。

一般认为，开启"公共领域"理论研究端绪并为之提供思辨资源与阐释框架的是汉娜·阿伦特。她在《人的条件》（*Human Condition*）中将公共领域阐释为一个由人们透过言语及行动（speech and act）展现自我，

---

①　［德］哈贝马斯：《公共领域的结构转型》，曹卫东等译，学林出版社 1999 年版，第 32 页。

②　同上书，第 11 页。

③　同上书，第 84 页。

④　参见杨礼银《哈贝马斯的话语民主理论研究——以公共领域为视点》，博士学位论文，北京师范大学，2006 年，摘要。

并进行互动与协力活动（act in concert）的领域。阿伦特的公共领域的理论建立在对西方现代性进行批判的思想基础之上，她对现代性的重要建制，如市场经济、市民社会、主权国家以及自由主义意识形态，都给予否定性的批判。

哈贝马斯基本上继承了阿伦特对古希腊时代公私领域区分的研究，以及她对近代社会领域兴起的批判。但是，哈贝马斯也跳出了阿伦特的思想史架构，而试图给予资产阶级的公共领域一个社会历史式的分析。他的创新和贡献在于通过对公共领域的历史性追溯，为当代自由主义民主政治提供了一种理论范式或批判的模式。

泰勒把公共领域定义为公共媒体所建构的分散讨论的元论题公共空间，并且把公共媒体看作"非直接隶属于政治系统的媒体，或政治立场中立的媒体"（泰勒，2005）。在这里，大众传媒的公共性被提到了首要位置，公共传媒成就了公共领域的公共性。在某种意义上，泰勒在哈贝马斯的基础上扩展和重新定义了公共领域①。

尽管阿伦特、哈贝马斯和泰勒的理论观点各有侧重，但他们都不约而同地认为现代社会的生产方式和生活方式为公共领域的形成提供了前提。

首先，公共领域是现代社会的产物，现代社会的生产方式和生活方式为公共领域的形成提供了前提。公共领域不可能在自然经济或封建主义制度下形成，换言之，公共领域是市场经济的产物。

其次，公共领域是民主社会或人民有了自由、平等权利之后的产物，人们之间平等、自由的讨论是公共领域形成的条件。虽然非私人性质的事务并不一定都在公共领域内讨论，如密室政治、国家外交活动等，但封建制度下的国家事务本质上不属于公共领域内讨论的事情。在现代社会，公共领域是具有平等权利的公民自由行使话语权的地方，相应地也在这个领域形成公共舆论和文化认同。

最后，现代通信手段以及媒体（如报纸、杂志、电台、电视、网络等媒介）是公共领域的重要载体。公共领域最初只能表现在沙龙、会议室、广场等地方，在这里人们可以面对面地交流，但是这种公共领域在尺度上是有限的，广播、报纸和电视扩大了公共领域，而现今的网络进一步

---

① 参见黄月琴《公共领域的观念嬗变与大众传媒的公共性——评阿伦特、哈贝马斯与泰勒的公共领域思想》，《新闻与传播评论》2008 年卷。

推进了互动的空间，从而也拓展了公共领域①。

　　需要指出的是，人们经常混淆市民社会和公共领域两个概念，也经常把市民社会的一些制度，如媒体、民间社团等，直接等同于公共领域。虽然，市民社会中的媒体或社团可以看成是公共领域的一部分，但并不是每个媒体或社团都是公共领域，其中还需要很多规范性的条件配合才行。而且，公共领域也不是市民社会本身，它是市民社会的操作化，是市民社会的动态联结，是一个过程，而不是一个机构。

　　李丁赞先生认为，哈贝马斯所谓的"公共领域"包含六个构成要素。因其所述要素的复杂和重要，故此不厌其详地予以援引②。

　　（1）公共论坛（forum）。公共领域被视为论坛，也即一个供公众辩论的开放性空间，可以是一个市政广场，一个里民大会，一个报纸版面，一个电视或广播相应时段等。当我们说，这个空间是一个论坛，就表示这里面有一些运作的规范，其中最重要的是开放的。"资产阶级公共领域的成败始终都离不开普遍开放的原则。把某个特殊集团完全排除在外的公共领域不仅是不完整的，而且根本就不算是公共领域。"③ 开放性原则是保证公共领域的公共性的首要条件。作为资产阶级法治国家主体的任何一个公民，都有权进入这个公共领域参与公共事务的讨论。需要特别强调的是，论坛的"开放"，除了形式上的开放——每个人都可以进来讨论之外，更重要的是实质内容的开放。

　　（2）私人（private people）。市民社会的私人领域，是一个受法律保障的自由领域。这里的每一个私人都拥有所谓的"权利"。只要不妨碍到他人的自由，每个人都能够自由地追求、满足自己的权利。公共领域是现代市民社会的产物，因此，哈贝马斯才会说，公共领域是由"私人"汇集而成。

　　（3）会合（come together）。会合是由私人"会合"而成一个公众，也就是从私出发，结合众人的私而慢慢构成一个公。公众是由私人会合而

①　参见韩震《公共领域与大众传媒》（http://blog.sina.com.cn/s/blog_ 4836e49d01000 arn.html 2007 - 09 - 19）。

②　参见李丁赞《市民社会与公共领域》，载许纪霖主编《公共空间中的知识分子》，江苏人民出版社 2007 年版，第 102 页。

③　［德］哈贝马斯：《公共领域的结构转型》，曹卫东等译，学林出版社 1999 年版，第 94 页。

成，而这个会合的最重要机制就是媒体。因此，所谓会合，在很大的意义上是一种媒体的中介和衔接。没有媒体的中介，论坛可能会停留在很地域性或是很局部性的层次。

（4）公共意见或舆论（public opinion）。所谓的公共意见，也就是由"公众"所构成的一种意见，或称舆论。它必须经过论坛的辩证和转化，最后是以理性为依归，以论点的好坏为标准。因此，公共意见很可能和一般普遍存在的群众想法正好相反。

（5）公共权威（public authority）。公共领域是市民社会的运作。透过私人的会合而成一个公众，也形成公共意见。这时，市民出现了一个公共的面向，是对社会各种不同的私进行整合，进而反省转化。因此，公共意见是私利的会合和转化，代表社会的公共理想。也因此，公共领域的运作让市民社会得以知道如何规范自己。没有公共领域，市民社会只是一个私利与欲求的体系，它本身无法超越自己。

（6）合法性（legitimation）。公共意见必然关乎权力，也必然指向权力。也就是说，公共意见必然要经过公共权威来执行一种新的集体行动，包括一个新的法律或是一则新的行政命令。因此，公共意见必然指向某种公共权威。这里的公共权威主要是指国家（the state），但不限于国家，可能还包括其他民间单位，如小区发展协会、工会、学校、公司、部落等。

大众传播是一个由媒介组织向观众提供和传播信息，由观众选择、使用、理解和影响信息的过程。"大众传播媒介的这种广泛的影响性——通过塑造大众，给争论下定义，提供参考术语，来分配注意力和权力——已经引起了大量的理论探讨。"①

按照自由主义者的理想设计，新闻媒体不仅应该独立于政府，而且也应该免受其他社会力量（如各种经济组织、社会团体或者其他利益集团）的控制。但事实是，西方的传媒无法避免政府、工商业巨头的控制，而各种利益集团也往往对媒体产生很大的影响；而在一些专制或者半民主的社会中，政治的力量仍然是决定性的②。

环顾现实，传媒的民主功能自18世纪以来也在不断下降。18世

---

① ［美］斯蒂文·小约翰：《传播理论》，陈德民、叶晓辉译，中国社会科学出版社1999年版，第575页。

② 参见吴飞《贴地慢行 缜思细问》（http://linkwf.blog.hexun.com/52397622_d.html 2010－06－26）。

纪，新闻业的角色是将个人意见转为公共舆论，媒体的推广加快民主政治进程。而到了当代社会，随着垄断资本主义的崛起，媒体日益被意识形态操纵，政治利益代替了大众话语，损坏了公民的民主权利①。

哈贝马斯在考察现代社会哲学取代古典政治学的思想历程，以及资本主义社会中科学技术成为"意识形态"的过程后，得出如下的结论：流失了实践话语的现代民主政治已经难以担当社会生活守护者的角色，逐渐沦为了技术专制统治的形式；公共权力的合法性不再来源于生活领域，而是来源于工具—目的理性导控的系统本身，生活世界只能为其提供形式上的大众忠诚。这也就是资本主义的合法性危机。要挽救民主政治于这种合法性危机，就只有重振公共领域，充分发挥它的民主潜能②。

基于对人类社会美好理想的憧憬，哈贝马斯确信，国家和社会之间可以存在一个公共空间，市民们假定可以在这个空间中自由言论，不受国家的干涉，这便是"公共领域"。他认为，"公共领域"是大众传媒运作的空间之一，大众传媒自身就是公共领域的一部分。大众传播媒介在其功能上还应该有提供公共交流平台的作用，在这个平台上，不受国家权力机关把持，不受个人垄断控制，是十分理想化的中间力量。

依循哈贝马斯的看法，"只有当公共领域在制度上独立于国家和社会中占优势的经济力量时，才能最有效地开展民主。这种自治权虽然很难产生并保持，但制订民主通讯政策的目的正是朝此目的努力。在此体制内，公共领域可能有多种不同的形式。……媒体并非公共领域的惟一工具。图书馆、学校、教堂、工会和其他自愿组成的协会也都是公共领域的机构。市民在这些地方相聚，讨论自己的问题和切身利益。然而媒体是人们交流的主要工具。公众通过媒体参与政治活动。媒体对公共领域所作贡献的质量高低是决定民主质量好坏的重要因素。如果媒体履行职责不力，人们就会孤陋寡闻，处境孤立，不讲政治，煽动性宣传就会猖獗一时，一小批精英分子就会轻而易举地夺取控制社会最重要政治事务的决策权，并将权力保持下去。在评价媒体形式及其结构中，我们高

---

① 参见胡婷婷《美国传媒管理与控制研究》，《今传媒》2010年第9期。
② 参见杨礼银《哈贝马斯的话语民主理论研究——以公共领域为视点》，博士学位论文，北京师范大学，2006年，摘要。

度重视媒体有能力对公共领域做出贡献"①。

质言之，哈贝马斯的公共领域最基本的指向是，公共领域最终会产生审议民主或协商民主。公众在公共领域里可以充分表达，达成共识，影响决策，进而付诸行动。而公共领域理论对西方自由主义的宪政民主思想起到了某种纠偏与修补作用，其主要表现在三个方面②。

第一，公共领域为现代民主政治提供合法性基础。公共领域的主要特征在于它的商讨机制，它既是形成公共理性的社会根基，又是公众广泛认同、真诚信仰和积极参与的组织平台、制度支撑及实现途径。

第二，公共领域作为介于私人领域与国家权力之间的一块中间地带，它能够在国家和公民之间架起一座理性沟通的桥梁，从而缩短公民与国家的间距，增强公民的民主参与热情，进而对自由主义民主所无法克服的公民的政治冷漠症起到某种医治或纠偏作用。

第三，以公共领域的机制为基础建立起来的话语民主模式修补了自由主义民主模式的缺陷，从而丰富了当代西方社会的宪政民主理论。

---

① ［美］爱德华·赫尔曼、罗伯特·麦克切斯尼：《全球媒体：全球资本主义的新传教士》，甄春亮译，天津人民出版社2001年版，前言第4—5页。

② 参见杨仁忠《公共领域理论范式的学术独立性及其政治哲学意义探析》，《河南社会科学》2010年第2期。

第三章　美国公共电视的价值诉求

公共电视与商业电视最大的不同在于其组织性质与组织使命。不同的性质与使命，导致商业电视以营利为目的，而公共电视则以宣扬某种价值观——"社会行销"为主。美国《公共广播公司1970年年度报告》曾赫然写道："公共广播①是无数词汇和形象的来源，它们履行着各种职能……在课堂上帮助老师教学，在家里训练年轻人的头脑，通过培养爱好和技巧来丰富人们的休闲生活，提高专业技能，学习专业知识。它们提供了一个思想碰撞的舞台，是家庭的文化中心，是市政听政大厅的延伸，是一张超越时空的门票，也是对个人成长的开放式鼓励。"

PBS董事长埃文斯·S.杜根（1995）形容公共广播是一笔伟大的国家财富，"这财富与我们的国家公园或者史密森学会是不同的"。我们可以捍卫其持久的存在②。公共电视的基本特征，决定了公共电视服务绝不是任何私人组织的盈利活动，而是一项关乎全民共同利益的公共事业。这项公共事业是以社会公平为价值追求的。这就意味着，社会公正彰显了公共电视服务的价值追求。

有学者预言，"未来的十年里，PBS将会变得更加重要而非无足轻重。首先，它不会被十几个能存活的少数利益服务集团所取代；其次，它仍然是为新节目而非重播或引进节目提供预算的重要的发动机；最后，当商业竞争加剧、主流商业频道变得更趋近于他们的大众市场吁求时，它将提供

① 一般认为，通过无线电波或通过导线向广大地区或一定区域传送声像节目，统称为广播（broadcast）。按照传播信号分：只传送声音的，叫声音广播或电台广播，简称"广播"（radio）；传送声音和图像的，叫电视广播，简称"电视"（television）。转引自陆晔、赵民主编《当代广播电视概论》，复旦大学出版社2002年版，第11页。

② Engelman Ralph, *Public Radio and Television in America: A Political History*, USA: Sage Publications, 1996, p.38.

保持公众最广泛的接近选择的最好的方法。我相信公共服务广播将继续要求关注未来的大多数的观众与听众。"①

一　基本原则

2000 年，在联合国教科文卫委员会支持的国际性的非政府组织——世界广播电视委员会撰写的《公共广播：为什么？怎么样？》报告中，清晰地界定和概括了公共服务广播必须遵循的基本原则，即普遍性、多样性、独立性和差异性。

（一）普遍性

公共服务广播必须是全国每一个公民都能平等使用的媒体。在某种意义上这是一个影响深远的平等与民主目标，它把全体公民放在同一条起跑线上，不管他的社会地位和收入如何。它要求公共广播机构面向全体国民传递声音并矢志为最广大的公众所使用。这并不意味着公共广播始终要像商业广播那样致力于最理想化的收视（听）率，而是应该竭力使其所有的节目达到全体公众。这不仅仅涉及技术上的可接近性，而且要确保每一个人都能理解和关注它的节目。又如民主，公共广播节目必须是"大众化"的，而不是让人对"大众化"心生厌恶。从一定的意义上讲，公共广播所提供的公共论坛不应该对少数人施加限制。如此，公共广播应当促进文化发展，而不是变成同一群人经常光顾的少数人的会所。

（二）多样性

公共广播提供的服务应该是多样化的，至少应该体现在三个方面：根据它提供的节目类型、达成的目标观众和讨论的主题。公共广播必须通过提供各种类型的节目——从新闻广播到娱乐节目来反映公众利益的多样性……多样性和普遍性是相互补充的。它所生产的节目有时是为青年人准备的，有时是为老年人准备的，有时是为其他团体的人准备的，这就彻底地表明公共广播适用于全体公众。

---

① Price E. Monroe, Raboy Marc, *Public Service Broadcasting in Transition: A Documentary Reader*, The Newlands: Kluwer Law International, 2003, p. 19.

费城 WYBE 公共电视台的创始人之一大卫·哈斯（David Haas）说："从电视台创办开始，我们坚持的目标不是重复现有的公共广播节目，而是要真正地扩展现有节目的范围和多样性，为更多的声音提供媒介平台。"因为费城的居民来自不同的民族，社会经济水平、文化背景迥异，观点亦不尽相同，但是他们在广播电视中却都没有发言权。他认为 WYBE 不能只是简单地成为另一个千篇一律的公共电视台，播放《老房子》这样的节目。在"真正的多样化，真正的公共电视"的宗旨引导下，WYBE 在 1996 年退出了 PBS，开始了独立公共电视台的历程。

实际上，每一类型的公共电视台在节目内容设计与运营战略上都是各有侧重、各具特色的。社区电视台倾向于制作并播放高质量的节目来吸引并抓住普通的观众群，像《麦克尼尔/莱赫尔新闻时间》《新星》《自然》《文物巡回展》《都市剧院》《谜题之地》《故事时间》《美国经验》《来自善良纪录的冒险》等节目就非常受欢迎；大学电视台主要致力于成人继续教育和文化节目，从来没有为 PBS 黄金时段的核心节目贡献过大型节目；公立学校电视台主要是为小学生和初中生提供一种新的学习体验，很少问津原创性的娱乐节目，它们的大多数节目都来自各级各地教育节目供应商，当然也会播出一般性的儿童教育节目，如《芝麻街》；州立公共电视台一般为小学生和初中生提供传统的学校节目，同时为没有大学的地区提供相当于研究生程度的学习课程，虽然在 PBS 的黄金时段很难见到它们奉献的节目，但它们会经常参与联合制作系列剧等特别节目，如《杰出表演》《华尔街一周综述》等[1]。

今天的美国公共电视，提供给观众大量的不考虑商业利益的社会教育节目，如对儿童提供的健康的知识教育节目、语言教学节目，还有成人的大专教育节目和职业教育节目。除此之外，由于公共电视网络已经进入几乎每个美国家庭，CPB 促成了一个巨大的到达了边远地区的信息网络的形成。人们无法想象，如果公共电视台一旦商业化，谁还能够为观众提供如此多的教育性节目？

美国著名作家 E. B. 怀特（E. B. White）眼中的公共电视，目标卓尔不群，它"是视觉上的文学作品，呈现伟大的戏剧和音乐，满足人们对

① 参见［美］苏珊·泰勒·伊斯特曼、道格拉斯·A. 弗格森《电子媒介节目设计与运营：战略与实践》，谢新洲等译，北京大学出版社 2005 年第 6 版，第 277—279 页。

美的渴望；带人们旅行，探索大海、天空、森林、高山；唤起梦想，让人们有机会参与各种事务。它应该是公共讲堂、教育集会、歌舞剧院和仙乡胜境。它应该重申和明确社会窘境和政治困境，就在它偶露峥嵘之间，人们得以管窥它的潜能。"①

美国公共广播公司的对外推广和多元化节目制作总监谢里尔·赫德（Cheryl Head）解释说：多元化不仅仅是让一个其他肤色的人站在摄像机前，也是让人们可以听到"真实可信"的观点。这就表示还要不同肤色的制作人、撰稿人和编辑②。

（三）独立性

"使人各自独立的平等，也使人养成只按自己的意志进行个人活动的习惯和爱好。人在与自己相等的人往来当中和作为个人的生活习惯而永远享有的这样完全独立，使人对一切权威投以不满的目光，并很快激起关于政治自由的思想和对于政治自由的爱好。……在身份平等所产生的一切政治效果中，首先引起人们注目的和使胆怯的人最害怕的，就是对独立的这种热爱。"③为了保持大众传媒的独立性，新闻工作者必须避免任何表面或实质上的不适当、表面或实质上的利益冲突。他们既不应该收受任何东西，也不应该参加任何看起来有可能伤害他们正直性的活动。

公共广播是一个论坛，于此各种观念都能自由地表达，各种信息、意见和批评都能传播。公共广播的独立性也即自由性只有在它们坚持反对商业压力或党派影响时才有可能获得。通过审查特别资产以保证遵从这一原则，并确保公共广播的公信力处于公众的监督之下。其实，倘若政府对公共广播传递的信息施加影响，人们将不再相信公共广播。同样，如果公共广播机构的节目旨在追求商业目标，那么人们将无法理解为什么他们要请求资助一个其节目与私营广播提供的节目没有实质性区别的机构。后一种情形导致了另一条原则的制定，这在一些公共广播与私营广播并存的国家里尤为重要。

独立的政治立场是美国公共电视的重要原则之一。因为公共电视倘若

---

① 侯红霞：《美国公共电视节目之概述》，《文化与传播》2013 年第 2 期。

② Sherri Hope Culver, "What's the Future of Public TV", *Television Quarterly*, Spring/Summer, 2004.

③ ［法］托克维尔：《论美国的民主》下卷，董果良译，商务印书馆 1988 年版，第 838 页。

不能摆脱与政府和私有企业的联系，实行独立编辑，那么，提供高质量和多样性的节目只能是一种乌托邦。公共服务意味着"要广泛承诺提供并保护多样的、互补的节目表……公共服务广播有着高远的志向，不仅仅提供娱乐性节目。公共服务广播要努力制作出高质量、很流行的节目。它要确实能公正地评判人类的经验。它涉及的类型要尽可能地多。它要提高人们生活的质量。它的节目种类要能反映出人类的复杂性"①。

基于此，美国公共电视的核心使命是促进公民社会的发展，避免为专制政权或商业集团所左右。与核心使命相呼应，公共电视的节目以制播教育、文化类节目为主，既要反映本土文化特征，又要兼顾多元化和少数族群，注重满足公民的视听需要，而非迎合观众的喜好。公共电视的节目内容广泛，艺术和表演、纪录片、历史、戏剧、科学、自然甚至儿童节目等都被囊括其中。

FCC 前主席马克·富勒表示，正如里根总统所做的，电子媒体——而且也包括无线电波和电子的使用者，应该而且必须是自由的，它们就像使用纸张和墨水的平面媒体一样脱离政府的控制②。

（四）　差异性

差异性要求公共广播提供的服务与其他广播服务相区别。在公共服务节目中，它的节目质量和特征，公众必须能够判定这一机构与其他机构的区别何在。这不仅仅是一个生产其他机构不感兴趣的节目类型、瞄准其他机构忽略了的受众或者处理其他机构遗忘了的题材的问题，而且是一个特立独行却不拒斥任何其他类型的问题。这个原则必须引起公共广播机构革新、创造新的生长点和新的类型、在视听领域独占鳌头并把其他的广播网甩在身后。

大卫·克罗图和威廉·霍伊尼斯运用媒体的市场模型和公共领域模型，列举了市场像销售其他商品一样销售媒体的弊端。他们认为，市场模型假设社会的需求能够通过相对自由的、基于需求关系的交换过程来实现。他们认为，如果有足够的竞争，市场将显示出一系列的优势，但是，

---

① ［英］约翰·基恩：《媒体与民主》，邵继红、刘士军译，社会科学文献出版社 2003 年版，第 103 页。

② 参见李丹林《论美国广播法的公平原则》，《国际新闻界》2010 年第 10 期。

如何确保足够的竞争存在却是一个问题。媒体产品的数量的增长并不意味着产品种类的丰富，完全的竞争在现实世界里是不存在的。并且市场动力驱动下的媒体，为了追求利润，需要赢得更广大的观众，势必会迎合观众的兴趣，这也是市场局限性的一种体现。具体来说，市场的缺陷主要有以下几点①。

首先，市场有违民主精神。因为市场是根据金钱的多少来决定人的影响力的大小的，并且由此形成一种恶性循环，使富有的人更加富有，而贫穷的人越发贫穷，使人从一生下来就身处不平等的世界。这就与人人生来平等这一民主精神严重相违背了。在媒体这个公共领域里，虽然每个人的消费能力各不一样，但是他们本身都应该是平等的。市场不但有违民主精神，而且不能满足民主的需要。市场机制和民主的目标只要同时存在就经常会形成对立局面。就算是那些看似通过公平竞争而取胜的商业传媒产业，也常常不能保证民主社会的公民权利。由于它们昂贵的产品价格和相对在消费群体里面的流行，市场机制导向就会促使那些关于庸俗娱乐、色情和丑闻性质的"新闻"产品成为具有上升趋势的主流。当然，从商业的角度来看，所有的大型企业都倾向于生产那些能够震撼读者或者吸引消费者，从而引起他们注意的节目、电影、书籍和其他产品。媒体公司会假设不同的人群会有迥异的兴趣和品位，从而细分和锁定其产品的目标，无论是新闻还是现代音乐，它们总是会越来越面向非常狭窄的人口群体。这就造成了两个层面上的问题：一是娱乐信息的泛滥取代了大量关于新闻、教育和文化的信息，甚至破坏了居于平衡状态下的社会文化认同，而这些被取代或被破坏的因素，对于民主社会建设的重要价值是要远远超过商业传媒公司的那些商业价值的；二是高度细分化锁定的媒体会加强已经存在的偏见，加深不同人群之间的隔阂与矛盾，这样造就出来的细分化社会，会使人们更着眼于在自己市场团体之间的相互交流。

其次，市场还会制造不平等，那些拥有与生俱来的财富、优越的教育和优势的社会关系的人自然在市场中具有很大的优势。基于市场的媒体容易被那些具有金钱与权势的人影响，也倾向于反映那些具有金钱与权势的人的观点和兴趣，而不怎么受甚至完全不受其他人的影响，不顾其他人的

---

① ［美］大卫·克罗图、威廉·霍伊尼斯：《运营媒体：在商业媒体与公共利益之间》，董关鹏、金城译，清华大学出版社 2007 年版，第 20—21 页。

观点和兴趣。

再次，市场的准则里没有道德两个字。它不会区别商品对社会有益还是有害，只要消费者需要，它都乐意满足。就像美国曾经的奴隶制度对奴隶的买卖，市场是不会设法干预的。

最后，市场没有满足社会需求的义务，这很可能给人们的生活带来诸多不便甚至危害。有一些很明显的社会需求是不可能通过私有化的市场来满足的。例如，早期的消防就是基于市场观念而服务于那些有能力支付的客户。可以想象，那是一种怎样混乱的状态。一个社会必须为其公众提供一系列的重要服务，而不受市场的影响。例如，国家支持的公立学校，就是必须向公众提供基础教育，而并不决定于公众是否有能力支付。

从以上种种情形不难看出，市场导向的媒体虽然持有创造经济利益的动机，却同时也在创造着（至少间接制造和保持着）民主的赤字。尽管如此，还是会有人坚持认为商业传媒也可以实现公共服务目标，或许真的部分实现了。但是，如果不是因为公共广播电视的存在而形成了那一方面的竞争，并有公共广播电视作为可以模仿的对象的话，商业传媒是不太可能会去浪费人力、物力以及财力去尝试实现公共服务目标的。这为公共服务传媒的合理性提出了有利和巧妙的论据：它为市场奠定了基调，成为文化进步的催化剂和所有广播的榜样。这种观点将广播设想为一种生态环境，是需要均衡提供的健康饮食，是对公共领域的培育与保护。而公共服务和私营服务的传统均衡，由于近年来制度中心向私有商营广播偏移，正变得越来越不稳定①。

罗伯特·W. 麦克切斯尼（Robert W. McChesney）在其名著《富媒体、穷民主：不确定时代的传播政治学》中竭力否认资本的商业民主神话。他认为，媒介产业的整合和垄断改变了美国社会的民主环境，庞大的企业大体上已经控制着媒体传播的内容，通过这样的一种对公众话语权的控制，少数的政治精英与资本家通过媒介传播内容对大众进行疏导，使大众产生"政治疏离"（depoliticized），由此摧毁民主的根基，使民主（多数人统治）社会渐变成一个集权（少数精英统治）社会。民主政治文化在媒介高度发达的美国却出现"政治疏离"现象，由此民主政治也就变

---

① 参见［加］莱伯伊·马克《世界公共服务广播的形势：俯瞰与分析》，《新闻与传播研究》1997 年第 2 期。

成了"没有公民"的政治游戏。

这就是说，媒体在聚集物质财富的同时却减弱了民主的根基，民众在娱乐节目的包围下，失去了对公共问题关注的兴趣，也失去了作为一个公民应有的判断是非的能力，民主政治文化在媒体高度发达的美国社会却极度萎缩①。看来，市场除了有着强大优势，诸如可以促进效率、及时回应消费者的需要等之外，也有着无法弥补而又十分严重的缺陷。而这一十分严重的缺陷，恰好为公共电视对其进行有效的匡正提供了空间与可能。

二　编辑标准②

节目内容的评估是一门艺术而非一门科学，它需要对广泛涉及信息、美学、技术和其他需要考虑的因素的内容价值进行专业判断。

PBS 相当大一部分的节目是由四大制作型电视台——波士顿的 WG-BH、纽约的 WNET、洛杉矶的 KCET 和华盛顿的 WETA——制作或与它们联合制作的。PBS 寻找的节目，要能在内容和制作质量上同商业电视台的节目相媲美，而且它对儿童节目格外感兴趣③。

PBS 的任务，是衡量呈送给它的节目内容的价值，保证整体地看其传送的内容能使各种因素达到最好的平衡。这些标准和方针，具体体现了 PBS 期待的节目质量与完整性的目标。诚然，这些标准运用的结果可能会有所不同，这取决于节目的形式和内容。成功的节目不一定就能满足所有这些标准。

PBS 认识到，信息内容的生产既不可能绝对真实也不可能绝对客观。从本质上说，信息是碎片式的；节目、网站或其他内容的诚信从来都不可能由一个精确的、科学实证的形式来测量。因此，内容质量归根结底必须依靠生产者的专业主义精神，独立、诚实、正直、正确判断、常识、思想开放、旨在提供信息而非宣传。

在节目的结尾或主办的网站上打上标识的做法，表明 PBS 对节目内

①　参见胡伟《从大众传媒看美国政治与民主——读〈富媒体、穷民主：不确定时代的传播政治学〉》，《探索与争鸣》2004 年第 2 期。

②　PBS 网站（http：//www. pbs. org/aboutpbs/aboutpbs_ corp. html 2008 - 12 - 18）。

③　参见［美］苏珊·泰勒·伊斯特曼、道格拉斯·A. 弗格森《电子媒介节目设计与运营》，谢新洲等译，北京大学出版社 2005 年版，第 282 页。

容的诚实和质量承担责任。编辑的正直不仅包括这些标准和方针体现的关注，而且包括关心不当的创始人的影响和 PBS 资金与生产指导方针中体现的商业主义倾向。如果 PBS 断定节目内容不符合自己的整体质量标准，或者与任何其他适用的新闻标准或生产实践相抵牾，那么，它可能会抵制分发这些节目。

（一）公正

罗尔斯对"公平的公正"原则的阐述振聋发聩："正义是社会制度的首要价值……某些法律和制度，不管它们如何有效率和有条理，只要它们不正义，就必须加以改造或废除。每个人都拥有一种基于正义的不可侵犯性，这种不可侵犯性即使以一个社会整体利益之名也不能逾越……一个社会，当它不仅被设计得旨在推进它的成员的利益，而且也有效地受着一种公开的正义观管理时，它就是组织良好的社会。"① 美国国会在《公共广播法》中加入"客观与均衡"的条款，目的就是保证公共电视节目的公正性，尽管它被认为有侵害编辑自由的问题②。

对观众公正意味着几种责任。生产者必须既不使复杂的形势过于简单化，也不掩饰一目了然的事实。如果 PBS 认为节目有任何不公正的或误导性的事实陈述，它可能会否决节目或其他内容，包括基本事实的不准确陈述、无记录的令人生疑的事实陈述、误导性的衍生、以讹传讹或歪曲。

为了避免误导公众，生产者还应当坚持透明和诚实的原则，通过提供适当的标签、免责、更新或其他信息的方式，以便公众清楚地理解所收看的内容。例如，评论、观点或意见应当可以适当地区分，犹同所有的资金来源应当予以说明一样。透明也表示生产者尽最大可能地确认信息的归属，必要地限制那些不得已使用的案例和匿名的信息来源。含有成人主题或其他敏感性资料的内容应当予以适当的披露。

对在其节目内容中出现的或涉及的人物，生产者应当给予公正的对待和尊重。只要 PBS 认为节目待人不公或以讹传讹，就可以拒绝它。公正对待个人通常要求生产者再现人们描绘的言行，表达他们最有力的主张，

---

① ［美］约翰·罗尔斯：《正义论》，何怀宏、何包钢、廖申白译，中国社会科学出版社 1988 年第 3 卷，第 5 页。

② Donald M. Gillmor, *Mass Communication Law: Case and Comment* (6th ed.), West Publishing Company, 1998, p. 733.

给受到攻击或批评的个人或组织以回应的机会。公正也要求生产商愿意考虑所有相关的信息和观点。

在美国，公共电视是受众最主要的独立公正的消息来源。它不追求耸人听闻的"刺激性"新闻，其关注点在于深度报道和听众/观众参与。公共电视节目很有教育意义，常常可以使受众从中了解很多美国的政治运作、社会问题、文化历史、科学技术的新进展以及与上述一切有关的人民反映和社会效应（正效应或负效应）。因为它是独立公正的，所以在政府有倾向的时候，如布什政府向右转的时候，公共电视就会显得"左倾"了。公共电视台在 2003 年布什攻打伊拉克的时候和 2004 年大选的时候都报道了很多布什政府的错误与问题，这在布什政府对媒体试图加大控制的环境下显得非常的难能可贵①。

（二）准确

来自读者的良好信任是公共电视的基础。公共电视应该不惜一切努力保证新闻的准确、没有偏见、平衡表达各方意见。社论、分析文章和评论，在准确性上应该与报道中的事实做同样的要求。严重的事实错误和疏忽产生的错误，都应该作最快的和突出的更正。

信息内容的诚实和完整主要依靠事实的准确，必须竭力保证内容得到准确和忠实的表现。含有编辑、分析、评论和观点的节目、网站及其他内容，必须把握与新闻报道相同的事实准确的标准。承诺准确包括，如果出现证明可靠的有说服力的新信息，愿意更正记录，愿意回应观众的反馈和问题。

PBS 也可能对提交给它的节目内容的准确性进行独立的验证。信息内容的生产者必须特别仔细地验证信息，尤其是可能涉及的不道德行为的指控，准备更正材料的失误。在 PBS 看来，不符合准确标准的内容，都应予以拒绝。

要求传媒报道真实准确，就是力求保护受众，使其免受操纵之累，获得日常决策的可以信赖的信息基础。因为媒介是"人体的延伸"，报刊延伸了人们的眼睛，广播延伸了人们的耳朵，电视则延伸了人们的中枢神

---

① 参见《美国社会良知和理性的重要载体——公共电视和公共电台》（http：//blog. sina. com. cn/s/blog_ 5fb24c110100jpv6. html）。

经。通过媒介，人们得以了解千万里之外的事实，获取自身行为的参照框架。因此，传媒报道往往被视为现实的镜子，真实准确成为大众传媒的基本要求。失实则如同镜面歪曲或污损，令人无以为鉴①。

（三）客观

大众传媒为了争取更广泛的受众，必须抛弃党派性论争，从而以客观、中立的报道吸引持有不同政见的公众。自从 1919 年李普曼在《现代自由意味着什么》一文中提出"客观报道"的概念，并在其后的《自由与新闻》一书中首次阐述"客观新闻学"的内容后，客观性原则即被美国新闻界奉为行业的金科玉律。

除公正和准确以外，客观是新闻记者必须守持的第三条基本标准。虽然 PBS 牢牢把握所有的新闻和信息内容应当符合客观标准，但它承认，其他类型的节目内容也许并没有把客观地再现事实作为它们的目标。

然而，客观性含有比以中立的方式表现新闻和信息内容更丰富的意蕴。它还涉及作品生产的过程，包括涉及分析、报道的结果和得出结论的作品。首先，新闻记者必须以开放的心态进行调查，而不是有意表现先入为主的观点。除此之外，被视为客观的作品必须达到一定透明的标准。从广义上说，这种透明精神，意味着观众应当能够理解生产者组合材料的根据。例如，观众一般应当能够不仅知道信息来源是谁，而且知道它们被选择的理由和它们潜在的倾向会是什么。又比如，如果生产者面对明知是有争议的特别棘手的编辑决定，他们应当考虑解释为什么要如此选择，以便观众能够理解。生产者同样应当考虑向观众解释，某些问题为什么不能回答，包括如果采用了机密信息来源，生产者为什么同意让来源不公开。透明的精神表明，如果生产者已经得出某种结论或观点，观众应当能够见到证据，以便观众能够明白这一观点是如何得出的。透明理念所隐含的一种期待是，观众可能理解和懂得也许看法不一致的内容。

意见和评论不同于新闻与分析。当一个节目、片段或其他内容吸取了意见或评论，透明原则要求它比照地加以清晰的标明。仅仅表现意见相同的观点而没有提供相反观点的任何内容部分应当视之为意见，应当确认所述观点的负责人是谁。PBS 分配的内容决不应当允许故意操纵有选择的事

---

① 参见谢静《美国的新闻媒介批评》，中国人民大学出版社 2009 年版，第 115 页。

实以达到宣传的目的。

有"国会台"之称的 C - SPAN，其对政治事务报道的特点是不对报道的内容作编辑、评论或分析，其工作人员即使面对摄像机也从不报告自己的姓名，而是通过报道开始前的旁白或中间打出的标识来区分不同的报道者。C - SPAN 尽量不以记者、编辑的个人喜好来影响新闻的取舍，强调新闻的"无过滤性"，因此在国会报道中从来不体现出一种社会目标和价值观。当然，C - SPAN 的新闻无倾向性，与美国学者所提倡的"社会责任论"又不无矛盾①。

（四）平衡

媒体并非传送信息和思想的中性的工具，有关媒体在向公众播送新闻和娱乐节目过程中，因如何转变和阐释现实而引发的众多争议即是明证。斯诺认为，"在当代社会，公众往往接受媒体所呈现的社会现实，因此，当代文化实际上就成了'媒体文化'"②。

《1985 公平报告》要求广播电视报道"有争议性并对于公众利益来说很重要的问题"这类问题时不能失去平衡，也就是说，对于对立性的观点要给予尽量相等的机会。至于什么是"有争议性并对于公众利益来说很重要的问题"，如何处理，由广播电视单位自己判断和决定。

美国《传媒法案》规定：选举期间，政治候选人在利用电视台、电台设施宣传自己的时候，电台电视台必须遵守"平等时间"原则。但是这一原则不包括新闻报道、专访、纪录片等。

PBS 追求反映主题广泛、观点形形色色的现在的和过去的内容。但是，PBS 可能选择考虑的不仅仅是内容达到整体平衡，而且还根据现有的证据，公正地表现特殊内容。

在适当的地方，PBS 可能以节目内容的接受要以生产者的意愿为条件，通过删除指定的胶片，或者通过涵盖所述问题的其他观点或公众可能得出不同于节目暗示的结论的素材，来进一步达到平衡的目的。增加的素材可能是几个字，也可能是一个完整的内容段落，或者是一个系列节目中

---

① 参见沈国麟《C - SPAN 镜头中的美国国会：美国媒体与政治的互动》，《美国研究》2002 年第 3 期。

② ［美］戴安娜·克兰：《文化生产：媒体与都市艺术》，赵国新译，译林出版社 2001 年版，第 4 页。

补充的一个插曲，直至完全不同的新节目。在 PBS 确信合理的地方，PBS
可能会通过生产者而不是原始内容材料的生产者来安排新增内容的生产。
对于网络节目内容，可靠的链接、高品质的相关资源，可能用作提供补充
信息或观点的途径。

科罗拉多州丹佛市的 KSDI 电视台（科罗拉多公共电视），始于当地
的独立媒体运动。作为一个不落俗套的公共电视机构，KSDI 立志于弘扬
言论自由和激烈广泛的政治社会辩论的传统。董事长韦克·若兰德
（Wick Rowland）提出，KSDI 的口号是"世界的观点，团体的声音"，该
台曾在一周之内制作了 8 个以当地公共事件为导向的电视节目，充分地展
示了 KSDI 的目标①。

（五）对公众的责任

虽然真正把"社会责任"确立为新闻业的规范要求，是始自美国新
闻自由委员会的《一个自由而负责任的新闻界》（又称"哈钦斯报告"），
但早在 1904 年，普利策就曾在《北美评论》中振聋发聩地指出："只有
最高的理想、兢兢业业的工作愿望、对所遇问题最准确的知识和最真诚的
道德责任感，才能使新闻事业不屈从于商业利益，不为自己谋取私利，不
与公众利益为敌。"不仅如此，"一份真正伟大的报纸一定要比任何一名
主编的良心或全体主编的集体良心都要伟大。因为当它说话时，它的言论
是由那些非常明智、非常理性、非常公正、非常具有同情心、非常具有理
解力以及非常诚恳的人们做出的，而不是由那些受到人类弱点和缺点腐蚀
的、仅仅为了写作而写作的人们做出的……一份真正伟大的报纸必须摆脱
任何以及全部特殊利益集团的束缚"②。PBS 要求，公共电视节目的生产
者必须与 PBS 合作以回应公众，与公众形成互动。这可能包括提供公众
反馈节目内容的一个渠道，帮助网络生产素材。网络能让观众知悉更多，
探求背景信息，访问节目中间接提到的材料，回答节目可能无法表达的问
题，甚至定制信息。问责权是一个目标，包括回答观众的问题，回应节目
或内容的批评。当 PBS 发布公开反馈时，它应当同样地贴上标签，像有

---

① 参见 Culver Hope Sherri，"What's the future of public TV?"，*Television Quarterly*，Spring/
Summer，2004。

② ［美］弗雷德里克·S. 西伯特、西奥多·彼德森、威尔伯·施拉姆：《传媒的四种理
论》，戴鑫译，中国人民大学出版社 2008 年版，第 72 页。

关淫秽和人身攻击的出版标准，应当得到清晰的传播。

（六）勇气和争议

传播自由的基本意义就是表达自由，这是西方新闻专业主义基本价值的基石。PBS 追求提供勇敢地和负责任地处理问题，诚实和坦率地报告、评论社会、政治、经济方面的紧张、争论和分歧的节目内容。在 PBS 看来，窒息不同寻常的思想表达是智力停滞和社会隔绝最近的路径；今天的异见或许是明天的正宗。在一个自由和开放的社会，衡量和判断信息与观点的根本任务应当交由观众。因此，PBS 追求保证其提供的整体内容囊括范围广泛的意见与观点，包括那些来自边缘社会现存的舆论和以负责任的方式表达的并与这些标准以及方针中提出的标准相一致的内容。

在实际的操作中，美国公共电视坚守美国新闻记者（搜集并揭发丑事的人）的古老格言——"新闻就是把某些人、某些地方不想看到的事情印刷出来"。它始终盯住政治权力，通过扩展公共论争的限制，拓宽公民得到有关公民社会公共领域信息的渠道驯服政治权力的傲慢①。

（七）内容高于技术

生产技术的进步使技术或许压倒内容、歪曲信息、转移公众对问题关键的关注成为可能。无论是人还是思想，都不应当成为技术上的圈套的牺牲品。在 PBS 看来，背离观众或其主题以牺牲内容为代价不恰当地追求技术的内容都将遭到否决。

BBC 第一任总经理曾经说过，公共电视的水平应略高于社会一般水平，引领大众文化品位，培养他们去消化那些原先不曾试图消化的材料②。美国公共电视有着尚未被商业化沙漠吞没的一块"绿洲"的美称，而要对得起这样的美称，势必需要能给观众提供比他们看到的情景更有价值的内容。就电视节目而言，其"品位"可以理解为节目中所具有的审美品格和文化内涵，同时也是创作者专业修养、审美情趣和艺术追求的综合体现。

---

① 参见［美］约翰·基恩《媒体与民主》，邵继红、刘士军译，社会科学文献出版社 2003 年版，第 124 页。

② 参见贺丹《公共电视的当代之路》，《新闻前哨》2007 年第 5 期。

"PBS 的主流观点认为，节目必须被视作有价值的，不恰当的节目安排会限制节目潜质的充分实现。"为此，为了更好地规范和监管全国范围内分配、流通的节目，"PBS 建立了'公共电视台渠道'（Public Television Pipeline），该管理系统用于监督和协调从提案阶段到播出阶段的节目开发的全过程。在整个一年内，该渠道向节目制片人发出关于 PBS 节目在整体上盈缺的信号，此外还提出特别的内容要求"[①]。

（八）实验和创新

公共电视必须是一个实验场所，所有人在这一点上都意见一致。正如卡内基报告中所说："相比起商业电视来，公共电视拥有的一个巨大优势是，它能够奢侈地享受冒险。"[②]

PBS 追求形式、技术或内容创新的节目。没有商业因素的考虑，符合 PBS 实验自由的精神，这种实验自由的方式是永远不为商业环境所见容的。只要 PBS 敢于尝试必要时的冒险，创新的潜力就完全能够实现。

这方面的一个典型案例是 PBS 1970—1971 年度最富于实验性的节目《旧金山大混合》，它采用了一系列电影蒙太奇手法，表现 KQED 电视台的摩尔所说的"不可或缺的人类活动"——探索、爱情，诸如此类。被誉为公共电视的最佳新闻资讯类节目《麦克尼尔/莱赫尔新闻时间》，试图把印刷术的话语因素带入电视，并作出了可贵的努力。这个节目舍弃了视觉刺激，由对事件的详细报道和深度访谈构成（也只有 5—10 分钟）。该节目每次只报道少数几个事件，强调背景资料和完整性。但麦克尼尔因为拒绝娱乐业的模式也付出了惨重的代价。按照电视节目的标准，他的观众少得可怜，节目只能在几个公立电视台播放，麦克尼尔与莱赫尔两人的工资总和估计也不过是 CBS 的丹·拉瑟或 NBC 的汤姆·布罗考的 1/5[③]。

公共电视所倡导的是原创性的作品，因而为电视节目的制作者搭建了

---

① ［美］苏珊·泰勒·伊斯特曼、道格拉斯·A. 弗格森：《电子媒介节目设计与运营》，谢新洲等译，北京大学出版社 2005 年版，第 289 页、第 283 页。

② ［美］马丁·迈耶：《美国商业电视的竞争》，刘燕南、肖弦弈、和轶红译，中国传媒大学出版社 2007 年版，第 242—243 页。

③ 参见［美］尼尔·波兹曼《娱乐至死》，章艳译，广西师范大学出版社 2004 年版，第 137 页。

一个能够满足观众不同的需求和社会体验的平台①。

（九）探索有意义的主题

与他们的其他商业伙伴不同的是，公共电视台不为了利益而售卖时段，因此，它不受商业广播被迫追求最大量的观众要求的约束。PBS追求能使其成员台探索有意义的主题的节目，即使那些主题或其待遇可能不会吸引大量的观众。

公共电视不仅独立公正，而且它不追求耸人听闻的"刺激性"新闻。公共电视的一个明确任务，是提供富有建设性、想象力的儿童节目。儿童电视工作室（Children's Television Workshop，CTW）创造的"芝麻街"（Sesame Street），是一个精彩的原创大型木偶节目。无论在商业还是公共电台都没有一个系列像芝麻街那样被预定得如此之多。作为一档提供给学龄前儿童的优秀节目，它至今仍是经典。此外，公共广播协会（Corporation for Public Broadcasting，CPB）自1977年起创立了20多档教学节目（Instructional Television，ITV）供课堂教学使用②。正如施拉姆在《我们的儿童生活中的电视》中所言："或许考察电视对儿童的影响的更重要的方法不在于对电视对儿童做了什么，而在于儿童对电视做了什么。儿童不是堕性的。你不是向儿童发射电视。他们使电视适合他们所知道的东西，使电视适合他们正在做的事情。"

（十）非职业行为

PBS期望生产者坚持最高的职业标准。如果PBS有理由认为生产者违背了职业行为的基本标准，它可能拒绝他们的节目。生产者的非职业行为的事例包括这些内容，如剽窃、伪造、通过贿赂或威压获取信息、对灾难和不幸无动于衷，以及现实的或感知到的利益冲突，像礼物、惠赠、来自企图影响生产者工作的人给予的报酬。

商业电视常被观众诟病的是，必须空出一定的时间来播放广告，节目经常要被广告打断，但是，公共电视不存在这个问题。当然，公共电视也

---

① 参见［英］詹姆斯·卡伦《媒体与权力》，史安斌、董关鹏译，清华大学出版社2006年版，第264—265页。

② Abhilaksh Likhi, Public Television in the United States of America: Evolution, Institutions, Issues and Relevance to India.

要想方设法去找钱来资助它们的节目。在 NBC，一个夜间的新闻节目，可能就做四五条新闻，每条新闻两分钟左右，而在 PBS，它们做的新闻节目有 1 个小时，每一期有 4—5 个故事，没有广告，这意味着每个故事有 10 分钟左右的时间，可以作更多的调查，作更具深度的访谈，新闻也更有深度和广度[①]。

（十一）不能接受的生产实践

人们不可能预计信息内容的生产者必须竞争的每一种情况。然而，某些地方危险频仍，以致它们值得予以明确的警示。一般来说，生产者容易在下面几个范围很广的概念下失足。

（1）表演。新闻内容的生产者不应当表演事件或为了传媒报道的缘故暗示他人表演事件。

（2）再创造和模仿。真实事件的再创造与模仿是必要的和可取的，但它们应当清晰地得到鉴别，是否存有观众被混淆或误导的任何可能。

（3）失真的编辑。素材被弃之不用、素材被删减是所有生产者面临的必要选择。减少或安排这些信息是生产者的技巧的组成部分。以公正描绘现实的态度采集和安排信息是编辑流程的目标。生产者必须保证经过编辑的素材仍然忠实于现实的基调和本质。编辑过程中，信息内容的生产者必须杜绝炒作事件，杜绝制造误导或违背真实的不公正的版本。当出现有影响的时间中断或环境变化时，观众应当能够明白地辨析它们。

（4）欺骗。无论何时，观众或消息来源被愚弄或感到被愚弄，危害的都是节目的信誉。欺罔观众包括这样一些事例，如时间被混合以致出现几个访谈其实是一次访谈。欺罔消息来源应包括生产者误导受访者有关访谈的目的。诚实、坦率和通常的礼貌必须支配生产者的行为。

由于 20 世纪 80 年代曾发生过数起发布假消息的事件，例如有电台称国内安全部发布核武器攻击的警告，导致群众恐慌。1992 年美国联邦通讯委员会（FCC）制定反愚弄法，禁止发布假信息。如果媒体知道以下三方面的问题还发布消息将予以处罚：一是明知消息是假的；二是可以预见到信息的播出将导致群众实质性的伤害；三是播出的消息确实导致群众实

---

① 参见沈国麟《美国公共电视的生存空间——美国公共电视网（PBS）记者格温·艾菲尔访谈》，《新闻大学》2008 年第 2 期。

质性的伤害。一次罚款可以达到10000美元。

（5）审前报道。法律体系假设刑事被告人在证明有罪之前都是无辜的。在犯罪和相关的法律程序的报道中，生产者必须对被诉人公正审判的权利和审前报道保持应有的敏感。生产者应当对来自起诉和辩护律师利己的陈述保持警惕。他们还应当对可能带来公众预先审理的供述证据的使用保持谨慎。

（6）媒体操纵。操纵既可能受到媒体的影响，也可能受到为了它们的目的而寻求利用媒体的其他人的影响。电视是一种超乎寻常的权力工具。电视摄像机的在场能够改变和影响事件。生产者必须在可能的范围内排除这种干扰或使之降至最低程度。在聚众、示威、骚乱中，在恐怖主义的突发事件期间和在别的类似的情况下，摄像人员和制作团队应当追求尽可能的难以觉察；适当的时候，应当遮住镜头，或者由于他们的在场可能激发特别的行动或者不适当地影响事件的进程时，就应当完全取消报道。

（7）操纵观众。利用音乐或声音的效果、舞台照明或表演，或者其他人为影响能够巧妙地影响留给观众的印象，生产者必须注意不使用这样的技术。这是一种通过歪曲客观存在的现实来不公正地操纵观众的方式。在PBS看来，违反了上面验明的生产行为，或证据显示与公认的职业标准不一致的其他生产行为的任何内容都可能遭到否决和抵制分配。

（十二）有异议的素材

理论上说，趣味无可争辩，但是当特殊问题出现时，必须根据当前的趣味标准、法律状况、新闻价值和素材的整体价值解决它们。如果PBS得出结论，剔除这种素材会歪曲一个重要的事实或损害节目的艺术品质，PBS可能接受这样的内容，只要它传达给观众恰当的信息。相反，PBS则可能否决在它看来不必要地含有损害内容的质量和完整的有异议的素材的节目。

在吉特林看来，"电视表现了文化与政治的多元化，但与此同时，它传播的信息倾向于商业利益的视角。在娱乐节目播放过程中，受众被当作销售广告宣传的产品的市场"。对此，纽科姆和赫施深有同感，他们认为"电视呈现了与政治、社会和个人问题有关的论题的不同视角"，"电视强调的是讨论而不是灌输，强调的是矛盾和困惑而不是和谐一致的信息。换句话说，电视是一个文化论坛，而不是阐述政治与社会教条的舞台。这就意味着电视逐渐吸收了变化着的社会角色和社会冲突的定义"。用菲斯克的话来说，"电视节目若想流行，它必须呈现能迎合不完全赞同主导意识形态的群体的成员的兴趣和以不同的方式阐释主导意识形态的人的兴趣"①。

三　节目特色

历史地看，世界公共电视模式均应具备这样几个基本特征：一是全面普及，全体人民都能很容易获得这些服务；二是有一整套内容要求，最典型的节目制作应该多样化、高品质，并向少数民族和较小的"品位族"服务，而且新闻和政治问题必须用公正的方式报道；三是有义务加强国家的文化和同一性，这就意味着公共电视应支持艺术和文化，维护一个国家的社会和文化领域，制止任何可能威胁"国家利益"的言行②。

研究资料证实，美国公共电视台的观众所受教育更好，口味更挑剔；他们通常比商业台的观众更少看电视，更具有选择能力和辨别能力。为了吸引这些观众，公共电视台的节目必须不但刺激眼睛，而且更要刺激头脑。在公共电视节目的制作者看来，与其追求高收视率，宁可寻求一个相对小的观众群，但这些观众在他们所在的社区是消息更灵通、教育程度更高的"意见领袖"。这一特点和策略，被某些公共电视的批评者讥为在电视中制造了一种精英主义，公共电视节目是倾向于"华盛顿的知内情者"，或倾向于比主流观众更持开放自由和批评观点的人③。

20 世纪 50 年代后期举行一系列听证会后，联邦通讯委员会认为有必要对公共利益标准作出额外的说明。1960 年它颁布了《1960 年节目政策声明》，开列出了如下通常为公共利益所必需的节目的 14 项要素：（1）给地方居民以表达自我的机会；（2）地方禀赋的发展和使用；（3）儿童节目；（4）宗教节目；（5）教育节目；（6）公共事务节目；（7）社论；（8）政治广播；（9）农业节目；（10）新闻节目；（11）天气和市场报

---

① 　[美] 戴安娜·克兰：《文化生产：媒体与都市艺术》，赵国新译，译林出版社 2001 年版，第 26—28 页。

② 　Trine Syvertsen, "Challenges to Public Television in the Era of Convergenceand Commercialization", *Television New Media*, No. 4, 2003, p. 41.

③ 　参见陈犀禾编著《当代美国电视》，复旦大学出版社 1998 年版，第 105 页。

告；（12）体育节目；（13）对弱势群体的服务；（14）娱乐节目。这些类别之间有着一定程度的交迭和重合，而这些被认为是公共利益标准的证据。《1960 年节目政策声明》中还规定广播公司要去确证公众的品位、需要和欲求，并设计制作节目以满足他们的需要。

美国公共电视的优质节目，既包括地方性的，也包括全国性的。从《罗杰斯先生的邻居》（*Mister Rogers' Neighborhood*）、《芝麻街》（*Sesame Street*）、《阅读彩虹》（*Reading Rainbow*）开始，儿童节目已经增加了一些新的内容，例如《克利福》（*Clifford*）、《阿瑟》（*Arthur*）、《狮子之间》（*Between the Lions*）、《玛雅和米盖儿》（*Maya and Miguel*）以及《这是个大大世界》（*It's a Big，Big World*）等。家长让孩子看公共电视，把它当作安全的避风港，老师们也是它坚定的支持者，他们不仅仅利用电视节目，而且把有关课程指南、书目资料和教育游戏等内容也融合进去。一些标志性的系列节目依然在持续更新中，它们也被认为是美国真正的王牌节目，像《新星》（*Nova*）、《名著剧院》（*Great Performances*）、《美国体验》（*American Experience*）、《自然》（*Nature*）、《麦克尼尔/莱赫尔新闻时间》（*The News Hour with Jim Lehrer*）以及《前线》（*Frontline*）。

一些特别节目，包括来自比尔·莫耶斯（Bill Moyers）的《濒临死亡》（*Death and Dying*）和《成为美国人之中国人经历篇》（*Becoming American：The Chinese Experience*），还有肯·伯恩斯（Ken Burns）的关于内战、棒球、爵士，连同双城公共电视（Twin cities public television）的《遗忘：一幅老年痴呆症的肖像》（*The Forgetting：a Portrait of Alzheimer's*）、《观点》（*P. O. V.*）和《独立的镜头》（*Independent Lens*）等，它们都使民众听到了新鲜的声音，给 PBS 的节目阵容带来了新的意义。

整体而言，美国公共电视虽然需要面对多频道环境的竞争，但是它的节目编排原则大致还是相当清楚的。基本上遵循四个原则：一是根据"公共电视"的定位精神来规划节目性质与类型；二是根据"观众收视研究"资料结果印证与修正节目在目标观众中的收视偏好情形；三是采取与其他电视台的"回避编排法"，较少与同质节目相竞争；四是规划年度招牌节目（年度大戏）以及策划受观众喜欢的"重点节目"等①。

①　参见钟起惠、陈炳红《公共电视新闻性节目编排策略之研究——节目类型与收视率研究结构之观点》（http://ccs. nccu. edu. tw/upload_ files/History_ Paper_ Files/817_ 1. pdf）。

公共电视台历来播出的全国性节目有：新闻节目《麦克尼尔/莱赫尔新闻时间》，科学节目《新星》《自然》《发现》，儿童节目《芝麻街》《发电公司》《三·二·一接触》，文化节目《名著剧院》，金融节目《华尔街一周》《地理》等，还播出电视剧、外语片、歌剧、芭蕾舞剧、交响音乐会以及各种知识性和服务性节目。"其中公众事务方面的新闻约占38%，儿童节目占10%，剩下的是纯粹的教育节目以及很小一部分的体育节目。"[1]

（一）新闻：了解社会时政的重要窗口

1963 年，美国依靠电视了解新闻的人，第一次超过了依靠报纸的人。30 年后，根据 1993 年洛佩尔调查公司的受众调查显示：72% 的美国公民认为电视是他们获得新闻的最主要来源，而 51% 的人宣称电视新闻是最值得信赖的新闻来源，可见电视新闻在美国人心目中的地位[2]。

电视新闻节目以其快速反映社会重大事件和客观报道公众事务的品质被视为电视传播中的第一语言，独特优质的新闻节目因而也成为衡量一个电视传媒机构竞争力高下的重要标志。为了捍卫美国宪法赋予的言论自由和公民的知晓权，PBS 一直把新闻类节目当作其全部节目的重头戏来打造，使之呈现出迥异于商业电视新闻节目的独特趣味与品质。

1.《麦克尼尔/莱赫尔新闻时间》：晚间电视新闻中最具可信性的节目

《麦克尼尔/莱赫尔新闻时间》（*Mac Neil/Lehrer News Hour*，以下简称《新闻时间》）创办于 1975 年，长度是每天半小时，每次集中深入报道一个新闻事件，1983 年节目延长至一小时。美国人把它视作了解时政新闻的重要窗口，并使其伴随了他们几十年的社会生活。该栏目由 Macneil - Lehrer 制作公司独立制作，全美 349 座公共电视台中有 300 座台定期播放，全国的入户率为 98%，累计荣获 5 次艾美奖和 5 次皮博迪大奖。该节目得到的评价是"休闲的 30 分钟里，在几个被认为是有发言权的人之间进行的观点一致的愉快谈话"。最近的调查显示，《新闻时间》是晚间

---

① 　陈犀禾编著：《当代美国电视》，复旦大学出版社 1998 年版，第 104 页。

② 　参见王纬主编《镜头里的"第四势力"：美国电视新闻节目》，北京广播学院出版社 1999 年版，序言。

电视新闻中最具可信性的节目①。

《新闻时间》每星期一到星期五晚间由罗伯特·麦克尼尔在纽约、吉姆·莱赫在华盛顿同时主持。节目的主要部分是对当天的新闻焦点进行分析，演播室现场讨论的由头是当天节目前半小时播出的新闻报道。这一部分类似其他商业电视网的晚间新闻报道，只不过新闻取材更精练，事件报道相对更深入，单条新闻时间也较商业电视网晚间新闻长。前半小时的新闻报道部分让观众从当天纷繁复杂的时事中了解到最重要的信息，后半小时的演播室现场讨论则使观众了解到对当前热点问题的不同观点集纳，从而对新闻事件加深认识。《新闻时间》把自己的受众定位在那些受过高等教育的人。麦克尼尔认为，不同层次的观众对新闻的要求是不一样的："作为严肃新闻的记者应该承担起自己的责任，不应该迎合观众中低层次的大多数人的兴趣。"在访谈风格上，《新闻时间》是宽厚平和的。主持人从来不向对方提出尖锐和辛辣的问题。他们从来不故意激起别人的辩论，也从来不为吸引观众而哗众取宠。对于《新闻时间》温和平淡的节目风格，两个主持人是这样认识的：尖刻的语言和强烈的态度会刺激嘉宾丧失理性的判断与思考的耐心，他们会为了应对别人的进攻而放弃对问题的认真而深入的思考，这样，对于新闻内容本身的深入探讨就会流于失败。两位主持人在节目中的职能仅仅是：辩论的组织者和协调者。他们只负责向来宾提出问题，引起辩论，控制辩论的方向、方面和时间，但不介入其中发表意见。这个节目以一种有别于传统的商业电视网的独特风格给美国的电视新闻界带来了一股清新的气息②。

另一个备受观众好评的是，由于节目中不插播广告，除去片头片尾，《新闻时间》的实际长度一般在 57 分钟左右，较之商业电视网新闻节目遭遇的不可避免的时断时续的广告侵袭，观众获得的收视报偿显然更多。

美国学者威廉·赫尼斯就 1989 年 2—8 月播出的 130 集《新闻时间》节目进行统计分析后发现，与商业电视网的新闻节目相比，《新闻时间》更侧重于国内政治新闻的报道，也更关注本土发生的社会问题和经济问题，更关注那些非突发性、缺乏视觉吸引力的事件。也正因为如此，《新

---

① U. S. Congress, Senate, Subcommittee Hearings on Communications on S. 2120, 103rd Cong., 2nd sess., 1994, p. 21.

② 参见王晴川《美国电视深度报道节目分析》，《电视研究》2001 年第 1 期。

闻时间》的报道不太依赖于电视画面，它似乎不愿报道那些只有好的画面和有趣的人物，却没有什么深度的事件。商业电视网的新闻更多的是针对领导人的出访等事件性新闻，而《新闻时间》呈现的却是国际经济形势、毒品泛滥原因等非事件性新闻。这类新闻时效性不是很强，且错综复杂，报道难度较大。6 个月中，《新闻时间》1/4 以上的报道是系列专题，如"毒品侧记""高科技前沿""内阁一瞥"等。这些专题虽然没有明显的时效性，却均触及美国社会较为敏感的领域。

《新闻时间》的最大优势就在于它报道的广度和深度。节目避免使用配音解说，而是使用大量的新闻现场材料，记者的采访往往会持续到节目的最后几分钟；由于主持人出色的提问能力和精湛的专业评论水准，使得这一节目在美国众多的新闻时政节目中光彩夺目，独领风骚；《新闻时间》没有打断节目的广告（当然在节目的开头和结尾有各种公司的商标、图片广告），比起那些有着商业广告的节目，它的节奏更为从容。

沃尔特·克朗凯特称赞《麦克尼尔/莱赫尔新闻时间》说："我一直认为应该有更好的方法来运用电视这一神奇的传媒手段，今天的电视新闻应该在美国的政治进程中扮演一个更加具有建设性和指导性的角色。《麦克尼尔/莱赫尔新闻时间》在节目后半部分的半小时中集中报道当天新闻中的一个话题，这是其他新闻机构应当学习并效仿的。如果所有的新闻媒介都这样做，无疑会给美国人所看到的世界增加一幅全新角度的图画。"

传媒学者杰夫·格林费尔德也把《麦克尼尔/莱赫尔新闻时间》与CBS 的名牌节目《60 分钟》、ABC 的《晚间报道》相提并论，他说："这些节目都远远超过了仅仅是新闻简报的模式……"①

2. C – SPAN：透视政治角力的"国会台"

传播的社会关系是与社会的权力关系分不开的。由于受到美国宪法和法律的直接保护，美国媒体一直以自己的新闻自由为傲，美国政府也一直标榜其对新闻自由的尊重。

素有"国会台"之称的美国公共事务有线电视网（Cable Satellite

---

① 王纬主编：《镜头里的"第四势力"：美国电视新闻节目》，北京广播学院出版社1999 年版，第 127 页。

Public Affairs Networks，C – SPAN），是当今美国政治生活中不可或缺的、有相当影响力的力量。它最基本的一项任务是向观众提供美国参、众两院以及其他讨论决定公共政策机关自始至终的工作过程。C – SPAN 的创始人、现任主席兼 CEO 布莱恩·兰姆（Brian Lamb）将这一任务归纳为："我们的任务是为我们国家的人民提供一个机会来从头到尾地观察某些重大事情。"

沈国麟在《C – SPAN 镜头中的美国国会：美国媒体与政治的互动》一文中全面总结了 C – SPAN 对美国国会政治的报道大致涵盖以下几个方面：（1）国会报道。包括国会的新闻发布会、议案辩论、议员演讲等。（2）对各种政治活动的报道。总统选举、政府会议、竞选演说、外事活动、政治辩论等美国社会各种政治活动几乎都成了 C – SPAN 的报道对象。（3）时事报道。报道当前美国社会各个方面的重大政治社会问题，如经济问题、能源政策、社会保障制度的前景、战争决策、国防、法制的完善、税制改革等。（4）历史节目。C – SPAN 的历史节目侧重于对美国历史上产生过重大影响的人物事件的报道。（5）读书节目。关注近一个月来美国出版的各种非小说类书籍，特别是有关公共事务的著作。（6）其他专栏节目。如《华盛顿杂志》《美国政治》《美国政治档案》等。

他认为，C – SPAN 以非商业性及低姿态出现在美国观众面前，每年1800 多万美元的经营费均来自当地的有线电视公司。C – SPAN 的任务就是将电视业中强调娱乐的风气转变为强调信息和教育，向观众提供更多的了解政府行为的机会和渠道，让观众看到政治程序及政府活动的全过程，从而最终让观众形成自己对公共事务的看法。C – SPAN 增加了美国政治的开放度和透明度，缩短了美国民众和他们所选代表的距离。一项调查表明，相当一部分议员因为 C – SPAN 的直播而增加了他们演讲的次数（虽然每人承认他们改变了自己的行为）。大部分议员利用 C – SPAN 监看国会的活动情况，大部分人对直播的效果感到满意。另外，从 C – SPAN 开始直播后，国会每天早上的一分钟演讲也明显增加了。议员约翰·安德森（John Anderson）的办公室曾经作过调查并得出结论：电视减缓了立法的过程。C – SPAN 直播后，国会通过一项议案的时间比原来增加了 54%，众议院每天开会讨论的时间比原来增加了 6%。C – SPAN 改变了观众对于政治的认识。C – SPAN 一台拥有大约 6300 万有线电视用户，C – SPAN 二台的用户也已经达到 3900 万①。

3.《前线》：公共事务节目的"旗舰"

现代国家最需要的是建立一个有利于反映和培育民主多样性的媒介环境。如果没有一个健康的媒介环境，在面临重大问题时就得不到新闻监督的真实报道，从而找到令人满意的解决方法。

波士顿 WGBH 电视台制作的《前线》节目适时回应了这一时代要求。《前线》是一档关于公众事务的电视新闻专题节目，节目长度不固定，每周在 349 个电视台播出一次，节目主播是 NBC 前新闻节目女主持人杰西卡·沙维奇（Jessica Savitch）。自 1983 年开播以来，《前线》以精良的制作水准，深刻的报道力度，直面当今世界最热爆、最尖锐的大事件，关注前线系列，亲临前线现场。节目关于各种话题的深入讨论广为世人称道，也因此获奖无数。因其广泛的社会影响力，《前线》被誉为公共事务节目的"旗舰"。

《前线》节目的报道焦点多半集中在政治、社会与法律公正等方面。《前线》的第一任制作奥弗拉·比克尔（Ofra Bikel）制作了一系列有关美国法律公正的节目，如关于 DNA 实验的判罪、针对走私毒品和强制性最低判决的法律条文、申诉系统、目击证人如何作为法律性证据等。由于这些节目的播送，有 13 人免罪获释。"9·11"事件后，《前线》制作了一系列的节目，聚焦基地组织和反恐战争。2002 年，这一系列节目荣膺 Du-Pont-Columbia 金奖。

2003 年，《前线》和《纽约时报》协力制作了"危险商业"的调查报道。这一调查展示了废旧铁管如何保护产业和工人的安全。由于这些纪录片和新闻报道，职业安全和健康署的官员们开始改良关于工作环境安全性的联邦政策。2004 年，这一协作调查获得公共服务类的普利策奖。

（二）儿童和科教节目：美国妈妈最信任的品牌

电视是当今最具影响力的大众传媒之一。检视美国电视节目终日对人们尤其是未成年人的精神"涵化"，布鲁诺·贝特尔海姆（Bruno Bettelheim）感叹："在电视机前长大的儿童，大部分时间会消极被动地倾听着

---

① 参见沈国麟《C‒SPAN 镜头中的美国国会：美国媒体与政治的互动》，《美国研究》2002 年第 3 期。

电视荧屏上的温情话语，倾听着所谓电视名人的深层情感交流，他们常常无法对现实中的人们产生反应，因为比起演技高超的演员们来，现实中的人们所能激起的感情冲动要少得多。更糟的是，他们失去了从现实中学习的能力，因为生活经验比他们在屏幕上看到的更为复杂，而且最终也没有人来解释这一切究竟是什么。当'电视儿童'……不能把握所发生事情的含义时，他会变得非常沮丧。……如果年岁稍长，这块坚固的惯性障碍仍然无法消除，那么，儿童在电视机前形成的与他人的情感隔离就会持续下去……最终，当需要独自积极地面对生活时，他会变得消极而沮丧。这是电视真正的危险。"[1]

公共电视是儿童与教育节目的最大支柱。美国公共电视把办好儿童节目视为自己的历史使命，立志为成长中的青少年进行教育的需要服务，满足他们的好奇心，使他们成熟发展。儿童电视节目的制作主旨一般都是教育儿童养成团结友爱、和睦相处以及积极创造的好习惯，表现形式丰富多彩，融合了众多节目类型的诸多特征。

虽然美国公共电视网无法像世界上最早播出儿童电视节目的 BBC 那样每年可以获得大约 8000 万美元的儿童节目经费预算（1997 年获得 9300 万美元节目制作费，2001 年更提高为 1.4 亿美元），但是他们每年仍然投资大约 1800 万美元制作儿童节目[2]。

1969 年 10 月 10 日首播的《芝麻街》，是美国公共电视台最著名的节目，也是美国电视史上最长久的儿童电视节目。节目由"儿童电视工作室"（Children's Television Workshop，CTW）制作，吉姆·汉森（Jim Henson）创造形象，主要面向 2—7 岁的学龄前儿童。在美国，99% 的学前孩子能够认出《芝麻街》中的人物[3]。《芝麻街》的成功播出，证明了教育可以与娱乐完美地结合。

在《芝麻街》之前，教育工作者做节目太枯燥，直接把教师搬上荧幕，把黑板挂在演播室；而纯粹的电视人，做教育节目又娱乐性太强。卡内基基金会的一位副总裁在一次晚宴上向琼·康妮（Joan Cooney）（《芝

---

① ［美］马丁·迈耶：《美国商业电视的竞争》，刘燕南、肖弦弈、和轶红译，中国传媒大学出版社 2007 年版，第 96 页。

② 参见《给儿童一个频道》（http：//www.cm－workshop.com/workingA_detail.php？articalid＝96）。

③ 参见陆生《走进美国电视》，复旦大学出版社 2007 年版，第 116 页。

麻街》的创办者）提出，电视是否可以成为更有效的教育手段。受此启发，康妮开始进行一项"电视在学前教育中的潜力"的研究，建议利用商业电视的制作技巧，为教育内容赋予生动、鲜活的表现形式。在美国国家教育部、卡内基基金会、福特基金会的赞助下，她创办了非营利机构儿童电视工作室（芝麻街工作室的前身），组织教育专家和电视制作者在每一个阶段进行合作。"芝麻街"的节目名称，取自阿里巴巴传说中的咒语"芝麻开门"，意即用简单、有趣的办法实现目标。

《芝麻街》之所以如此成功，很重要的一点源自其独特的制作模式：节目制作团队由三部分人组成——教育咨询顾问、专业研究人员和电视制作人。节目制作首先是召开教育计划研讨会，教育专家与创作者在一起，讨论节目需要达到什么样的教育目的，然后制定出节目的"课程大纲"。每个性格、每个情节都有特定的教学目的与对应的知识点。在节目剧本完成后，教育与研究团队审核剧本，并有权否决。最后，对节目的播出效果进行事后评估，标准是有没有达到预先设定的目标[1]。

《芝麻街》综合运用木偶、动画和真人表演等各种表现手法，向儿童教授基础阅读、算术、颜色的名称、字母和数字等基本知识，生动地讲解一些基本的生活常识，例如怎样安全过马路、讲卫生的重要性、如何健康饮食等，其中许多的滑稽短剧和小栏目都已成为其他电视节目竞相模仿的典范。更重要的是，节目体现了浓厚的人文关怀意识，非常强调儿童的心智建设，着力培养他们自信、包容、坚强、富有探索精神、友爱的性格，以及健康的人生观和价值观。

据在美国本土以及播映国家的调查数据显示，《芝麻街》的教育影响力十分深广。

（1）据大致统计，共有7500万人，也就是每四个美国人中就有一个人观看过《芝麻街》，它是美国妈妈最信任的儿童节目和最健康的品牌。

（2）收看过《芝麻街》的孩子在语言和数字测验时比其他孩子的分数高出很多，在社交方面显得更加成熟而且更懂得接受多元性和差异性。任课教师评价，这批孩子在阅读能力、词汇量、数学技能、对上学的态度和适应性、与同伴相处方面优于其他学生。

（3）收看过《芝麻街》的孩子在进入高中后，不仅英语、数学、科

---

① 参见陆生《走进美国电视》，复旦大学出版社2007年版，第109页。

学等科目的学习成绩好于其他学生，而且比其他学生阅读更多的课外书籍，学业更加出色，并且更重视学业的成就①。

不仅如此，《芝麻街》还曾赢得9项"世界之最"：（1）1—5岁教育类节目全球排名首位；（2）获得"艾美奖"最多——119项；（3）影响最广（140个国家）；（4）历史最悠久（1969年播出至今）；（5）出席嘉宾级别最高：美国三位第一夫人：奥巴马夫人、布什夫人、克林顿夫人；（6）出席嘉宾明星数量最多：来自各国的影视、歌、体育等各界明星都曾做过《芝麻街》的嘉宾，贝克汉姆就曾在节目中教过小朋友做算术；（7）制作团队最专业：均为媒体、作家、儿童教育与发展、演员等各个领域的专家；（8）最具包容力（各种文化背景，在节目中都融会贯通）；（9）教育研究成果最丰厚（1999年统计超过1000项）。

如今，《芝麻街》在美国儿童类电视节目中已不是一枝独秀，新节目如雨后春笋般涌入儿童电视节目市场。但是，《芝麻街》作为寓教于乐型儿童电视节目的开山鼻祖，其贡献不仅在于它影响了数量庞大的几代儿童，更在于它对儿童电视节目的创新和革命。《芝麻街》所坚守的儿童教育理想赢得了世界电视同行和观众的赞佩。

除《芝麻街》之外，美国公共电视还有一些脍炙人口的儿童教育电视节目品牌。举例如下。

《狮子之间》（*Between the Lions*）系列儿童节目，不仅提供学龄前儿童学习资源，也通过全美公共电视系统的数百个地方电视台，为社区父母与教师举办各种工作坊，共同协助学龄前儿童顺利就学。该节目旨在让孩子在轻松愉快的心情下，不知不觉地跟随节目人物唱读。在有趣的动画词汇组合、节奏感强的欢快的音乐歌舞下，激发孩子的学习兴趣。这比孩子机械地背诵卡片要强得多，效果往往事半功倍。

深受美国少儿喜爱的系列科教节目《新星》，内容涵括科学、历史与技术。该节目生动精确地介绍了科学研究的诸多前沿领域，既有当代最先进的医药、考古、天文、生态、探险的新知介绍，也涉及人类基因组图谱绘制、转基因食品安全等热门话题，制作精良，内容翔实，富有教益，被誉为科教电视片的典范。有人甚至认为，《新星》也许是世界上迄今最成功的科学电视节目系列。

---

① 美国公共广播电视公司（http://hwww.iq365.com/shop/article.php? id＝564）。

《自然》系列节目，展示给观众的是自然世界的壮丽奇观——从非洲大草原到南极冰原。节目开播 25 年来，已成为 PBS 的自然历史节目中的试金石，《自然》系列因此也赢得了 360 多项荣誉，其中包括 8 项艾美奖、2 项皮博迪奖。系列之一的《树之女皇》（The Queen of Trees）以细腻的镜头揭示了一棵无花果树本身就是一个小小的生态圈，其中有生，有死，有性，有争斗。这部不到一小时的作品，制作者却花去 3 年的时间（其中研究题材和寻找投资 1 年，拍摄和制作 2 年）。这个节目在赢得 1 项皮博迪奖的同时，还在班夫世界电视节上因其高清晰的艺术效果而赢得 NHK 主席奖。

据 CPB 和 PBS 介绍，《PBS Kids 方案》是一项旨在培养 2—8 岁，尤其是来自低收入家庭的儿童的阅读技能的工程，10 个新的电视台和电视网络已被选定实施这个方案，它们是：弗吉尼亚州汉普顿海峡的 WHRO 电视台，爱荷华州公共电视台，路易斯安那州公共广播，田纳西州马丁的 WLJT，纳什维尔的 WNPT，佛罗里达州彭萨科拉德的 WSRE 电视，菲尼克斯的 WAET，佛罗里达州塔拉哈西的 WFSU，华盛顿特区的 WHUT 和西弗吉尼亚州公共广播。该方案由美国教育部的"学习准备补助金"负责拨款。

（三）文化节目：维护文化体系的多样性

在詹姆斯·卡伦看来，公共电视在维护文化体系的多样性方面成就卓著，发挥着其他媒体无法替代的作用。"具体来说，它能够把上一代心目中杰出的文学、艺术和音乐作品传给下一代。它可以确保把足够的资源分配给具有那些原创性和实验性的电视制作人，更新文化体系中有关电视系统的那一部分。它可以通过公共服务机构内部的相互支持和资助来维持面向少数派群体的节目制作（尤为重要的是，其中包括那些根本无法在市场体系内生存的内容），从而培育文化体系的多样性。它可以保证技术、经验和才能的相对集中，通过一些让步性的措施来保障电视制作团队的高度自主权，从而维持整个文化体系的再生产。它还可以通过集体性订购的、较为低廉的准入费用来保障社会各阶层接触这一文化体系的便利，并且通过混合型的节目编排来鼓励观众尝试新的收视体验。"[1]

---

[1] ［英］詹姆斯·卡伦：《媒体与权力》，史安斌、董关鹏译，清华大学出版社 2006 年版，第 265—266 页。

公共电视为高质量的文化节目设定了产业标准。PBS 必须花费大量的金钱以获得这种高质量。大卫·沃特曼根据自己的计算估计，"CBS 有线电视频道每年在'文化'节目制作上的投资总额还不足 PBS 的 1/4"①。

《名著剧场》（*Masterpiece Theatre*）是公共电视网播出的最受欢迎的长篇连续节目。源自英国名为《福塞蒂家史》的节目。该节目给美国人提供了一个欣赏高水平的英国电视剧的机会。《名著剧场》开播于 1970 年，首播节目是 12 集历史剧《第一代丘吉尔》，此剧以演员高超的演技、豪华的服饰、对英国历史的真实写照对观众起到一定的教育作用。

主持《名著剧场》栏目的是美国电视的一个标志性人物——库克。这一栏目让他成为美国家喻户晓的人物，几乎所有的美国家庭都熟悉那个身穿斜纹呢子西装的英国贵族——端坐在装满精装图书的书架旁的大靠背椅上，操着完美的英语，向他们展示严肃文学作品的魅力。从库克那里，美国观众"看到"了伊夫林·沃的《风雨故园情》、简·奥斯汀的《爱玛》、亨利·詹姆斯的《金碗》，为此美国人盛赞他"给美国电视带来了英国式的精致与优雅"。波士顿大学穆格图书馆馆长霍华德·戈特利布说："库克介绍严肃文学，他在这方面的作用比几千名中学、大学教师可能做得还要多。"②

库克声名鹊起后，电视节目中出现模仿他的角色也不足为奇。《芝麻街》中主持"魔著剧场"的阿利斯泰尔·库基即是他的"克隆"。库克一生 3 次获得电视"艾美奖"，其中第二次（1975）即因《名著剧场》而获此殊荣。

有趣的是，PBS 因较多地播出英国制作的或是取材英国的电视节目而受到美国国内一些人的批评。为此，公共电视台制作了名为《大舞台》（*Great Performances*）的节目提供给成人观赏，主要播出美国戏剧和音乐演出。这个不定期播出的节目，在收视率上虽然并没有恒定的骄人业绩，却培养了许多美国人对戏剧和芭蕾的兴趣，也为树立美国高雅艺术明星的形象起到了一定的作用。1976 年纽约 WNET 电视台制作的《亚当斯编年史》（*Adams Chronicles*），有力地证明了美国公共电视机构同样可以制作

① ［美］詹姆斯·海尔布伦、查尔斯·M. 格雷：《艺术文化经济学》，詹正茂等译，中国人民大学出版社 2007 年版，第 377 页。

② 《库克——一个给美国电视带来精致与优雅的电视人》（http：//news. sohu. com/2004/04/08/06/news219780614. shtml）。

出与从英国进口的历史剧一样优秀的节目。

除了一定量的自制节目外，PBS 收购的电视节目总体上都是原创的、当地制作的且可以解决当前紧要大事的电视节目。一个名为"包容"的项目，汇集了学生团体来建立有关宗教、种族与民族和性取向的纪录片；一个名为"邻居"的项目，是由一个个少数民族团体自己制作的系列纪录片，重点介绍他们的文化、音乐、食物和民族（《我们的希腊邻居》是第一季）。《文化远航》是一个多媒体的项目，为当地的高中生和国外的高中生提供一个联系的桥梁，以扩展学生的跨文化经验。这个节目采用的是纪实的手法，公共电视的风格。WYBE 经过多年提供这种独特的全球/地方的电视节目，已经成为费城观众信任的信息资源。这些观众不仅有少数民族人士还有一般大众，他们都认为自己是全球社区中的一员。

（四）戏剧节目：表达少数族裔政治诉求的重要形式

戏剧是美国公共电视节目中十分重要的一种类型，因为它在某种程度上可以成为美国少数族裔表达他们的政治愿望与要求的一种手段，从而有助于实现公共电视以保障公共利益为根本宗旨，满足不同层次观众的精神需求，关注少数派和弱势群体，关心社区生活和民族特性的使命。

美国宾夕法尼亚大学社会学教授戴安娜·克兰认为："社会越是具有集权主义性质，越是等级森严，从弱势群体向强势群体传播信息就越有限。在美国，族群和少数民族同其他社会成员以及彼此之间交流他们面临的问题也存在着困难。部分的原因在于，他们没有得到大众媒体和全国性流行文化工业的周到服务。大众媒体没有充分地表现他们的问题。结果这些群体转向了戏剧，将它当成发表政治主张、彼此之间以及与他们社会群体进行交流的一种手段。"[1]

客观上看，一方面，20 世纪 50 年代末美国一些重要财团的文化基金会如"福特基金会""洛克菲勒基金会"开始资助地方剧院的兴建和戏剧活动的开展，从而带动了一些慈善机构和个人捐助的投资走向。1965 年国会通过了设立"国家艺术资助"（NEA）的提案，明确了建立永久性区域剧院是地方文化建设的重要指标，而戏剧剧院的非营利性质相当于博物

---

[1]　［美］戴安娜·克兰：《文化生产：媒体与都市艺术》，赵国新译，译林出版社 2001 年版，第 139 页。

馆、图书馆等文化设施，政府应该在财政上给予适当补贴。这项提案极大地刺激了各地政府的戏剧热情。据 1992 年的一项统计表明，全美地方剧院已经形成了较健全的网络系统，共有 229 座规模甚大的剧场分布于全国各地。它们征募并接受公私捐助，以非营利剧作和经典剧目为演出骨干，以服务于社区观众为经营思想，在美国区域性文化的发展中发挥了重要的作用。

全美戏剧舞台的地域化潮流不仅仅打破了百老汇戏剧中心的垄断地位，普及了戏剧知识，丰富了普通观众的娱乐生活，而且从戏剧美学的角度说，它也为戏剧新思潮的萌生变迁和向舞台实践的转化提供了广泛的空间，使当代戏剧文化生态的多元化和多层次成为可能，促进了戏剧真正与社会、与民众生活的融合①。

另一方面，20 世纪 60 年代民权运动引发的民族平等意识给美国少数族裔以很大的激励。在这十年期间，反越战运动、女权主义运动、多元文化运动、美国亚裔运动的风起云涌，都对少数族裔剧作家产生了深远的影响，美国少数族裔戏剧也由此进入重要的发展阶段。例如，华裔剧作家赵健秀的《龙年》（The Year of the Dragon）探讨了在面对主流社会时，华裔个体与家庭、社区的关系，以及唐人街的传统对第二代移民的强大影响。该剧在美国最负盛名的美国普雷斯剧院上演，随后被美国公共广播电台拍成电视连续剧，成为纽约出品的第一部原创的亚裔美国戏剧。

此外，许多作家在表现种族矛盾、文化冲突的同时，还着眼于人类共同的、普遍关注的话题：战争、艺术、死亡、全球化等②。这不仅极大地拓宽了戏剧表现生活的范围，也较好地提升了戏剧的艺术品格。

（五）纪录片：打捞历史的记忆

克罗齐说，任何历史都是当代史。这句箴言意在提醒人们不应歪曲历史、阉割历史、篡改历史。历史可以而且也需要从不同的角度描述。从某种意义上说，历史是一条黑暗的长河，只有被照亮的才能被抓住，未被照亮的则沉沦下去。而纪录片则具有一种打捞历史记忆的重要意义。美国

---

①　参见周维培《当代美国戏剧文化与戏剧思潮概述》（http://www.lw23.com/paper_92326321/）。

②　参见徐颖果《美国华裔戏剧的历史与现状》，《南开大学学报》（哲学社会科学版）2009年第 5 期。

PBS 的纪录片在揭示真相、还原历史方面的斐然成就，足以使它傲视美国电视业界。

　　美国南北战争（美国内战）是美国历史上第二次资产阶级革命，它维护了国家统一，废除了奴隶制度，进一步扫除了资本主义发展的障碍，为美国资本主义经济的起飞铺平了道路。由于历史题材的纪录片善于用视觉和语言的手段将历史搬到今天，因而往往比正宗的历史研究更直接、更具感情色彩。

　　《美国内战》（*The Civil War*）是美国著名纪录片制片人肯·伯恩斯（Ken Burns）讲述美国内战史的一部纪录片，亦是他个人的代表作，《纽约时报》盛赞其为"视觉和心灵的珍宝"。

　　讲述人的故事一直是伯恩斯的使命。伯恩斯擅长把美国历史变成活生生的影像，并重新激起公众对美国历史上一些被人遗忘的人物细节的兴趣。"我们把自己看作情感考古学家。我们对挖掘一些干巴巴的日期、事实或事件都不感兴趣，我们更感兴趣的是一些更大的事件。"长达 11 个小时的系列片《美国内战》涵盖了 1861 年到 1865 年美国内战的林林总总，它的制作时间比战争本身的时间还要长。在长达五年半的制作过程中，伯恩斯从 160 家档案馆里拍摄到了 16000 张照片，最后在纪录片中，他总共用了 3000 张照片。在该纪录片中，伯恩斯运用跟踪战争对当时某个特定的个体所造成的影响的方式来讲述故事，采用了许多穿插采访和具有象征意义的空镜头，向美国观众透露不少他们前所未闻的事情，在历史叙述的进程中融入了一些作者的思考。他说："二战的死亡人数将近 6000 万，我们的目的就是要把这些冷冰冰的数字变成活生生的人，我们要让大家意识到，每一个死去的人的背后都有一个母亲。"

　　解说词是这部纪录片的一大亮点，片中的资料图片对应的解说词大部分是叙述的内容，而空镜头对应的则大多是以第一人称为视点的叙述。当解说词的内容展示的是一位上校写给妻子的一封信时，观众不禁为之动容。然而上校和妻子只是数以万计的美国家庭中的一个。因为对这封信的解读，让这部纪录片瞬间灌注了深切的人文关怀，片子的视角不再是宏大的、抽象的，而是具体的、人性化的。解说词的这封信不再是简单的一封信的能指，而是具有了所指的内涵。

　　　亲爱的萨拉：很多迹象表明，我们可能在近几日出发，也许就在明天。如果我不能再给你写信了，我感觉这些话，对你我相互了解都会有帮助的。对于我参加的这次行动，我缺乏信心，这一点，我并不感到内疚，而且我也并不是热血沸腾。我知道美国文明对联邦政府的意义，也知道在革命中，鲜血和痛苦带来的巨大死亡，现在你同意吗？我同意，绝对的同意，牺牲我生命中所有的欢乐，来维系现在的政府，我愿意付出这个代价。

萨拉，我对你的爱是永恒的，没有什么可以消除我对你的爱，但我对祖国的爱，就如一阵狂风，这阵风能改变一切，而使你们生活得更好，我和你所度过的快乐时光，一起在我脑中重映，我如此深切地感觉到上帝，还有你，以至于我能长久地沉溺于其中，一想到我的希望，我就觉得如此艰难，愿上帝仍能让我们一起生活，一起相爱，看着我们的孩子成长。如果我真的不能回来，我亲爱的萨拉，绝不要忘了我有多么的爱你，也别忘了把我呼出的最后一口气，留在你的床边，它会轻轻呼唤你的名字，就算我有许多的缺点，就算我给你带来了许多的痛苦，就算此时我愿得如此的完美无缺，或者是如此愚蠢至极，但是我的萨拉，如果时光能倒流，回到我们相爱的日子，我将和你一起度过白天和黑夜。永远，永远，永远！当柔风拂过你的面颊，那是我的呼吸，当月空飞过流星，那是我的灵魂经过，萨拉，别为我的死而悲伤，就想是我走了，等着我，我们一定能再次相逢。

《美国内战》名动天下后，曾获得 2 项艾美奖，创美国公共电视台系列片的最高收视纪录，大约 4000 万美国观众收看了这部系列片。尤值一提的是，《美国内战》是美国第一部赚得 1 亿美元的纪录片①。

历时六年完成的纪录片《越南：电视历史》（*Vietnam：A Television History*），详细地分析了这场有争议然而让人迷惑的战争的代价以及前因后果。本片着眼于整个的战争——从战争开始的第一个小时直到最后，为人们提供了大量的形象的、口头的对于战争的描述——越南战争改变了整整一代人，而且继续地扭曲了美国人对于军事以及对外政策的看法和思考。

该片"显示了对北越人同情的一面，这令政府大为不悦。立场保守

---

① 参见李光斗《纪录片营销：纪录改变一切》，《经济》2011 年第 3 期。

的节目检查组（AIM）甚至拍摄了一部反驳这个纪录片的节目。迫于白宫的压力，公共广播服务只好播出了这个节目"。不仅如此，"联邦政府给公共广播公司的财政资助由 1982 年的 1.72 亿美元跌到 1983 年的 1.37 亿美元。自由主义和精英主义的理想让它付出了代价"①。

　　令人欣慰的是，该片赢得了诸多的奖项，如七项艾美奖、the George Foster Peabody 奖、the duPont/Columbia Journalism 奖、the George Polk 奖、两项 Writer's Guild 奖和美国历史学家组织的 the Erik Barnouw 奖。

四　传播价值

　　1967 年问世的《卡内基委员会报告》再次重申了公共电视的使命："公共电视应向公众展示社会的真实面目。向公众展示公共决议产生的过程。它是可供公众进行辩论的论坛；为公众提供表达意愿的机会；为那些始终无人倾听的声音提供释放的场所；是独具特色的对文化、艺术和社会进行分析的实验室。公共电视要促进公众对于世界、不同国家、不同文化的理解；促进公众对于普通民众的理解，使公民变得更勇敢，更具人文素养。"②

　　美国公共电视自建立以来，始终秉持"只有最高的理想、兢兢业业的正当行为、对于所涉及的问题具备正确知识以及真诚的道德责任感，才能使得报刊不屈从于商业利益，不寻求自私的目的，不反对公众的福利"③ 的崇高理念。

　　20 世纪 60 年代早期，公共电视在美国的媒介景象中可谓"风景这边独好"。像吉姆·洛佩尔帮助创建并经营了很多年的 KCET 这样出色的机构，提供了一种遍地都能见到的节目。观众能够通过一位学者的眼光转而探索宇宙、享受歌剧、考索历史，或者学会欣赏文学艺术的神奇。当商业媒介日益专注于场面壮观且轻松的娱乐时，公共电视为知识分子、文化艺

---

　　①　[美] 詹姆斯·沃克、道格拉斯·弗格森：《美国广播电视产业》，陆地、赵丽颖译，清华大学出版社 2005 年版，第 157 页。

　　②　Lynne Schafer Gross, *Telecommunication: An Introduction to Electronic Media*, New York: McGraw-Hill Companies, 1997, p.102.

　　③　[美] 威尔伯·施拉姆等：《报刊的四种责任》，中国人民大学新闻系译，新华出版社 1980 年版，第 97 页。

术追求者对理想、深度和思考创造了一个空间。公共电视犹同喧嚣的城市中心的一个公园，一个舒缓节奏、呼吸、思考、开阔眼界的地方①。

公共电视在推进社会团结的进程中产生的正面效应是不容忽视的：它有助于形成人与人之间的相互认同感，从而培养了人们彼此之间的相互关爱。它所倡导的对"他者"的理解和同情更是巩固并扩展了这些正面效应。从最为积极的层面看，它所播出的节目引发了社会的共鸣，而不是"妖魔化"边缘弱势群体；为观众提供了解释性的语境，而不是识别善恶的脸谱；对那些"陌生的"和"异端的"人物和事物加以解释；为观众认识世界留下复杂的空间，而不是简单化的刻板形式。公共电视节目之所以能够做到以上这些，都是由于它并不完全听命于市场的指令。托德·吉特林所概括的美国商业电视网播出的那些"电视电影"的特征——"简单化的故事情节和人物动机，冲突不断，大团圆的结局，并且得到明显的升华，人物的每一个行动……都结束于一丝悬念，足以使观众在插播的广告片之后仍有兴趣收看下去"——体现的则是另一种完全不同的政治经体制强加于电视业的"文化紧身衣"。

从更为总体的层面上看，公共电视有助于观众就共同关注的社会问题展开讨论。对电视业的监管不是像在市场体系下那样总是基于某个社会集团或商业巨头的利益，而是体现了公众的代表性。它将大大有助于——至少在原则上是这样——社会各个群体和派别之间开展开放性的和互动式的对话②。

从《1967年公共广播法》签署以来，美国公共电视已取得了很大的成就。除了数以百万计的学生和社区成员得益于其教学节目，或是改善了自己的生活，还有超过8000万的民众利用过它提供的资源③；每个月约有2.2亿美国人收看，黄金时间的观众多于HBO、Discovery等商业电视。公共电视已有一个规模宏大、信誉良好的机构，这个机构的"工作描述"和卓越的成就为它赢得了"公众信任"和"人民的事业"的美名。第九

---

①　参见 William F. Baker, The New World of American Media（http：//www. annenberg. usc. edu, 2007 James L. Loper Lecture in Public Service Broadcasting, USC）。

②　参见［英］詹姆斯·卡伦《媒体与权力》，史安斌、董关鹏译，清华大学出版社2006年版，第264—265页。

③　参见 Mary G. F. Bitterman, "How to Save Public Broadcasting", *Television Quarterly*, Winter, 2006。

年它被评为最可信的公共组织，得票率（26%）远高于商业电视（8%）和有线电视（6%）[①]。

虽然美国广播电视历史学者埃里克·巴娄（Erik Barnouw）曾把公共电视节目描述为"安全的精彩"（safely splendid），意在批评在公共电视的标志性节目中，很少有引起争议的公共事务类节目。当然，这种"安全的精彩"还有第二层意思，那就是在缺乏资金的情况下，公共电视亦少有勇气去冒险创新[②]。然而，尼古拉斯·约翰逊将公共电视描述为"节目创意、公共事务议题和技术创新的源泉。它是商业电视的研究生院，是农场俱乐部，是地下报刊，是研究和开发的实验室"也许言过其实[③]，然而，在商业电视大行其道的今天，公共电视节目与商业电视节目同台竞技，在某种程度和某种意义上，意味着它必须是具有竞争力的节目。事实也许是，"受众调查显示，黄金时段收看公共广播公司（PBS）的观众是探索频道（The Discovery Channel）的五倍，是 A&E 有线电视台的七倍"[④]。

据美国国际纪录片协会网 2008 年 9 月 22 日报道，美国公共电视台（PBS）狂揽纽约艾美奖 8 项新闻、纪录片奖。以下是艾美奖新闻、纪录片奖提名详情。

最佳新闻故事：

《洛杉矶制造》（导演/制作人：阿尔姆德纳·卡拉塞多，PBS）

最佳调查新闻奖：

《你见过安迪吗?》（导演/制作人：梅兰尼·伯金斯，Cinemax 电影频道）

最佳信息节目：

《战时体验》（导演/制作人：理查德·罗宾斯，PBS）

最佳历史节目：

《遥远的海岸线：非裔美国人》（制作人：萨姆尔·多兰，历史频道）

①　http://valuepbs. org，2013 年 1 月 28 日。

②　参见侯红霞《美国公共电视的资金机制及其问题》，《现代传播》2013 年第 9 期。

③　参见［美］马丁·迈耶《美国商业电视的竞争》，刘燕南、肖弦弈、和轶红译，中国传媒大学出版社 2007 年版，第 236 页。

④　Abhilaksh Likhi, Public Television in the United States of America: Evolution, Institutions, Issues and Relevance to India.

最佳艺术文化节目：

《事业》（制作人/导演：米利·纳瓦斯基，卡伦·奥康纳，PBS）

最佳科技、自然节目：

《神秘的人体心脏》（制作人：托马斯·珍宁丝，大卫·莫多克）

最佳纪录片：

《比利·斯特雷霍恩：丰富人生》（制作人/导演：罗伯特·李维，PBS）

最佳个人成就奖：

《神奇的人体机器》（编剧：查德·科赫恩，剪辑：亚瑟·宾科沃斯基，国家地理频道）

《活着的武器》（调查员：里奇·莱姆斯伯格，约翰·鲁宾，PBS）

《自然技术：神奇的运动》（摄影师：托尼·艾伦，鲁多尔夫·厄拉彻等）

《不是报告》（摄影师：西恩·菲尔伯恩，高清网）

《断点》（剪辑：鲍勃·法凌格，探索频道）

《地球如何形成》（剪辑：胡威·詹金斯，历史频道）

《人体探秘》（艺术指导：大卫·巴洛，电脑动画师：史蒂芬·格梅兹，国家地理频道）

《战时体验》（音效师：格兰·弗拉泽，PBS）

《遗忘基因》（灯光指导：加雷·赫诺克，舞台设计师：卡瑟·西德曼）

　　上述这一长串光彩夺目的获奖作品，抑或从一个侧面折射了美国公共电视的独特而宝贵的价值。PBS 的节目获得过无数的艾美奖，更重要的是，它赢得了美国民众的信任和信心。民意调查显示，PBS 成为最受信任的国家机构，更甚于国会、联邦政府、法院和全国性的报纸[1]。事实上，早在 1979 年，"第二届卡内基委员会"（the Second Carnegie Commission）便在它的报告中预言了这一"公信力"[2]。

　　"1979 年的研究显示，美国公共电视的节目在因素—信息丰富度这一

---

　　[1]　参见 Mary G. F. Bitterman, A Public Trust Revisited（http://www.annenberg.usc.edu, 2005 James L. Loper Lecture in Public Service Broadcasting, USC）。

　　[2]　参见王俊豪等《美国联邦通信委员会及其运行机制》，经济管理出版社 2003 年版，第 2 页。

项的得分，明显高于商业电视台的节目。"①

　　面对社会上对公共电视的非议，纽约市公共电视台台长尼尔·夏皮罗（Neal Shapiro）说："公共电视的融资体系并非十全十美，但它已经是目前最有效的。""我们的节目展示了我们对改革创新的信念。人们是会被一项蓬勃发展的事业所吸引的，我们的目标就是进步。我们力图做到：人们可以在线、在移动设备上或者通过下载等方式来观看公共电视节目。我们正在创建的节目越来越多的是公共电视台才能完成的，如纪录片。在艺术和文化方面我们比其他电视台做的多得多。还有谁能将大都会歌剧院和纽约林肯中心带到公众面前？唯有公共电视。我们同时还聚焦在地方事务上：还有谁能持续关注教育和贫困问题？"②

---

　　① 转引自刘燕南《电视评估：公共电视 vs 商业电视——英美及台湾的经验与思考》，《中国地质大学学报》（社会科学版）2011 年第 2 期。

　　② Fritz Jacobi, "Is PBS Still Necessary?", *Television Quarterly*, Spring/Summer, 2008, p. 38.

第四章　美国公共电视的现实困境

公共电视的概念在美国发展得较晚。事实上，公共服务的概念在美国的社会、政治、物质给养中，只有很小一部分实现了体制化。正如雷蒙德·威廉姆斯（Raymond Williams）曾说的，美国的公共广播电视只能被比喻为"缓和剂，缓和占主导地位的私人商业系统的弱点与矛盾"。事实上，它从未成为美国文化和政治的中心，而在英国甚至整个西欧、北欧以及其他几个国家（包括加拿大、澳大利亚、新西兰、日本）情况都不是这样。虽然现在这些国家的公共广播电视也面临经济、技术、意识形态上的挑战，但在文化和传播政策的讨论上，其中心位置依然不变①。

艾里胡·卡兹在论及全球化、社会变革和电视改革时断言：传播秩序的变化削弱了自由民主制度的基础。理由是：首先，人们不再通过"大众化电视"这一共同的聚焦地来进行彼此的交流。电视频道的泛滥导致大众的离散化和片段化。用卡兹的话来说："电视已经不再是一个公共空间。除了偶然发生的媒体事件，整个国家不再聚会到一起。"其次，公共电视的衰落使得人们获得信息的渠道越来越少。电视对公共事务的报道"在娱乐节目的包围下被缩小了和被隔离开来，从而被完全压倒了"（Katz，1996）。最后，由于民族国家和广电体系日渐分离，导致人们对国家认同感的削弱。观众越来越习惯于从全球经济体系所提供的多元化频道中选择自己喜欢的节目，而不是像过去那样，按照全国统一的时间表收看本土制作的节目②。

显而易见，在世界上的许多国家和地区，公共电视面临着政治、商业

---

① Abhilaksh Likhi, Public Television in the United States of America: Evolution, Institutions, Issues and Relevance to India.

② 参见［英］詹姆斯·卡伦《媒体与权力》，史安斌、董关鹏译，清华大学出版社2006年版，第239—240页。

和意识形态的多重夹击。新的个人化频道正在出现；新的"解除规制"的体系正在被引入；新一轮反对公共电视的游说活动也正在展开。许多研究和统计数据都显示，公共电视正陷入合法性丧失、资金不足、观众下降、目标越来越不清晰等一系列困境之中①。

一　运营经费严重短缺

公共电视的命途多舛可谓由来已久。按照美国宪法，联邦政府的主要经济职责是保持宏观经济健康发展，同时也要向州和地方政府提供拨款、贷款和税收补贴。州和地方政府的主要职责是提供公共服务，如公共教育、法律实施、公路、供水和污水处理。

对公共电视来说，联邦政府拨款是其最大的一笔资金来源。但是，从20世纪70年代后期开始，资金问题就成了一个纠缠不清的政治议题而被白宫政府屡踢皮球。

"公共电视事业的拨款是无计划的。联邦政府提供部分资金，其余基金必须来自于基金会、公司和州政府。由此产生的资金不确定性导致经常努力去争取基金，使公共电视频道很难制订长期计划。公共电视节目的制作者们不得不花费大量的时间寻找基金，不得不调整目标以迎合资助者的要求。这样一来就减少了他们的节目中有争议性的内容，尤其当捐赠者是公司时就更是如此。"②

资料显示，1967年，美国总统约翰逊曾承诺公共广播电视将获得一个长期的资助计划，但这个计划随着他在1968年总统大选中的落选而落空。新当选的理查德·尼克松总统认为，越战期间，公共广播电视扮演了自由派记者大本营的角色，他们拿着政府的资助却在公共事务上制造偏见，所以不能给予更多资助。到了1970年，尼克松内阁对公共广播电视播出的一些纪录片如《银行与穷人》大为不满。这个节目深刻揭露了银行的一些举措加剧了城市中的贫穷，关闭了总共有133名参议员和众议员参与或直接担任要职的银行机构，而他们正是越战圣歌的幕后指挥者。这

---

① 参见［英］詹姆斯·卡伦《媒体与权力》，史安斌、董关鹏译，清华大学出版社2006年版，第244页。

② ［美］戴安娜·克兰：《文化生产：媒体与都市艺术》，赵国新译，译林出版社2001年版，第162页。

样，白宫决定对公共电视采取钳制措施。联邦资助是戴在公共电视头上的一个紧箍咒，白宫也正是通过这一撒手锏，对 CPB 的拨款采取了一系列限制措施。

1972 年 6 月 30 日，尼克松总统否决了 CPB 的授权取得资助的法案，认为公共电视过于集中化成了"第四广播电视网"，通过对公共电视广播公司 CPB 和其系统所谓集中化的指责，白宫希望借此造成 CPB 和 PBS、NPR 之间的关系紧张，果然他们如愿以偿。此后，CPB 内部董事长成员之间，CPB 与合作伙伴全国教育电视台 NET 之间的关系均出现了问题，后者曾是 CPB《银行与穷人》节目的合作制作方。这一策略在改变 CPB 的董事会成员和转移公共电视关注公共事务的注意力上取得了成功。另外，它也使白宫免于冠上插足或审查公共电视的罪名。在后来的两个月中，公共广播电视公司的主席、经理和主任相继辞职，8 月底，尼克松政府在接受了他们的辞呈后，签署了 1973 年度的公共广播电视拨款法案。但是，1972 年的尼克松否决案，开启了政治干预公共电视系统的需要和结构的先河。

与尼克松时代相反，卡特总统采取了对公共电视相对温和的政策，国会中的民主党人士继承了支持公共电视的传统，公共电视和民主党部门之间的关系趋和也暂时缓解了来自政治方面的压力。但到 1981 年里根总统上台后，公共电视又重新面临着来自白宫方面的政治、经济双重压力。某种程度上，对公共电视的敌意已经达到了意识形态层面。里根政府采取了广泛的取消政府规制措施，他不赞成公共电视应由政府资助，也就是说，公共电视是里根政府中不受欢迎的公共机构。另外，这种敌意又带有党派遗风，尼克松时代所谓的公共电视的新闻自由主义倾向又被老调重弹，里根政府在 1981 年的公共电视修正案中又进一步削减了资助份额，公共电视的联邦资助方案再次遭到围攻。在多变的政治压力下，美国的公共广播电视不得不面临着在夹缝中生存的命运①。

此外，每隔几年在华盛顿，就会有一些人对这样那样的公共电视节目或是联邦政府的财政状况感到失望，于是削减对于公共电视的资金投入便会被提上议案。2007 年，为了支付庞大的军事及风灾重建经费，美国政

---

① 参见李娜《欧美公共广播电视危机与变迁研究》，中国传媒大学出版社 2009 年版，第 68—69 页。

府计划缩减公共电视预算，拟把缩减的预算经费用于赈灾重建项目，以填补经费的严重不足。然而，美国审计局却发表研究报告指出，假如政府削减补助预算，美国公共电视将面临关台的危机①。因为社会捐款是时有时无的，所以公共电视需要政府长期稳定的补助，这样的依赖性使得公共电视随时可能因为政府预算的减少而面临倒闭的危险。

　　如今，对公共电视台来说，联邦基金比以往任何时候都显得更加重要。然而不幸的是，国家提供的资金一直在减少，如 2000 年企业的资金就没有能够回到历史的最高水平。基金会的资金虽然数额较大，但也是杯水车薪；来自会员个人的捐赠一直没有增加，在某些领域甚至出现减少的情况。虽然联邦政府对公共广播的投入没有增加，但至少应尽可能地保持资金额度。PBS 董事局曾经建立 PBS 基金会，这一举措为在全国范围内搜索、培养和接受特别的捐赠提供了通道。该基金会致力于协调全国各成员台的关系，并且推进公共电视议程，尤其是关于节目制作机制上的规划。当然也存在着一些真实的投诉，那就是公共电视节目非常单一陈旧——只有儿童和老年人对其感兴趣。缺乏资源往往使得美国公共电视处于稚嫩不成熟的境况下。公共电视机构首先要关心的是寻找到资金，如此才有可能接触到更加庞大的、年轻的以及多种多样的观众，这些观众群体能够带来新的声音、新的创意以及新的感觉，而这对于公共电视来说是至关重要的、新鲜的和有胆魄的。现在公共电视需要为各类内容的生产商提供资金，它们的内容产品将能像在 60 英寸等离子显示屏上那样简单轻松地在互联网和掌上型电脑上播放②。

　　联邦政府在公共广播上的投入不失为一种明智的投资选择，它通过增加资金拨款，帮助公共广播公司改善和扩大它们在咨询领域、公民参与方面与文化提升方面的服务功能。就文化培养而言，具体地讲，可以帮助促进持续的学习兴趣，以降低 30% 以上的高辍学率，还可以帮助那些 16 岁以上的半文盲和不能完成职位申请的 50 万美国人；提高在国内甚至是全世界范围内公民的责任感；鼓励公民的投票行为和其他各类公民参与的活动；并在美国的民主讨论上提供更为包容性的机制；激发个人的创造性潜

---

①　参见崔亚娟、俞虹《以财源为核心的公共电视运营模式分析——域外公共电视系列研究之一》，《现代传播》2008 年第 4 期。

②　参见 Mary G. F. Bitterman, A Public Trust Revisited（http://www.annenberg.usc.edu, 2005 James L. Loper Lecture in Public Service Broadcasting, USC）。

力；扩大美国人在艺术上的影响力并提升人们的精神内涵①。

但是，20 世纪 80 年代以后，美国主张"小政府"，使得国家对于政府利用税收开展工作的监督越来越严格。从企业的广告花费来看，截至2004 年，通用汽车公司约为 34 亿美元，沃尔特·迪士尼电影公司为 24亿美元，麦当劳公司为 14 亿美元②。这些数字都轻而易举地超过了联邦政府给公共电视的年度预算。

与商业电视相比，美国公共电视普遍面临资金不足的困境，即使有联邦政府的补贴，数量也很有限。

现在，美国公共电视的收入来源中占最大份额的是会员费。商业电视网与其成员台的关系是，电视网支付成员台一定的费用，让其播放电视网的节目，而美国公共电视网则向其成员电视台收取会员费。除了会员费之外，美国公共电视的收入来源主要还有商业赞助。虽然美国的公共电视法规明文规定不得播放商业广告，只允许接受一些商业赞助（当然这种赞助不能播出产品广告，只能显示赞助者的名称），所以厂商很难得到显著的商业回馈，这也大大影响了企业的赞助积极性，捐赠比例一直不高。

此外，美国公共电视台还接受州政府的拨款。从表 4—1 我们可以粗略地了解 2003 年 PBS 的收入来源比例。

表 4—1　　　　　　　　PBS 的收入来源比例（2003 年）

来源	数目（美元）	份额（%）
会员费	575556000	25.2
经营收入	361078000	15.8
州政府赠款	331203000	14.5
CPB 拨款	340000000	14.9
公立大学赠款	182523000	8.0
其他	174499000	7.7
基金	141184000	6.2

---

① 参见 Mary G. F. Bitterman, A Public Trust Revisited (http: //www. annenberg. usc. edu, 2005 James L. Loper Lecture in Public Service Broadcasting, USC)。

② 参见［日］渡边靖《美国文化中心：美国的国际文化战略》，商务印书馆 2013 年版，第134 页。

续表

来源	数目（美元）	份额（%）
地方政府	60933000	2.7
联邦教育拨款和资助	45185000	2.0
私立大学赠款	36460000	1.6
其他公共大学赠款	18790000	0.8
拍卖	13052000	0.6
总共	2280463000	100.0

资料来源：冯广超、冯应谦：《世界公共电视的生存及其争议》，《中国传媒报告》2005年第1期。

如表4—1所示，以公共电视一年区区二十几亿美元的经费，充其量只能勉强维持运转。这样当个配角已很艰难，更免谈要在市场上与资金雄厚的商业电视机构同台竞争了。

人们现在普遍可以看到的一个趋势是，在经济全球化和市场化的冲击下，美国政府开始放松对传媒的管制，商业资本在传媒领域更加活跃，传媒领域对受众的争夺变得愈加激烈，为应对转变后的传媒市场竞争格局，公共广播运营中出现了更多的商业特征，公共广播服务机构所承受的资金压力日益增大。一方面，市场竞争格局改变之后，广播服务开始更多地强调市场因素和赢利倾向，政府对公共广播服务的公帑投入开始减少；另一方面，媒体的技术转型也带来了多方面的结构变化，导致公共广播机构的运营成本不断提高。资金压力的不断增加迫使公共广播机构转向市场，以多种经营策略来降低成本、扩大市场①。

尽管公共电视"不断地创造奇迹，并给媒体的民主化带来期望，但是其限度也是显而易见的。优质的新闻业和娱乐节目需要财源、技术设施、经验和机构的支持。缺乏上述条件，即使媒体大有益处，也只能维持小规模，限于在当地和偏远地区内发展"②。长期以来，由于节目制作费用高，打入市场难度大、耗资多，因此公共电视节目要想进一步扩大收视

---

① 参见杨娜《公共广播服务与公民社会——对香港公共广播服务检讨的审视》，载胡正荣主编《媒体公共服务：理论与实践》，中国传媒大学出版社2009年版，第167—168页。

② ［美］爱德华·赫尔曼、罗伯特·麦克切斯尼：《全球媒体：全球资本主义的新传教士》，甄春亮译，天津人民出版社2001年版，第259页。

范围，其难度可想而知。事实上，在美国，经费的捉襟见肘已使公共电视的节目质量每况愈下。

直面此情此状，克兰在《文化生产：媒体与都市艺术》一书中有关马尔卡希支持政府赞助艺术的五种观点言犹在耳，振聋发聩："（1）经济观点。没有公共赞助艺术机构无法生存。（2）社会观点。公共赞助扩大了艺术传播实践的受众。（3）教育观点。对艺术的公共赞助应当包括增强受众传媒素养的教育措施。（4）道德观点。艺术应当得到公共赞助，因为它们体现和证实了我们的文化遗产和价值。（5）政治观点。分配公共赞助应当鼓励多元主义而不是鼓励赞美国家的官方文化。"情同此理。困境中的公共电视何尝不像艺术一样需要并祈盼更多的施以援手的组织、机构和有识人士？

二　公共领域"再封建化"

公民社会的多元价值取向源自其本质特点和价值诉求。培养现代公民的同情心、责任感和参与精神，既是民主政治体系建设的必然要求，也是公民主体追求正当权利与履行社会义务的内在统一性的具体体现，更是公共电视传播使命的应有之义。

19世纪末，随着国家和社会的渐趋融合所出现的结构转型，报刊从纯粹的新闻报道发展成为文化思想传播，从意识传播到商业盈利，媒体的公共品格逐渐让位于商业广告，媒体的公共话语空间逐渐丧失。媒体假借公共舆论的外衣传播伪公共话语的现象成为常态，理想的公共领域也就全盘瓦解了，哈贝马斯把这种表现称为公共领域的"再封建化"①。

制定自由传播的信条、鼓励私有企业自由经营是美国宪法的制度安排。这一规制促使商业电视持续繁荣，大放异彩；与此同时，美国公共领域的完整和质量极可能受到私有媒体系统的偏向性与自我新闻检查的威胁。为此，许多国家谴责美国的商业主义，嘲讽它致力于满足人们所"想要的"，而不是评论家、专家、政府和宗教领袖所认为的人们的"需要"②。

---

① 参见史娜《从哈贝马斯的公共领域思想看网络论坛在公共话语构建中的作用——以发展论坛为例》，2008年03月25日，人民网传媒频道（http：//media.people.com.cn/）。

② Abhilaksh Likhi, Public Television in the United States of America：Evolution, Institutions, Issues and Relevance to India.

实践证明，在市场经济高度发达的美国社会，除了公共电视，其他电视节目的生产与制作，无一例外的都是迎合广告市场和受众市场。无线电视网、有线电视网、卫星直播网和节目市场供应商辛迪加（Syndication）都以节目的营利为目标，并尽其所能地提供各种高收视率的节目以满足受众的需求。

"商业化意味着媒体的资金来源于广告收入，商业化的全球发展将因此更加强调消费是生活的主要目的，个人主义和个人自由选择（尤其是选择商品）是人们想要的基本社会条件。在政府垄断广播和独裁制度下，强调个人主义具有进步意义，因为它使被剥夺被压迫的人民看到了新的前景，威胁到了专横的统治和统治者。但是在另外一些情况下，从长期来看，这种价值侵入强调了物质价值，削弱对他人的同情，趋向于降低了社区精神和公共关系的力量，这就减弱了对本国市场力量和外来侵害力量的抵抗力。可以说，在相互依赖的世界上，要实现民主秩序，只有个人主义是不够的，如果个人主义走向极端，还会十分危险。"①

商业电视对公共领域的侵蚀有目共睹："在市场竞争的情况下，如果暴力和色情片销量好，那电视节目中就会大量充斥此种片子，尽管这样做会对社会造成很大的危害。生产这种有负面影响、表面化的节目能带来收益。"②

在民主制度和相对自由的市场经济中，电视找到了作为一种技术可以充分发挥潜能的肥沃土地。其中一个结果就是，美国的电视节目在全世界供不应求。美国电视节目的出口量为 10 万到 20 万小时，平均分布在拉丁美洲、亚洲和欧洲。在过去若干年中，像《宝藏》《碟中谍》《星际旅行》《达拉斯》和《豪门恩怨》这样的节目在英国、日本、以色列和挪威受到欢迎的程度，绝不亚于在内布拉斯加州的奥马哈。几年前，拉普人为了看《达拉斯》中到底是谁杀了 J. R，竟然推迟了他们每年一次的大迁移。而与此同时，美国的道德和政治威信在全世界范围内大大下降了。美国的电视节目之所以供不应求，并不是因为人们热爱美国，而是因为人们热爱美国的电视③。

---

①　［美］爱德华·赫尔曼、罗伯特·麦克切斯尼：《全球媒体：全球资本主义的新传教士》，甄春亮译，天津人民出版社 2001 年版，第 191—192 页。

②　同上书，第 170 页。

③　参见［美］尼尔·波兹曼《娱乐至死》，章艳译，广西师范大学出版社 2004 年版，第 112—113 页。

　　在波兹曼看来，美国的电视确实是美丽的奇观，是难得的视觉愉悦，因为人们每天都能看见成千上万幅图像。电视上每个镜头的平均时间是3.5 秒，所以人们的眼睛根本就没有办法休息，屏幕一直有新的东西可看。就连很多人讨厌的电视广告也是精心制作的，悦目的图像常常伴随着令人兴奋的音乐。没有人会怀疑美国电视全心全意致力于为观众提供娱乐①。

　　进入新世纪，公共电视的窘境日益凸显。首先是来自有线电视台的竞争——它们正疯狂地掠夺着公共电视台的观众。美国的有线电视台主要是通过有线或者卫星传播，盈利通常仰仗于订阅而并非广告，通常每个电视台都有自己专业化的定位，比如人们所熟悉的 ESPN 是体育类专业频道，MTV 致力于流行音乐，Discovery 是科学探索频道，专业的分类让电视台拥有稳定的观众群。

　　电视剧曾大量占据公共电视台黄金时间，如今公共电视台却越来越不是有线频道的对手：去年的艾美奖，有线电视台彻底击败公共电视台，拿走 28 个奖项中的 18 个，这让媒体调笑艾美奖应该改名叫作"有线电视奖"。仅从艾美奖的提名来看，公共台的没落更加一泻千里，不仅在剧情类奖项提名数上一贯劣势，喜剧类奖项上也进一步被有线台割地。当然，其中的很大原因是有线台无须考虑广告业主对于电视"大众化"的要求，所以比公共台尺度更大，如情色、暴力和黑暗方面的元素，深度和话题性上都已将公共台远远抛开②。

　　1969 年，时任美国副总统的斯比罗·阿戈尤（Spiro Agnew）在谈到电视网新闻的作用时承认："电视网已在一夜间使人们渴望着对国家重大问题的揭露。电视网在夸大战争恐怖方面已经做到了其他媒介所不能达到的程度。电视网已经利用自身直接、迅速的优势解决了我们最困难的社会问题。它们把全国的注意力都集中到像大西洋污染、湿地生态威胁等问题上了。"③ 一个显而易见的事实是，美国的 ABC、NBC、CBS、CNN、FOX

---

　　① 参见［美］尼尔·波兹曼《娱乐至死》，章艳译，广西师范大学出版社 2004 年版，第112—113 页。

　　② 参见叶清漪《危机四伏的美国公共电视台》（http：//www. meijumi. org/article. asp? id =4544）。

　　③ Jean Folkerts, *The Media In Your Life：An Introduction to Mass Communication*, Boston：Allyn and Bacon, 1998, p. 244.

等几大商业电视网络几乎覆盖了全美90％的电视观众。公共电视的收视人群则难以望其项背。

波兹曼认为，电视之所以是电视，最关键的一点是要能看，这就是它的名字叫"电视"的原因所在。人们看的以及想要看的是有动感的画面——成千上万的图片，稍纵即逝然而斑斓夺目。正是电视本身这种性质决定了它必须舍弃思想，来迎合人们对视觉快感的需求，来适应娱乐业的发展①。

《权利法案》规定政府不得限制信息和民众意见的流动。但是建国者们没有预见到政府的专制可能被另外一种问题所取代，也就是说，公司国家（认为国家是一台巨大的机器，完全不受人的控制并置人的价值观于不顾）通过电视控制了美国公众话语的流动②。

现在面对的问题是由电视的经济和象征结构造成的。那些经营电视的人从来没有限制人们获得信息，而是不断扩大人们获得信息的途径。文化部是赫胥黎式的，而不是奥威尔式的，它想尽一切办法让人们不断地看电视，但是人们看到的是使信息简单化的一种媒介，它使信息变得没有内容、没有历史、没有语境，也就是说，信息被包装成娱乐。美国人从来就没有缺少过娱乐自己的机会③。

电视市场竞争日益激烈使得节目制作成本日益上升，政府拨款和团体捐款已经不能维持节目制作的费用，因此，公共电视不得不想尽办法拉赞助，以致节目的商业味越来越浓。

事实上，公共电视为了向政府和出钱资助者证明其存在的意义，不得不追求制作和播出一些高雅的、高质量的节目。但是，仅靠这些知识性的、教育性的节目也很难获得较高的收视率。时下，面对商业化和市场化浪潮的强劲冲击，为了获得更多的观众支持，争取更多的运营资金，公共电视也不得不制作和播出越来越多的娱乐性节目，从而导致公共电视节目内容的日趋"媚俗"，节目质量逐渐下降。

娱乐性节目的特点就是轻松、愉快、刺激，可以满足现代受众的心理，也能够借助现代传播手段，迅速广泛地渗透到社会各阶层尤其是大众

---

① 参见［美］尼尔·波兹曼《娱乐至死》，章艳译，广西师范大学出版社2004年版，第120—121页。

② 同上书，第181页。

③ 同上书，第183页。

阶层。娱乐性节目削弱了新闻与娱乐之间的对抗性，娱乐既是所谓的硬新闻，也是一种话语的产品，要使新闻节目更通俗，需要有一定的娱乐性吸引受众。

联合国教科文组织总干事助理理查德·霍加特（Richard Hoggart）认为："对那些无关宏旨的通俗娱乐，最强烈的反对意见不是说它们妨碍了读者成为高雅博学之人，而是说它们使那些没有智力优势的人更难以自己的方式变得聪颖起来。"①

有识之士早已提醒："媒体偏爱娱乐，不喜欢争议和严肃的政治辩论，不喜欢深入的讨论和纪录片，不喜欢向人提供情况，不喜欢对传统的意见提出挑战，即媒体和广告的联合体喜欢娱乐节目而不喜欢公共领域。"② 电视荧屏上娱乐节目增多的一个直接后果，就是新闻和有关公共事务内容的节目受众的数量下降。

美国公共电视原本是在商业电视主导的情势下对于"市场失灵"的一种匡正补救，它属于电视业界的配角。尽管大多数人认为这个配角的戏份不可或缺也十分关键，但是，也不得不承认，配角总是很容易被主角的风头盖过，公共电视淹没在商业化浪潮的阴影之下并非天方夜谭。

三　合法身份陷入危机

"媒体全球化最重要的结果是商业化媒体的广泛发展，其支配地位日益增长逐渐积累，这是商业化本性及其必然要求所带来的后果。"③

一方面，广告公司和主流媒体以不会引起争论的节目吸引观众，这样一来，有深度的硬新闻、公共事务分析争论和纪录片都倾向于在广播的黄金收视时间消失。另一方面，商业电视为了吸引观众，不断降低收视门槛，看似也像公共电视台那样为更多更广大的民众服务。美国电视传媒巨鳄们认为，他们发售的产品也是一种公共服务。例如，早在 1960 年，哥伦比亚广播公司的经理弗兰克·斯坦顿就声称："一个节目获得大多数观

---

① ［美］马丁·迈耶：《美国商业电视的竞争》，刘燕南、肖弦弈、和轶红译，中国传媒大学出版社 2007 年版，第 229 页。

② ［美］爱德华·赫尔曼、罗伯特·麦克切斯尼：《全球媒体：全球资本主义的新传教士》，甄春亮译，天津人民出版社 2001 年版，第 8 页。

③ 同上书，第 169 页。

众的兴趣，仅此一点就表明……它是符合公众利益的。"更近的例子是，鲁珀特·默多克声明："在某处的法律限制之内，任何人提供了公众希望并以可能支付的价格得到的服务，都是在提供公共服务。"① 商业电视也会制作儿童、教育、历史、文化等严肃类节目，而且一些制作精良的节目还可以获得较高的收视率，从而获得很高的利润，例如 Discovery（探索）频道、History（历史）频道和国家地理频道等，就为全球亿万电视观众提供了丰盛的文化大餐。于是，公共电视的公共性并非具有"舍我其谁"的不可取代性，商业电视同样也有"公共"的一面②。

另外，"商业广播的日益成熟并不仅仅意味着用娱乐取代大众服务。美国的经验表明，随着广播的成熟，公共领域日益削弱，我们能听到的观点越来越趋于单一，并且既得利益得到越来越多的保护"③。在美国进攻伊拉克的前三周中，美国公共广播公司的《麦克尼尔/莱赫尔新闻时间》（PBS *News Hour With Jim Lehrer*）与美国广播公司的《晚间世界新闻》（ABC *World News Tonight*）、哥伦比亚广播公司的《晚间新闻》（CBS *Evening News*）、全国广播公司的《晚间新闻》 （NBC *Nightly News*）、美国有线新闻电视《沃尔福·布利茨报道》（CNN *Wolf Blitzer Reports*）、福克斯电视台的《布里特·休姆特别报道》（Fox *Special Report with Brit Hume*）一样，63% 的信息来自政府官员或前任官员，使得其报道有强烈的支持战争的倾向，反对战争的人员只占所有人员的 10%，只占特邀嘉宾的 3%。然而这时的调查显示，超过 25% 的美国人是反战的。另一个有力证据是，美国公共广播公司（PBS）在科索沃战争中的《麦克尼尔/莱赫尔新闻时间》报道明显偏向政府。3 月 25 日到 4 月 8 日，对北约轰炸的批评只占报道的 10%。南斯拉夫政府官员、塞尔维亚人或塞尔维亚裔美国人及团体中最有可能批评北约轰炸的人只占报道的 6%，非塞尔维亚裔美国人反对轰炸的报道占 4%。39% 的记者和 42% 的现场受访嘉宾是现任或前任政府官员，阿尔巴尼亚难民和科

---

① ［加］莱伯伊·马克：《世界公共服务广播的形式：俯瞰与分析》，《新闻大学》1997 年夏季号。

② 参见沈国麟《美国公共电视的生存空间——美国公共电视网（PBS）记者格温·艾菲尔访谈》，《新闻大学》2008 年夏季号。

③ ［美］爱德华·赫尔曼、罗伯特·麦克切斯尼：《全球媒体：全球资本主义的新传教士》，甄春亮译，天津人民出版社 2001 年版，第 178 页。

索沃解放军发言人占报道的 17%①。

客观现实是，公共服务媒体的表现并不尽如人意，它深深地陷入了合法性的危机。声称代表全体选民的公共服务媒体，实际上代表的只是一种想象中的全体，公共服务媒体满足不了特殊种类节目的爱好者，不断引发一系列的抱怨。公共服务沟通体系要保存并发展自己，就必须克服市场自由主义的缺点，名副其实地更加开放、更加多元化，使所有派别的公众都更容易接受②。

公共电视网倡导者的本意，是希望公共电视网播出有创意但收视率不会很高的节目，也就是大商家广告客户不会掏腰包赞助的节目。公共新闻网在其成立的宣言中声称："PBS 是世界各国公共电视中唯一完全不受政府控制或影响的独立机构。"实际情况真是这样吗？公共电视网成立之初接受政府的基金，对政府自然有所依赖，想独立是不可能的。20 世纪 70 年代初期，石油公司开始大笔捐助 PBS 的文化与国际事务性节目，结果新闻报道中企业占据了主导地位，只要是有利于赞助商的内容，电视新闻就会强调、就会播出，支持商业成了公共电视的特点，PBS 也因此被嘲笑为"支持商业的电视网"③。

莫菲斯尖锐地批评美国公共广播网（PBS）和国家公共无线电台（NPR）的结构与其他媒体有所不同，但是它们却与商业媒体有着相似的原则。它们虽然不是大公司直接拥有，但指望大公司赞助资金，同时也从政府部门获得大量资金包括公共资源。"经费问题既是重要的，又是困难的。如果一个研究机构依靠不论是善于猜疑的或者过分节俭的国会每年所给予的施舍的话，它是得不到真正的自由的。然而，经费的控制最终离不开立法机关。"④ 因此，它们像其他媒体一样歪曲事实，尽管它们在自由保守光谱上在自由这边不像有些别的媒体那么寡廉鲜耻⑤。

---

① 参见 ［美］莫菲斯《意识形态霸权美国社会中的思想控制》，吴万伟译，21CN 论坛（http：//www. question－everything. mahost. org/Socio－Politics/thoughtcontrol. html）。

② 参见 ［英］约翰·基恩《媒体与民主》，邵继红、刘士军译，社会科学文献出版社 2003 年版，第6—8 页。

③ 参见《召闻天下：镜头里的第四势力？——〈镜头里的"第四势力"〉》读书报告（http：//blog. sina. com. cn/s/blog_ 494b7b2701000bcb. html）。

④ ［美］沃尔特·李普曼：《舆论学》，林姗译，华夏出版社 1989 年版，第 254 页。

⑤ 参见 ［美］莫菲斯《意识形态霸权美国社会中的思想控制》，吴万伟译，21CN 论坛（http：//www. question－everything. mahost. org/Socio－Politics/thoughtcontrol. html）。

四　各行其是色彩浓厚

美国是一个典型的个人主义的国家，因此，其公共电视机构具有明显的个人主义色彩实在不足为奇。

《1967 年公共广播法》颁布后，公共电视机构联合建立了 PBS——公共广播服务网，以便单个公共电视台能够完成原本独立时无法完成的任务。全部的 PBS 会员，一共拥有 169 个公共电视营业执照，它们分别服务于 348 个机构，遍布各州。每一个组织机构，无论是有执照的社会团体、大学、学校董事会抑或一个社区，都是独立的实体，都有自己独立的董事会、管理者、战略计划、广播日程表、"文化"和产品的费率卡以及地方性的保险。在他们的社区范围内都会发展自己独特的合作伙伴，并且有着各自的公共服务记录。这些记录见证了他们的成功与失败的历史。PBS 的建立，提供了互联站，提供了节目的分配以及会员利益的其他一些服务，包括全国性的和地方性的。

但是，人们对于 PBS 也一直心存疑问：PBS 究竟是一个媒介性质的组织，还是一个会员性质的组织？它主要关注其自身的目标，还是致力于推动会员机构要实现的目标？它是否只注重于一个机构的发展而忽略了其他机构组织的发展？这些问题的解决，显然有助于缓解地方和州之间的合作持续出现的紧张状态[1]。

PBS 是一个有着强大节目制作能力的服务性质的会员制协会。PBS 下属的每个机构都有自己的董事会，能够独立自主地作决定。这一特征从下面这一事例中可见一斑。当 PBS 的董事长帕特·米切尔（Pat Mitchell）站在会议室激情高昂地向台下各个成员电视台经理们谈论一个州项目进行联播时，台下的电视台经理们都在窃窃私语："我不参加。"最后，这些电视台都各行其是，自主决定什么样的电视节目最适合自己所在的地区播出，仿佛它根本就不是同一个有线电视网的成员一样。公共电视协会董事长兼执行总裁约翰·罗森（John Lawson）说："美国的公共电视，可能是被地方控制的、自由的、隔空传播的媒体的最后一个真正的堡垒。公共电

---

① 参见 Mary G. F. Bitterman, A Public Trust Revisited（http://www.annenberg.usc.edu, 2005 James L. Loper Lecture in Public Service Broadcasting, USC）。

视台是有组织有任务的机构。它们就像很多地方团体、地方分会和国家机构一样，也要得到许可才能运营。而且它们日常开销中的大部分都来自当地的经济资助。"

PBS 董事会的工作团队一直致力于开拓一种新的模式，以便更有效地完成董事会与代理商之间的管制，并且能够更好地反映出全体会员的利益。在董事会的建议中，包括尝试培育一种更具有问责性质的高效率的管理机制。全体会员一致要求减少董事会的会员数目，从原来的 37 个减少到 27 个，其中包括相同数量的专业人士和原始股东以及 PBS 的董事。最近，PBS 的工作团队建议，已经得到全体会员的同意：未来的改变包括大部分的董事成为具有专业知识水平的董事，减少董事委员会成员的数目，并且明确董事、会员与管理者之间各自的角色与责任。

PBS 在重视组织情况的复杂性的同时，也需要考虑他们所谓的具有密切合作关系的团体，那些团队组织已经基本上成长为四个不同类型的执照范围内的组织，这四种类型的执照分别为：州网（20）、大专院校（56）、小型电视台（6）以及一个重点市场——社区团体（87）。这些有密切合作关系的团体可以为持有相同执照的机构提供机会去通过一个独立镜头关注这个世界并且分享那些有益的可靠的经验。

公共电视机构内，也存在 20 多个重叠性的台，仅洛杉矶就有 4 个 PBS 会员台，最终，由一个众所周知的 AGC 作为保护型的团体来帮助协调那些分散的团队之间的工作。这种机制之所以被推崇，是因为它对于资讯系统管理是最有效、最具有广泛性的①。

诚然，当今社会是自由与选择的时代，而非控制与稀缺的时代。市场竞争是保证新闻自由的最基本条件，只有打破公共服务媒体的垄断，才能进入一个真正的"传播媒体自由沟通"的电子信息时代。但是，现实也许并不像自由主义者所论述的那样，不受限制的竞争，并不一定就能够保证生产者可自由进入市场。相反，极度发展的市场竞争会加速媒体资本的集中倾向，形成不可竞争的垄断局面②。

---

① 参见 Mary G. F. Bitterman, A Public Trust Revisited.（http://www. annenberg. usc. edu, 2005 James L. Loper Lecture in Public Service Broadcasting, USC)。

② 参见〔英〕约翰·基恩《媒体与民主》，邵继红、刘士军译，社会科学文献出版社 2003 年版，第 3 页。

五 目标观众日渐流失

自美国传播学者赛佛林、坦卡德将著名市场学者温德尔的"市场细分"理论引入传播学并形成受众市场细分理论以来，世界范围内的电视市场已经发生天翻地覆的变化。"有证据表明，市场导向使可供'选择'的电视频道数量激增，削弱了电视的传奇权力。电视频道数目的增长，引入大量的不熟悉的节目，改变了人们的观看习惯。有些观众便选择逃避的办法。"①

现代电子传媒的发展创造了两种倾向：受众聚集和受众分散。原 CBS 总裁杰纳·扬科夫斯基认为："受众聚集是指大量受众同时关注少数几个节目；受众分散是指由于新技术的出现，许多曾经只有印刷符号才能表现的东西，现在都通过电子符号来表现，这种变化促使那些兴趣、爱好相近的人们形成一个受众群，一起分享他们共同感兴趣的东西。上述两种趋势恰好满足了人们的两种不同需求，即人的社会性的归属需求和个性的自我需求。"②

日益增多的频道资源，使得观众手里的遥控器拥有很大的选择权。过去，电视观众除了公共电视几乎很少有其他的选择，公共电视昔日垄断经营的局面现在已被打破。长期以来，"公共电视台的观众数量呈减少的趋势，这被普遍视为公共电视衰败的证据"③。

根据 2007 年初的尼尔森传媒研究，平均每个美国家庭接收 104.2 个电视频道。2006 年，平均用户每周收听其中 15.7 个频道至少 10 分钟。不需说，仅就这个统计就足以描述吉姆·洛佩尔所述的媒介景象的惊人差异了。根据尼尔森的数据，2000 年，平均每个家庭在可接触的 61.4 个频道中收看 13.6 个。

因此，随着时光的流逝，美国观众接触的电视频道数量不断增长。由

---

① ［英］约翰·基恩：《媒体与民主》，邸继红、刘士军译，社会科学文献出版社 2003 年版，第 164—165 页。

② 中国教育电视协会编：《中国教育电视的改革与发展》，苏州大学出版社 2001 年版，第 97 页。

③ ［美］詹姆斯·卡伦：《媒体与权力》，史安斌、董关鹏译，清华大学出版社 2006 年版，第 245 页。

于数量的递增，观众不断地切分成越来越小的碎片。当然，能够把公共电视看作对有限范围的商业渠道的唯一替代已经过了很长的时间，那些日子一去不复返了。

现在，除了全部的有线电视和卫星电视，还有播客、宽带视频和 IP 地址，有像 Slingbox 软件、手机视频等装置，有数码录影机（DVRs）、硬盘数字录像机（TIVO）、随选视讯。当然，还有网络流视频——高清晰度流视频正在研制，有广播网站和有线渠道，有独立的视频分享网站。可以肯定的是，这些当中名气最大的是 YouTube。所有观众一天要看 1 亿部短片。新的收看方式正在影响深远地动摇传统的电视收看模式的统治。

来自 Veronis Suhler Stevenson 的最新的广播机构数字预计显示，在数字广告和数字内容领域综合年增长率为 35.3%。与此同时，在有线、卫星和地方贝尔运营公司电视服务领域，Veronis Suhler Stevenson 预计，随选视讯的增长率是 13.8%，数码录影机是 23.4%，交互电视游戏是 48.2%，在线和移动是 99.6%。

这些增长预示的事情之一，是自上而下的生产者驱动模式加速向鼓励消费者参与媒体制作和分销的模式转变。

这些重要的趋势转变已经使由有线频道爆炸开启的潮流成为逻辑的必然。由于事实上媒体选择数量的无限，观众变得愈发的碎片化，凿刻成微小的子群，广泛地分布于网络，聚集于围绕专业和议程的轨道运行的虚拟社区。这些群体和变革融汇成令人惊讶的流动性。与 20 世纪人口统计学指向明确不同的是，今天的观众处于持续的流动状态①。

还有像 TiVo 这样的 DVRs 设备是逼迫公共电视台进入困境的另外一大罪魁祸首。TiVo 是一种数字录像设备，能帮助人们方便地录下和筛选电视上播放过的节目，这种设备让"左右时间"成真，于是广告被观众纷纷跳过了。据调查，越是高收入家庭，使用 TiVo 的时间越长，越会频繁地使用跳过广告功能。甚至，新一代 TiVo 具备搜索功能，使用者只需在地址栏输入"布兰妮"，TiVo 就会显示出自动录制的所有与布兰妮有关的节目。所以，TiVo 又有一个外号叫"电视界中的 Google"。据 Forrester 调查集团研究，至 2009 年底，DVRs 设备在美国家庭的占有率会超过

---

①　参见 William F. Baker, The New World of American Media.（http：//www. annenberg. usc. edu, 2007 James L. Loper Lecture in Public Service Broadcasting, USC）。

41%。当广告被观众跳过的时候,广告商们为什么还要继续在电视上投放广告呢?

而网络对传统媒体的影响,也同样降临到电视头上。当 YouTube 上的视频比电视台里播放的节目更有创意、更好玩的时候,看电视的人自然越来越少。Hulu 是一个在线观看网站,由通用电气旗下的 NBC 环球和新闻集团旗下的福克斯共同成立。正版影视作品到底是 NBC 给自己找的另一条后路,还是 NBC 的掘墓人?在频道短缺时代,除了公共电视,电视受众几乎很少有其他更多或更好的选择。如今,频道资源越来越多,观众手里的遥控器拥有很大的选择权,公共电视昔日垄断经营的局面从此不再,严峻的竞争与挑战摆在面前①。

最近比较普遍的争论是关于另类媒体 (Alternative Media) 的发展,特别是有线电视,已经削弱了公共电台节目的主要理念。儿童节目、经典戏剧、科学与历史曾是公共广播电视的独家产品,现在出现的几个有线电视网通过直播卫星 (Direct Broadcasting by Satellite, DBS) 像电缆系统一样传输。

数字化技术显而易见地为公共电视提供了绝佳的发展机遇,但同时也带来了新的问题:随着观众的兴趣越来越细分,公共电视的大众化内容,很难全面满足小众和分众的要求。一个不争的事实是,1990 年以前,欧洲的电视市场主要还是被公共电视占据,但是 1996 年以后,商业电视的市场份额超过了公共电视。目前英国公共电视的市场份额在 40% 左右,大概是全世界最高的②。曾经,无线频道和广播资源被视为一种稀缺的国家资源,所以理应为国家所控制。但是,随着传播科技的发展,调频广播、调幅广播、数字广播、有线电视、卫星电视、数字电视相继涌现;多媒体技术的发展不断改变着广播和电视的传播与接收技术,频道数量激增,只要有内容,就可以不受没有频道的制约。此外,广播电视现今也已经不再是唯一的快捷的信息传播渠道了。所有这一切都在提醒人们,当初因"资源稀缺"而必须设立统一的公共广播的理由已经不复存在。连"唯我独尊"的 BBC 都受到了这样的质疑,更何况只是商业媒体的补充的

---

① 参见叶清漪《危机四伏的美国公共电视台》 (http://www.meijumi.org/article.asp? id = 4544)。

② 公共电视与商业电视 (http://blog.sina.com.cn/s/blog_ 4134ba9001000bxk.html)。

美国公共电视①?

六　经营模式单一陈旧

如前所述，美国公共电视的收入来源主要依靠的是会员费以及各种类型的捐赠，2003年经营收入只占收入来源的15.8%。虽然公共电视区别于商业电视的主要标志，归根到底就是不以营利为目的，但是公共电视也没有必要因此而被束缚住发展多种经营模式的手脚。英国BBC不断尝试采用其他方式包括商业化手段来补充其经费不足的做法值得仿效。BBC Worldwide公司被称为BBC的一个商业臂膀。它是一个纯粹的商业公司，除了经营BBC对外的两个电视频道外，还经营BBC的有关书刊、音像制品及节目的销售。在与Flextech合资开办了四个商业频道后，该公司又在筹划与Discover Communication公司合资，在美国推出一个以娱乐为主的频道BBC America，这些新商业频道的播出，扩展了BBC Worldwide的业务领域，也为BBC带来了新的营利手段。新的频道可以包含广告、赞助及征订等多种手段，此外，按次付费（Pay–Per–View）方式也会在数字化时代被广泛采用。BBC称，不管怎样，BBC的商业频道的利润将被投入以收视费为基础的频道中，以提高这些频道的质量。另外，BBC不会把观众交纳的收视费用于它的商业运营中。

芝麻街工作室虽然堪称多种经营成功的典范，但在美国公共电视众多的节目中，它只是屈指可数的案例，美国公共电视远未形成行之有效的多种经营模式，它迫切需要像BBC的BBC Worldwide那样强壮的臂膀来维护其财政状况的稳定，使其不至于太受国家财政拨款计划的掣肘和影响。

从更宏观更长远的角度看，公共电视遭遇的现实困境的确有点儿"危机"深重，但是，"反者，道之动"②，世间万物始终处于变动不居的阴阳循环之中，眼下的"危机"抑或蕴藏着返本复初、否极泰来的"复兴"机遇。客观地说，目前的美国公共电视，在固有的体制和机制弊端未能根本革除，又遭遇日甚一日的商业化侵蚀的情势下，确有风雨飘摇、逐渐式微之态。而且，在网络时代，公共电视可能会继续处于边缘化和非

---

① 参见郭镇之《数字时代的公共广播电视》，传播学论坛，2006年11月。
② 参见陈鼓应《老子注释及评介》，中华书局1984年版，第222页。

主流化的境地。但是，所有这些变化并不会萎缩公共电视的发展空间，公共电视台并没有消失，也不可能消失。目前美国公共电视遭遇的困境只能证明其在传媒体制和具体操作层面上存有某些问题，并不能证明公共电视台没有存在的必要。相反，公共电视区别于商业电视的本质及其使命却恰恰是其存在以及发展的理由。因为"电视作为大众媒介的一分子，必须有起码的责任，不能完全由市场来决定一切"①。

① 彭芸：《振荡下公共广电制度定位与竞争策略》，《广播与电视》（台湾）1996 年第 1 期。

第五章　美国公共电视的规制变迁

凯里（Carey）认为："要创建一个独立自主的媒介环境，就需要通过立法和司法手段，保障新闻行业在获得足够利润的同时制作出具有吸引力的节目，而不是像奴隶般地服从市场规律。"换句话说，新闻行业应首先致力于服务公众而不是赚钱。这意味着"新闻界需要依靠一个民主政体去创造其繁荣发展所需的环境，并使记者重新在民主文化的交流中重新扮演管弦乐编曲的角色"①。

尽管美国公共电视的发展之路坎坷不平，以至在不少人看来"公共服务广播更像是一种理念、一种公民愿景的至境和理想化民主的构成要素"②。然而所幸的是，美国立法机构先后为公共电视制定和颁布了一系列重要的法律法规，如《1927年无线电法》《1934年通讯法》《1967年公共广播法》和《1996年电信法》。正是美国大众传媒以法治业的历史传统，使公共电视获得了护佑其合法身份与地位的尚方宝剑。

一　《1927年无线电法》：公共信托模式的设计

《1927年无线电法》是美国第一部全面针对广播而制定的法规。法案立足于电波资源稀缺论的基础，把广播必须为"公共利益、便利和需要"服务作为规制电子媒介的核心原则，通过创立"联邦无线电委员会"（FRC）这一全新机制，构建了一个"公共信托"模型，实现了内容与载体的有机嵌合，从而完成了对无线广播事业的神圣救赎。

---

① ［英］斯图亚特·艾伦：《新闻文化》，方洁、陈亦南、牟玉涵等译，北京大学出版社2008年版，第262页。

② E. Monroe, *Price and Marc Raboy*: *Public Service Broadcasting in Transition*: *A Documentary Reader*, The Hague/Lodon/New York: Kluwer Law Interrnational, 2003, p.21.

（一）法案的立法背景

1. 立国精神的启蒙

作为一种新兴的自然资源，无线电频谱在美国为什么会被确立为公共资源？这与美国的立国精神有很大关系。而美国的立国精神，又离不开《五月花号公约》和《独立宣言》这两个重要文献的启蒙。

1620 年 11 月 11 日，经过在海上 66 天的漂泊之后，一艘名为"五月花"号的大帆船驶近北美洲新英格兰殖民地。船上 102 名英国清教徒上岸之前，为了建立一个大家都能受到约束的自治基础，由其中的 41 名成年男子在"五月花"号船上签订了一份公约——史称《五月花号公约》（*Mayflower Compact*），宣誓同意创建并服从一个政府。

> 以上帝的名义，阿门。
>
> 我们，下面的签名人，作为伟大的詹姆斯一世的忠顺臣民，为了给上帝增光，发扬基督教的信仰和我们祖国和君主的荣誉，特着手在弗吉尼亚北部这片新开拓的海岸建立第一个殖民地。我们在上帝的面前，彼此以庄严的面貌出现，现约定将我们全体组成政治社会，以使我们能更好地生存下来并在我们之间创造良好的秩序。为了殖民地的公众利益，我们将根据这项契约颁布我们应当忠实遵守的公正平等的法律、法令和命令，并视需要而任命我们应当服从的行政官员。
>
> ——《五月花号公约》，1620 年 11 月 11 日

《五月花号公约》创建了一个先例，即政府是基于被管理者的同意而成立的，而且将依法而治；它也首创了美洲殖民的一种主要思想——在同一个社会里的所有公民有自由结合的权利，并可以通过制定对大家都有利的法律来管理自己。

在整个 18 世纪 60 年代和 70 年代之间，英属北美 13 个殖民地与大不列颠王国间的关系日趋紧张，终致 1775 年爆发了列克星敦和康科德战役（莱克星顿枪声）（Battle of Lexington and Concord），从而成为美国独立战争之先声。此后，摆脱英国的殖民统治逐渐成为新英格兰移民的心声。麻省 1774 年的《沙福克决议》（*Suffolk Resolves*）和托马斯·潘恩于 1776 年

出版的小册常识等文告助燃了彼时的反不列颠风潮。1776 年 7 月 4 日，第二届大陆会议通过了由托马斯·杰斐逊等起草、其他 13 个殖民地代表签署的《独立宣言》（*The Declaration of Independence*），正式声明美国与英国脱离关系。这一文件的核心思想是否定等级制度和专制统治，公共利益至高无上。《独立宣言》作为美国立国精神的最重要的文献之一，深深地影响了美国未来的发展。自 1776 年以来，"人人生而平等"作为美国立国的基本原则，作为人们的信念和理想，一直为后人所传颂。

美国广播电视所有权的公共所有以及运作中的公共利益正是这些立国精神的反映。有学者认为，既然在美国的立国精神中如此重视"公共利益"，为什么他们又选择了商业运作的模式呢？这与美国的国情和当时的历史境遇有很大关系。

第一，在当时的美国，古典自由主义占据主导地位。古典自由主义是一种支持个人先于国家存在的政治哲学，强调个人的权利、私有财产，并主张自由放任的经济政策，认为政府存在的目的仅在于保护每个个体的自由。

第二，美国有深厚的私有制的传统，这一传统也为 17 世纪中期以来的古典经济学所奠定。美国历史学家托马斯·C. 科克伦认为，商业制度对美国社会的发展有着重大的影响。商业对美国社会的其他制度形成了重大的制度压力，包括教育制度、牧师的著述和布道等方面。

第三，当时商业广播有着较强的议价能力，这实际上也是广播业诞生以来政府对私有广播放任、培育的结果。彼时美国的商业广播已有较大的发展，实力雄厚，在体制确立的过程中具有较强的"议价能力"。

2. 资源分配的有限

如果说《五月花号公约》和《独立宣言》是催生《1927 年无线电法》的思想要素，那么更直接的现实缘由则是随着电台数量的激增，一个直接的后果就是造成各家电台的频率互相干扰，这也是 20 世纪 20 年代广播事业兴起时最先面临的一大问题——频道资源有限。

人们至今仍不会忘记的悲剧是，1912 年 4 月，"泰坦尼克"号豪华客轮由于无线电频谱相互干扰，以致通信不良，在北大西洋撞击冰山沉没。惨剧发生后，美国开始正视无线电波通讯管制的重要性。同年 8 月，美国国会通过《1912 年无线电法》（*The Radio Act of* 1912），强调无线电波为稀有资源，为全体人民共享，所有的无线电发射器必须获得联邦政府颁发的执照。无线电波之所以要由政府统一管理和分配，目的是避免电波使用为少数人垄断及相互干扰。

随着 20 世纪 20 年代无线电广播的迅速发展，频谱干扰问题日益成为美国的"公害"，以至于全美许多地方都无法收到连续而清晰的广播信号。于是，人们对通过新立法以解决迫在眉睫的突出问题的呼声也越来越强烈。"为了起草新法案，时任商务部长的胡佛在 1922、1923、1924 和 1925 年分别召开了一系列会议。与会者有来自广播业和政府的代表，而且与会人数逐年增多。"① 在卡尔文·柯立芝总统的推动下，美国国会通过了《1927 年无线电法》（*Radio Act of* 1927）。依据此法，联邦无线电委员会（Federal Radio Commission）应运而生。委员会由 5 个成员组成，每个成员代表美国 1/5 的领土，其职责主要是"对无线电台进行分类、表明其服务性质、指定波长、确定发射机的功率和位置、规定所用设备种类和制订防止干扰的法规"②。从此，一种为全国所有广播服务、分为不同服务级别的调频机制宣告建立。

（二）法案的基本内容

这部奠定美国广播电视体制雏形的法案，主要包括以下四部分内容。

1. 确立无线广播电台的经营必须履行服务"公共利益、便利和需要"的基本准则

在全美国范围内播放、使用电磁频谱的广播频道属于美国公民的公共资源。执照持有者必须在服务公众利益的前提下使用该频率。法案强调，广播必须履行服务"公共利益、便利和需要"的责任，这是每一家广播电台必须遵守的基本准则，并指导联邦无线电广播委员会的权力运作。直到今天，广播必须为"公共利益、便利和需要"服务仍然被奉为电子传媒业的圭臬。"这项规定是基于以下七个前提发展而来的：（1）无线电波属于人民。（2）广播是一项特殊的服务。（3）服务必须平均分配。（4）不是每一个人都有资格占用一个频道。（5）广播是一种表达形式，受《宪法》第一修正案的保护。（6）政府拥有酌情规范权。（7）政府的

---

① ［美］大卫·斯隆编著：《美国传媒史》，刘琛等译，世纪出版集团、上海人民出版社2010 年版，第 509 页。

② ［美］罗纳德·科斯：《联邦通讯委员会》，载罗纳德·科斯《论生产的制度结构》，上海三联书店 1994 年版，第 50 页。

权力不是绝对的。"①法案进一步规定，执照持有者必须事先通过由联邦委员会设计的广播电台营业资格考试，强调电台执照持有者作为公众的受托人必须是美国公民并无不良犯罪记录，必须要保持中立并公平地反映政府、政党、个人、宗教、社会和营利团体的声音。

2. 认定电台执照、频谱由联邦政府统一分配，取消私人对无线电频率的所有权

被授予执照能使用特殊调频的广播机构只有频道的使用权，并不拥有所有权。弗兰克福特大法官指出：因为广播的特有属性，广播资源不像其他通信方式人人可以享有，必然有部分想要使用的人会被拒绝②。

3. 禁止政府对广播节目的审查

《宪法》第一修正案的根本目的是维护表达自由的制度。个人的表达自由深深植根于美国的历史。美国社会保障个人表达自由，是因为表达自由体现了四种价值：第一，保障了个人的自我实现；第二，深化了对真理的认识；第三，以此参与社会和政治等决策；第四，在社会稳定和变革之间保持了平衡③。

4. 成立由5名成员组成的联邦无线电广播委员会（FRC）

每个成员大约代表美国1/5的领土。该委员会的职能是颁发执照、制定防止干扰的相关制度、确定无线电频率的覆盖范围，委员会的一切决定接受和服从司法机关的审查。

美国国会议员华莱士·怀特（Wallace H. White）认为，"公共利益"概念受到了《1927年无线电法》的高度关注：最近的广播会议……认识到在目前的科学发展水平下，对广播电台的数量必须有所限制，它建议只向其运营能给公众带来福祉，或者为公共利益所必需，或者将对该法发展有所裨益的广播电台颁发许可……如果这写入法律之中，广播业主的优越地位将并非是自利的权利。这取决于要以确保公共利益为依归④。

FCC前主席牛顿·米诺（Newton Minow）也认为，从《1927年无线电

---

① ［美］大卫·斯隆编著：《美国传媒史》，刘琛等译，世纪出版集团、上海人民出版社2010年版，第509—510页。

② 参见《西方资产阶级传播新体制建立的几种主要模式》（http://zhidao.baidu.com/question/40578418.html）。

③ 参见邱小平《表达自由——美国宪法第一修正案研究》，北京大学出版社2005年版，第617页。

④ 转引自宋华琳《美国广播管制中的公共利益标准》，《行政法学研究》2005年第1期。

法》开始，"公共利益、便利和需要"就成为广播管制中激烈争论的焦点①。

传播学者梅尔文·德弗勒和埃弗雷·丹尼斯认为，政府干预广播电视业主要基于以下两个理由：一是频谱资源有限，即广播电台所占用的频率和电视所占用的频道数量有限，必须以某种方式加以分配；二是广播电视属于涉及"公共领域"和"公众利益"需要政府加以重点规制的行业②。

（三）法案的影响意义

1. 搭建了一个"公共信托"模型

《1927 年无线电法》是"资源匮乏论"的产物。"资源匮乏论"认为：电磁波频谱的数量是有限的，在一定时间和一定地点可以存在的电台和电视台的数量因而也是有限的；电台和电视台太多，就有可能相互干扰。这就意味着只有数量有限的电视业者的愿望可以得到满足，政府必须从中选择最有潜力的申请者来从事这项工作。除此之外，"资源匮乏论"坚持认为电磁波频谱是一种宝贵的资源，以至于它不能为私人所占有；相反，它应该是一种公共资源，就像国家公园一样，应该为全体人民所共同拥有。政府把那些幸运的电视业申请者选作这种公共资源的委托人，并且赋予他们特殊的责任与义务。比如，要求他们为谋求社会政治职务的候选人提供均等的使用电视台的机会③。

在《1927 年无线电法》看来，广播电台被视为是对有"特权"使用稀缺资源者的"公共信托"（public trustees）。联邦广播委员会对这个"公共信托"模型作了这样的解释：（尽管事实上）关乎广播电台管理的良知与判断，一定是个人化的……但广播电台本身的营运，必须好似它为国家所有……好似共同体内的公民应当拥有广播电台，只是将其移交给认为最适合的人，伴随着这样的指令，"按照我们的利益管理电台"，每个电台的确立，都应由这样的概念确定④。

美国的广播管制，某种意义上是建立在公共利益模型之下的。由于广

---

① Newton N. Minow, *Equal Time*, *the Private Broadcaster and the Public Interest*, New York: Athenaeum, 1964, p. 8.

② 参见童兵主编《中西新闻比较论纲》，新华出版社 1999 年版，第 128—129 页。

③ 参见［美］约瑟夫·多米尼克《美国电视法规与管理研究》（上），刘宇清译，《世界电影》2006 年第 2 期。

④ Erwin G. Krasnow and Jack N. Goodman, The "Public Interest" Standard: The Search for the Holy Grail, 50 Fed. Comm. L. J., 1998, p. 605.

播介质是"稀缺的"，一个频道的开办，可能构成对另一个频道的干扰，因此需要一定程度的政府的积极管制，来决定谁能办广播谁不能办广播，并规制电磁波的使用。在"公共信托"理论下，广播许可成了"信托"，公众成了托管方，广播电台则成了受托人①。

2. 奠定了美国广播体制的基础

在《1927 年无线电法》中，广播电视不再是如报纸一样的权利（right），而是成为一种特权（privilege），行使特权的人必须履行特定的责任，以确保无线电听众和社会利益得到普遍满足，政府称这些责任为满足公众（public）的利益（interest）、便利（convenience）或需要（necessity），简称 PICON②。

联邦通讯委员会电视网研究室撰写的《1960 年年中报告》指出："美国广播体制的基础是 1927 年颁布的《无线电法》。当时，国会对执照持有者规定了必须向一般公众广播相关事务的基本责任。这一义务在 1934 年颁布的《通讯法》中得到延续，完整地贯穿下来。实际上，执照持有者是一名'受委托人'，必须合乎由国会及其委员会制定的标准，必须定期报告其履行职责的情况。执照持有者对公众所担负的责任，要求它们忠实地履行自己的承诺——它们既然选择了广播电视业，就选择了为社会公众服务，这是极为光荣的，有时也是很艰难的事业。"

在实践中，联邦无线电委员会的频率分配极大地提高了商业广播的地位，并且促进了广告事业的发展，这是商业广播取得的第一次立法胜利。从此商业广播进入黄金时期，形成三大广播网三足鼎立的局面。商业广播电视中传统的三大广播公司，即全国广播公司（NBC）、美国广播公司（ABC）和哥伦比亚广播公司（CBS）又居支配地位。它们一共占有了全国电视业超过 40% 的广告年收③。

二　《1934 年通讯法》：公共利益原则的确立

《1934 年通讯法》是美国政府对广播电视和通讯行业进行规制的基本

---

① 参见宋华琳《美国广播管制中的公共利益标准》，《行政法学研究》2005 年第 1 期。

② 参见李盛之《美国大众传播法律规制问题研究》，博士学位论文，大连海事大学，2012 年，第 40 页。

③ 参见《美国商业广播电视的特色》（http：//susangongzi. blogbus. com/logs/5940318. html）。

法。它所确立的美国无线通讯法律制度，一方面明确了政府保护公共利益的规制目标，规范了无线电相关产业的发展秩序，为广播以及之后电视等新技术带来的新传播方式框定了发展的方向。另一方面，创立了之后几十年对美国无线网络领域有重大影响的管理机构——联邦通讯委员会（FCC），这个机构的存在使得政府的意志能够始终在无线电网络领域发挥重要作用。

（一）法案的立法背景

1. 商业广播的崛起

正如哈钦斯委员会报告所述：无线电广播是现代新闻业的一个基本组成部分。它与较老的大众传播机构有着相同的功能、相同的问题；另一方面无线电广播也显示了重大的差别，它能够使千百万公民与领袖人物以及当前事态同时保持密切的接触，这使它在公共事务管理方面具有范围广、影响大的特别的重要性。

根据历史记载，美国的公共广播的问世要早于商业广播。自1890年无线电实验成功之后，收音机开始出现在某些公众场合。1909年，发明家查尔斯·赫罗德（Charles D. Herrold）在圣何塞市的一家银行播出节目，并在旅馆的大厅中安置了公共收音机，进行每周一次的定期广播。这一事件标志着美国第一家实验性无线电广播台的诞生。20世纪20年代末，埃德温·霍华德·阿姆斯特朗（Edwin Howard Armstrong）和泰勒·法恩斯沃斯（Taylor Farnsworth）分别发明了调频收音机和"可视"收音机（电视）。调频收音机不仅解决了调幅的静电干扰问题，而且还将要取代调幅收音系统。

早期的广播节目内容多与公共利益有着密切的关系。从李·德·弗雷斯特广播台播出的恩里科·卡鲁索的古典音乐到WLS电台飞出的乡村音乐"草堆中的火鸡"，从WGY播出的尤金·沃尔特编导的舞台剧到美国国家安全局、财政部、红十字会、气象台的公共广告，从匹兹堡KDKA电台的全程宗教仪式直播到哥伦比亚广播公司的"美国空中课堂"……广播媒介所传播的信息对社会产生的功用与效力都是其他媒体无法替代的。

20世纪20年代后，美国的无线电广播发展开始迎来高峰期。然而，促进美国无线电广播发展的最重要因素是美国电话电报公司、威斯汀豪斯公司和通用电气公司。电台的发展意味着公司的产品和服务有了更加广阔的市场。威斯汀豪斯公司率先在匹兹堡建立的 KDKA 电台致力于刺激公众购买收音机的兴趣，1921 年它播出了第一个农业市场报告的节目，通过电台发布在谷物和牲畜价格的市场新闻彻底改变了农村的昔日景象，此外它还在纽约、芝加哥、费城和波士顿设立了电台；通用电气公司在纽约州的斯克内克塔建立了功率强大的 WGY 电台；美国电话电报公司在纽约市建立了 WEAF（现称 WNBC）电台。

1922 年，一件具有里程碑意义的事件是，当 WEAF 电台开播时，美国电话电报公司宣布这座电台将以广告收入作为它的经费来源，此刻人们才恍然意识到蕴藏在广播媒介中的巨大商业潜力。WEAF 电台把广播视为一种形式的公用电话，却在空中出售广播时间，不得不说是一项天才的创意。7 个月之后就有 20 多家客户出钱使用电台的播音时间，于是无线电广播的商业化时代来临了。与此同时，WEAF 电台正在试验通过电话线进行城际广播——此时美国电话电报公司已不让它的竞争者使用这些电话线路了。

在很多人眼里，无线电广播确实可以成为一项赚钱的行当。美国电台数量从 1922 年 1 月的 30 座增加到 1923 年 3 月的 556 座；收音机数目从 1921 年的 5 万台猛增到 1922 年的 60 万台以上[①]。虽然 WEAF 电台被批评利用公共资源追求私人利益，但是，时任美国商业部长的胡佛却鼓励了 WEAF 电台的做法，于是这种商业模式被迅速地复制并得以推广。截至 1932 年，商业广播占美国广播总数的 70%，已经具有了绝对的优势[②]。随着广播网的扩大，具有教育功能的非营利性广播节目被商业利益排挤到了角落，新的技术和规范标准也一直在变化。全国广播教育委员会（National Committee on Education by Radio，NCER）主要致力于倡导广播改革以及为学者和国会提供非商业的广播节目。该委员会主席乔伊·摩根（Joy Elmer Morgan）认为，公司过度集中地对广播进行控制将会直接威胁美国民主的发展。美国 WCFL（美国国内唯一一家劳工电台）电台主席爱德华·诺克尔斯（Edward N. Nockels）猛烈地抨击联邦广播委员会的有关

---

① 参见［美］迈克尔·埃默里等《美国与新闻界》，展江译，中国人民大学出版社 2014 年版，第 183 页。

② R. W. McChesney, Crusade against Mammon: Father Harney, WLWL and the debate over radio in the 1930s, Journalism History, 1987, p. 14.

政策："所有 90 个频道都已经送给了资本和它的朋友，而流血流汗的上百万人连一个频道也没得到。"甚至尖锐地指出："未来能够控制广播的人将控制整个国家。"美国自由联合会（American Civil Liberties Union, ACLU）则认为商业形式是言论自由的敌人，为此它一直倡导进行媒体产业机构的改革①。

2. "罗斯福新政"的实施

正当美国商业广播高歌猛进时，一场席卷全球资本主义世界的经济大萧条不期降临。1929 年 10 月美国股票市场崩盘意味着 20 年代所谓"柯立芝繁荣"的戛然而止。但是，"即使在大萧条最艰苦的岁月里，广播的流行之势仍有增无减。一个危机中的市场体制需要一种文化载体来帮助人们重建已经破碎的意义世界，从而保持信心和勇气。而广播正是这样一种文化载体，它给美国人民的生活带来了深刻的影响，历史学家把这段时期称为广播的'黄金时代'"。

"广播流行的原因之一恰恰是大萧条提供的社会环境。人们那时对手头的钱精打细算，不再出去娱乐而是坐在收音机前消遣。同时广播节目已很成熟，广播网络模式、广告行为惯例和新闻报道活动也均得到了改进。在大萧条政治气息浓重的氛围中，广播不仅是最流行的娱乐来源，也是讨论政治意识问题的重要平台。"② 至今仍为人们传颂的媒体事件是，1933年 3 月 12 日，罗斯福总统就职 8 天后即发表了第一次"炉边谈话"。在著名的"炉边谈话"中，罗斯福每次都以"我的朋友"这种非正式的友好称谓开始，他向身处大萧条之中的普通民众解释银行延期偿付的性质、农场救济和许多以字母代表的机构，这些都来自由他为解决经济大萧条问题所提出的新政，以此表明总统对他们真正的关爱，建立民众对国家的信心。罗斯福通过推行新政，运用国家力量纠正垄断资本主义的某些弊端，缓和了阶级矛盾，使得美国经济迅速复苏。

需要指出的是，与此同时，20 世纪 30 年代的美国电影业加强了自我管理，大量可能引发过分消极情绪的内容基本上被过滤掉了，一种被理想化的美国人的自我想象开始出现了：活泼、可爱、勇敢、富有激情，但也

---

① 转引自陈昌凤《美国传媒规制体系》，清华大学出版社 2013 年版，第 49、48 页。

② ［美］大卫·斯隆编著：《美国传媒史》，刘琛等译，世纪出版集团、上海人民出版社 2010 年版，第 525 页。

可能会有点轻率和单纯。一个普通人的英雄梦开始作为经典的主题被反复讲述。正是这个被反复讲述的梦想，帮助美国人渡过了难关。后来的史学家们认为：面对蔓延无期的债务危机和绝望，电影作为一种现代大众文化快餐的先驱形式，对维持国家和人民的士气起到了巨大的鼓舞作用。资本主义挺过危机而得以新生的伟大成就，除了罗斯福新政的宏大叙事，作为大众抚慰的电影也功不可没①。

（二）法案的主要内容

正如法案第301条所述：本法案的目的是保持美国政府对国内和国外所有传播渠道的控制，为用户签发官方执照，提供该频道有限时间内的使用权，而不是所有权。任何执照都不能超越条款、时间和条件之外的权限②。从法案的内容框架看，它主要包括频道公有、联邦通讯委员会的任命和组成、联邦通讯委员会根据公共利益发放许可证的职权、制定管理规则和上诉的程序、预审禁令，以及规定选举期间电台、电视台使用的第315条款等主要条款。总体而言，法案提出的基本假设与《1927年无线电法》的假设是一致的，在条款方面也没有太大的改变。因此有些人认为此法是罗斯福在位期间立法意义最小的法案。但是，该法却也不是前一法案的翻版③。

1. 确立传媒规制的核心标准——公共利益

《1934年通讯法》开宗明义：电波属于公众。为了保障美国公众在广播方面的最大利益，政府将空中的频谱资源视为一种类似于空气和水一样的公共财产，政府代表公众对无线电频谱资源进行管理，广播电视机构的运营必须以"公共利益、便利、必需"为准绳，不得将商业利益置于公共利益之上，必须体现出公共利益服务的自觉与努力。法案将"公共利益"确立为FCC广泛管制权限的标准，从而奠定了"公共利益"在传媒规制与政策中作为核心标准和价值的地位。"从20世纪30年代起，联邦通讯委员会一直坚持'公共利益'的原则，并通过'联邦通讯委员会诉

---

① 参见黄典林《危机时刻的文化凝聚力》，《中国报道》2009年第5期。

② 参见 James A. Brown, *Radio - Telvision - Cable Management*, Washington, D. C.: U. S. Government Printing Office, 1996, p. 276。

③ 参见［美］大卫·斯隆编著《美国传媒史》，刘琛等译，世纪出版集团、上海人民出版社2010年版，第511页。

伯茨威尔广播公司案'（1940）和'联邦通讯委员会诉桑德斯兄弟广播公司案'（1940）等案例进一步明确了'公共利益、便利、需要'的原则。"[①] 1943 年，美国国家广播公司曾以"公共利益"标准过于含糊以至于有违反宪法之嫌为由向美国最高法院提起诉讼，企图推翻"公共利益"这一标准，结果却被法院驳回。至此，"公共利益"作为传媒规制和政策的标准在司法上也获得了认可[②]。

2. 创设广播电视与通讯事业管制机构——联邦通讯委员会

为了贯彻实施法案的基本理念和若干规定，美国政府创建了一个广播电视与通讯事业的管制机构——联邦通讯委员会（Federal Communications Commision，FCC）。

"FCC 是美国一个独立的政府管理机构，它直接对国会负责。法案对 FCC 的使命与基本职责作了明确规定，即通过对州际和国际有线与无线通讯（Wire and Radio Communication）业务的有效管制，尽可能使全体美国人民获得迅速、高效、价格合理、设备完善的国内、国际有线与无线通讯服务；为国防提供服务；利用有线与无线通讯为保障人民生命和财产安全服务；为保证美国消费者享有质优价廉的通讯服务，鼓励通讯企业迅速采用新技术，促进通讯领域的竞争，逐渐减少行政干预。FCC 以《通讯法》为基本法律依据，通过制定与实施具体的管制法规，负责贯彻执行《通讯法》的所有规定。"[③]

法案规定，在机构组成上，FCC 的成员需经参议院批准，每 7 年由总统任命 7 个委员组成，其中一人任主席。担任委员的人必须是美国公民，与 FCC 管理的组织机构没有任何经济上的利害关系，属于同一政党的委员不超过 3 人；在机构职能上，FCC 有权对相关机构进行调查，而且必须每年就无线电监管的关心问题向国会提出书面报告，对公然违反广播责任的，FCC 有权拒绝更新其执照；在节目构成上，广播电视台必须播出非商业性的广播节目，这一思想在 FCC 之后的有关规定中得到了延续。在有线电视出现后，FCC 要求各地的有线电视系统经营者必须腾出三个频道作为公共频道，供州、地方政府、教育机构、社区，甚至个人播放自己

① 陈昌凤：《美国传媒规制体系》，清华大学出版社 2013 年版，第 50 页。

② 参见陈映《美国传媒政策中的公共利益标准：概念的表征及演进》，《国际新闻界》2013 年第 10 期。

③ 王俊豪等：《美国联邦通信委员会及其运行机制》，经济管理出版社 2003 年版，第 2 页。

的节目；从第二次世界大战时开始，FCC 又要求所有的商业电视台必须免费、无条件地播放公共服务声明，包括公益广告。

与《1927 年无线电法》相比，《1934 年通讯法》"将委员会的成员人数从 5 人增至 7 人，名称也由原来的联邦无线电委员会更改为联邦通讯委员会；委员会的职权扩大了，从原来的管理无线电扩展到管理有线和无线传媒通讯，包括电视、电话、电报、海底电缆及其他有线通讯，州际的以及国内与国外的通讯媒体"[①]。

制度经济学家罗纳德·科斯指出，联邦通讯委员会确立了传媒存在的最重要基础——产权。产权保障了传媒的发展，它事实上促进了广播业的发展，这表明制度供给有其独特的价值，制度的控制保证了传媒发展的规范。此后，联邦通讯委员会成为标准化的创立和执行机构[②]。

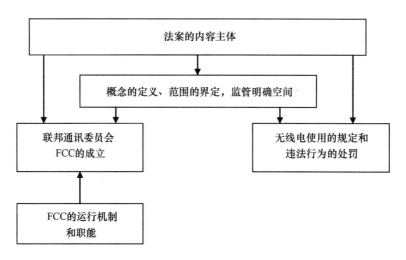

图 5—1　美国《1934 年通讯法》内容结构

3. 提出公共议题广播的标尺——公平原则

《1934 年通讯法》第 315 条是有关"公平原则"（fairness doctrin）的规定。这一原则要求广播者在涉及公共议题时，应给予持不同观点各方公

①　［美］大卫·斯隆编著：《美国传媒史》，刘琛等译，世纪出版集团、上海人民出版社 2010 年版，第 511 页。

②　参见王贵斌、陈敏直《传播交易：美国传媒制度供给的根源分析》，《编辑之友》2010 年第 9 期。

平的报道。"公平原则"在广播管制中有着悠久的传统，FCC 的前身联邦无线电委员会在成立后不久就提出了"公平原则"，在被《1934 年通讯法》吸收后，FCC 又出台规定进一步细化了这一原则。

根据 FCC 的规定，"公平原则"的要求包括个人攻击（personal attack）和政治评论（political editorials）两方面：个人攻击的要求是指，在对公共问题的辩论中，如果其中一方的某一明确成员或群体的诚实、正直以及其他人格受到攻击，广播执照持有人应在一周内通知被攻击一方以下事项：（1）广播者的身份及播出日期、时间；（2）攻击的录音或脚本（若无法提供，则应提供准确的摘要）；（3）在己方进行回应的合理机会。政治评论的要求则是指，如果执照持有人在政论中支持或反对某一合法候选人，则应在 24 小时内通知其他候选人或政论中反对的候选人以下事项：（1）政论发表的日期、时间；（2）政论的录音或脚本；（3）为有关候选人或其发言人提供合理回应的机会。如果广播者无法履行"公平原则"的要求，FCC 有权拒绝其广播执照到期后的再次申请①。

以美国大众传播法司法实践中的一个有重要影响的判例——"红狮案"为例。1964 年 11 月，位于宾夕法尼亚州的红狮广播公司播出了一个对作家弗雷德·库克（Fred Cook）进行人身攻击的节目，库克要求红狮广播公司予以其回应的机会。根据公平原则的一项内容，即"人身攻击"规则，广播公司如果播出了针对某人进行人身攻击的节目，就必须赋予被攻击者回应的机会。问题是：如果被攻击者无法支付播出费用，广播公司是否必须免费提供播出时间？红狮广播公司坚持认为库克必须证明自己无力支付费用，但库克拒绝了这一要求并向 FCC 申诉。FCC 认为公共利益要求公众得到获悉库克观点的机会，即使广播公司自己承担这段时间的费用，库克无须证明自己既承担不起费用也找不到赞助。一道正式的行政命令据此发出。红狮公司起诉到哥伦比亚巡回上诉法庭（United States Court of Appeals for the District of Columbia）。美国联邦法院分为最高法院、审判法院和巡回上诉法院（申诉法院），其中与 FCC 联系最多的就是哥伦比亚特区巡回上诉法院，后者裁定 FCC 的行政命令合法，公平原则及"人身攻击"规则合宪②。

---

① 参见左亦鲁《"基于媒介"模式——大众传播时代的美国言论自由》，《北大法律评论》2012 年第 13 卷第 2 辑。

② 参见吴飞《"红狮案"与"西瑞克斯案"——从"公平原则"的存废之争看美国联邦通讯委员会的管制制度环境》（http://linkwf.blog.hexun.com/88840903_d.html2013－09－26）。

4. 制定违法行为的管制规则——处罚基线

法案第326条禁止联邦通讯委员会审查广播和电视节目的内容。"虽然法律明令禁止联邦通讯委员会审查节目材料，但联邦通讯委员会认为它有责任监督所有节目内容以确保这些内容是为公共利益服务的。尽管许可证持有者个人有权选择特殊的节目材料，但是联邦通讯委员会认为，这种选择必须'符合国会的基本政策，即广播是全体普通公众自由言论的媒体，而不是许可证持有者获取纯粹个人或私人利益的渠道'。……联邦通讯委员会只不过是无线电波的托管者，而不是所有者。"①

"根据美国最高法院的解释，对低俗广播电视电影节目内容的界定有三条标准：一是按照当前社会标准，所播放的广播影视节目在总体上能引起一个普通正常人的性欲；二是以露骨的方式描述或记录性行为；三是缺乏一定的文学、艺术、政治或科学方面的价值，在节目中所使用的语言严重侵犯他人情感，使人厌烦，会引起暴力仇恨或者公然冒犯社会公众的辱骂言语。为此，任何猥亵、低俗或者不敬的语言都不得在广播影视节目中播出。FCC据此规定，低俗广播影视节目是指那些尚未达到淫秽色情等级，但是，又明显带有猥亵、不敬、脏话等下流内容或者公然冒犯社会基本道德水准的节目。这种界定虽然宽泛，但是，奠定了监管的基础。"②

表5—1　　　　　　　　　　**常见违法行为罚金价目表**

违法行为	罚款金额（美元）
违反儿童节目管理规定	8000
传送下流和色情内容	7000
播送欺骗行为	7000
天线高度过高	5000
超越权限	4000
不能进行台名识别	1000

资料来源：［美］约瑟夫·多米尼克：《美国电视法规与管理研究》（上），刘宇清译，《世界电影》2006年第2期。

---

① ［美］弗雷德里克·S.西伯特、西奥多·彼德森、威尔伯·施拉姆：《传媒的四种理论》，戴鑫译，中国人民大学出版社2008年版，第72—73页。

② 李盛之：《美国大众传播法律规制问题研究》，博士学位论文，大连海事大学，2012年，第25页。

为此，联邦通讯委员会制定了一个罚金价目表（相当于罚款数额表），并且依据这个表格来确定对那些违反联邦通讯委员会规定的电台/电视台进行财政处罚的基线。当然，联邦通讯委员会还可以根据违法行为的性质及其影响调高罚金数目。

FCC 前主席牛顿·米诺（Newton Minow）曾形象地指出："当我们重新审查现状时，必须承认 FCC 的程序也禁锢了它自己。有时候，委员会就像一个阴暗的大森林，FCC 的七名猎人经常被迫花费数周的时间来用高射炮打蚊子。为了政府的程序和美国通讯的利益，这个森林必须被稀疏拓宽，还要更好地开拓前进之路重建'平整的运动场'，废除以前的很多规定，支持竞争平衡，并给予广播网络和地方广播在激烈竞争的媒体市场环境中为吸引观众和广告商而采取的节目战略机动灵活性。"①

（三）法案的影响意义

在《1996 年电信法》颁布之前，《1934 年通讯法》一直是美国最具有影响力的广播法律，它对后世的深远影响主要体现在以下四个方面。

1. "传播"（Communication）首次成为国会立法规制的对象

"传播"在英文中所包含的意思非常广泛，这一概念的提出使得该法的调整对象从狭窄的"无线电"扩展到包括电话、电报、电台在内所有的"通讯或传播"形式。而后来出现的有线电视、卫星以及互联网等新媒体和传播形式也统统可以被纳入其中②。

"传播"成为国会立法规制的对象，无疑有助于促进社会公平，增强社会的凝聚力。公平是人类社会健康运行和发展的"压舱石"。对此，社会心理学家更具远见卓识："第一，一个共享的公平概念能使群体团结一致——它为某一群体界定了公正的含义并为解决在价值分配上的不同意见提供了框架。第二，不同参与者力量的差异是确定公平含义的重要因素。""公平是维持社会群体团结的黏合剂，不公平感会加剧社会的不信任；可以预料，不公平会导致政体合法性的下降。但是，社会群体中的平等框架并非不存在强权的基础。在群体中掌握着权力的人能够攫取不合比

---

① James A. Brown, *Radio - Telvision - Cable Management*, Washington, D. C.: U. S. Government Printing Office, 1996, p. 276.

② 参见左亦鲁《"基于媒介"模式——大众传播时代的美国言论自由》，《北大法律评论》2012 年第 13 卷第 2 辑。

例的共同体财物并劝说别人接受这种不平衡分配的平等。" 这就是说，"社会群体中的公平标准的形成，部分是围绕价值界定而展开的权力之争的结果"。① 促使无线电应用进入一个新的转折点——从原先通过商业渠道促进技术转化和产业化转变为技术反哺大众视听，这不能不说是《1934 年通讯法》的功劳。

2. 确立了美国媒介管制的基本框架

威尔伯·施拉姆指出："每个国家都许诺给人民以表达自由，然而各国都或多或少地对它的大众媒介加以控制，正如对它所有的社会机构加以控制一样。"②从媒介发展历史看，国家对电子媒介的管理要比印刷媒介严厉得多，大都设立了专门的管理机构。

美国设立 FCC，意在引进政府对无线电频谱资源的管理，改变在通讯产业存在的政出多门、相互分割的状况，把美国电话通讯、无线电广播和有线电视等领域的管制权力集中于 FCC，对整个通讯产业实行一体化管制，防止公共资源的私人占有。《1934 年通讯法》不仅确立了 FCC 的法律地位，而且对 FCC 的管制范围作了明确规定，如美国《1934 年通讯法》第 II 篇、第 III 篇、第 VI 篇分别对公共电信、无线电通讯和有线电视通讯作了较为详细的规定；《1996 年电信法》第 I 篇、第 II 篇和第 III 篇又分别对电信服务、广播服务和有线电视服务作了新的规定；美国《联邦法典第 47 篇》作为《通讯法》的实施细则，分 5 册对电讯、广播和有线电视作了更为详细的规定。显然，美国对电讯网、计算机网（即 INTER-NET 网）和广播电视网实行"三网统一"的管制体制，这三种通讯网络都纳入美国 FCC 的管制范围，由 FCC 实行统一管制③。

《1934 年通讯法》所创设的联邦通讯委员会，"从后来的发展来看，这一机构几乎成为美国一切媒体和通讯管制的中心。可以说，今日美国媒体和传播管制的基本框架是由《1934 年通讯法》所确立的"④。

---

① ［美］乔治·弗雷德里克森：《公共行政的精神》，中国人民大学出版社 2003 年版，第 104—105 页。

② ［美］威尔伯·施拉姆、威廉·波特：《传播学概论》，何道宽译，北京大学出版社 2007 年第 2 版，第 151 页。

③ 参见王俊豪《中国电信管制机构改革的若干思考——以美国联邦通信委员会为鉴》，《经济管理》2003 年第 8 期。

④ 左亦鲁：《"基于媒介"模式——大众传播时代的美国言论自由》，《北大法律评论》2012 年第 13 卷第 2 辑。

3. 促使政府成为社会责任理论的主要贡献者

从历史角度讲，"广播电视的兴起使政府成为社会责任理论的主要贡献者"①。针对 20 世纪早期传媒自由竞争导致的诸多行业混乱以及商业传媒对公共利益的无视或漠视等情状，《1934 年通讯法》明确规定广播要为公共利益服务，该法仅要求 FCC 根据公共利益行事的条款就达近百条，这也使其成为政府规制的典范。可以说，《1934 年通讯法》的颁布，为大众传媒切实履行自己所应承担的社会责任——即"（1）为政治制度服务，提供有关公共事务的信息、观点和讨论；（2）启发民智，使之能够自治；（3）监督政府，保障个人权利；（4）为经济制度服务，利用广告沟通买卖双方的商品和服务；（5）提供娱乐；（6）保持经济自立，不受特殊利益集团的压迫"② 提供了法律约束。

4. 提供了社会参与和监督机制的新鲜经验

就社会参与和监督机制的制度设计而言，创立 FCC 这一管理机构的确极具创新意义，它为世界各国的传媒规制实践提供了许多新鲜经验。FCC 鼓励社会公众参与的主要途径包括：（1）FCC 通过其网站、图书馆、每日文摘、举行公开会议等方式，让公众有机会能充分获取有关 FCC 的信息。（2）鼓励社会公众按照一定的程序参与管制法规的制定，使管制法规能够比较全面地反映社会各方面的利益。对 FCC 的社会监督则包括更多的层次，如通过举行各种听证会，对 FCC 制定通讯管制价格等进行监督；消费者、企业等社会公众如果认为 FCC 在制定与实施管制政策过程中有失公平，可以向法院申诉，实行司法监督。（3）在更高层次上，国会要求向其提供年度报告和预算报告等，国会对 FCC 的各种报告进行审查，有时还组织人员对 FCC 进行调查，评估其管制绩效。国会对 FCC 的监督会直接影响 FCC 的预算经费和管制规模，甚至影响 FCC 的命运。正是通过上述社会参与和监督机制，促使 FCC 努力改进管制工作，提高管制效率③。

---

① ［美］弗雷德里克·S. 西伯特、西奥多·彼德森、威尔伯·施拉姆：《传媒的四种理论》，中国人民大学出版社 2007 年版，第 72 页。

② 同上书，第 62 页。

③ 参见王俊豪《中国电信管制机构改革的若干思考——以美国联邦通信委员会为鉴》，《经济管理》2003 年第 8 期。

三 《1967年公共广播法》：公共电视体制的诞生

《1967年公共广播法》集中反映了回归广播最初时代、创立美国非商业广播体制的目标诉求。从《1967年公共广播法》建立公共广播电视公司（Corporation of Public Broadcasting，CPB）开始，公共电视网和公共广播网先后成立，从而形成了美国公共电视的制度化体系，为美国公共电视的运行和发展提供了体制上的保证。

（一）法案的立法背景

1. 政府干预规模空前

第二次世界大战结束后，美国进入了有史以来最长的繁荣期。消费和商业开支，加上政府支出，刺激了战后的经济勃兴。在美国经济繁荣的大环境下，许多美国人开始享受中产阶级生活方式，大部分美国家庭生活水平快速上升，许多美国人欢呼20世纪是"美国世纪"[1]。从美国经济在世界上的地位来看，第二次世界大战之后的五六十年代是美国经济的鼎盛时期，美国GDP占世界比重就是在这一时期达到峰值，美国的经济总量占到了全世界的近1/3；1944年建立的布雷顿森林体系，确立了以美元为中心的国际货币体系，经济上取得的巨大成就为美国在政治上的霸权主义、社会领域的改革、传媒制度的发展提供了可能。

20世纪五六十年代的美国社会在快速积累财富的同时，也积累了大量矛盾，财富的转移导致了"富者更富，穷者更穷"。美国社会凸显"富裕中的贫困"、就业和教育等领域中的权利的不平等、环境恶化等问题，由此引起犯罪率上升、家庭破裂、道德水准下降等矛盾和冲突[2]。为祛除社会弊病，消除不稳定因素，促使工业社会的健康成长，从20世纪初起，美国历届政府都采取种种举措，加强干预。1963年继位的美国第36任总统林登·约翰逊实施的当代美国最为雄心勃勃的社会经济改革纲领——"伟大社会"，继承了罗斯福"新政"、杜鲁门"公平施政"和肯尼迪

---

① 参见［美］奥利维尔·如恩斯《为什么二十世纪是美国世纪》，闫循华等译，新华出版社2002年版，第74页。

② 参见王庆安《"伟大社会"改革：20世纪60年代美国社会改革及启示》，新华出版社2008年版，第53页。

"新边疆"的自由主义改革思想，在实践上把政府干预扩大到空前规模，解决了美国的一系列社会问题①。

2. 电视传媒迅猛发展

电视从研发成功开始，就以出人意料之势迅猛发展成为美国人们日常生活中的最重要的媒介。如果说 1948 年到 1958 年是电视的创意黄金年代，那么它的经济黄金年代则出现在 1960 年到 1980 年，在这个时期美国的三大电视网在业内外都鲜有竞争对手。"在 1950 年至 1955 年期间，美国电视机的数量从 460 万台猛增到 3200 万台，几乎增加了 700%。与此同时，电视台的数量也从 98 个增加到 522 个。"② 全国广播公司和哥伦比亚广播公司在力争增加它们的附属台数目，全国广播公司以 64 对 31 领先，后起的美国广播公司网络以 15 家尾随其后。至 1951 年，向全美各地传送节目的电视网已告建成。

"电视对同是娱乐工具的竞争对手电影和无线广播电台的影响是巨大的。在 1946 年电影产业发展的顶峰时期，其毛收入高达 17 亿美元，而到了 1958 年，电影产业的毛收入下降到了 10 亿美元（1956 年为 6.8 亿美元）。而无线广播（电台）网在新兴的电视面前也失去了往日的光环。在 1948 年的政治性会议上，电视的力量还很单薄，但到了 1956 年，与会各方都感到有责任指导代表们对电视要多多了解。"③ 由于用于家庭娱乐的电视机的普及，前往电影院观影的人数不断减少。到 1960 年，电影观众已从每周约 9000 万人锐减至 4000 万人④。

随着电视机数量的激增和电视网的扩张，美国的电视传媒开始进入黄金时代，然而，广播电视过度商业化的弊端也尽显无遗。这不能不引起公众的批评和政府的担忧。它促使政府对广播电视制度设计进行结构性的调整，以弥补商业电视在服务民主与公共利益方面的致命缺陷。

---

① 参见杨鹏飞《林登·约翰逊的"伟大社会"与美国工业社会的成熟》，《史学月刊》2006 年第 11 期。

② ［美］迈克尔·埃默里、埃德温·埃默里，南希·L. 罗伯茨：《美国新闻史：大众传播媒介解释史》，展江译，中国人民大学出版社 2009 年第 9 版，第 380 页。

③ ［美］詹姆斯·沃克、道格拉斯·弗格森：《美国广播电视产业》，陆地、赵丽颖译，清华大学出版社 2005 年版，第 14 页。

④ 参见［美］迈克尔·埃默里、埃德温·埃默里，南希·L. 罗伯茨：《美国新闻史：大众传播媒介解释史》，展江译，中国人民大学出版社 2009 年第 9 版，第 403—404 页。

3. 非商业电视运动兴起

继 1938 年 FCC 将调频频率的特殊广播执照颁发给教育电视台之后，1952 年，FCC 又为教育电视保留了 242 个频道，其中甚高频（VHF）80 个，超高频（UHF）162 个。也就是说，全美约有 10% 的频道预留给了教育电视。"一开始，无论是教育工作者、立法者还是业内人士，都认为电视对于促进教育是一个绝佳的媒介。但是对于教育电视到底应该如何运行以及政府应该提供何种支持，却意见不一。"①

在教育电视的发展过程中，福特基金会、卡内基基金会发起和资助的非商业电视运动功不可没。没有这两个实力雄厚的私人慈善机构的资助，非商业电视无法确保它的现有的形式，甚至根本不可能存活下来。

1952 年，在福特基金会的推动下，几个教育电视台成立了全国教育电视台（National Educational Television，NET），这是一种旨在帮助教育电视台共享高质量的节目的合作式的服务。通过全国教育电视台的协同合作，各电视台慢慢地能每周播出几个小时较受欢迎的节目了。

1965 年，卡内基基金会的创始人卡内基基于"改良社会的高尚工作应该由一系列非营利性的机构来承担"的认识，成立了卡内基教育电视委员会。两年后，卡内基教育电视委员会发表了《公共电视：行动纲领》。该报告将福特基金会支持的"教育电视"的概念扩展为"公共电视"的概念，提出了一个彻底改变教育电视命运的"公共电视"计划。报告有意使用了大众化的语言代替教化性的语言，避免人们过多地将现有的教育电视服务看成一幅"阴郁而静态的图像"。报告还选择了大众化的语言来强调其服务的包容性，这当中不仅仅有正规的电视课堂，也有向广大公众开设的文化、信息服务②。报告指出：电视作为公共启蒙和社会教化的工具具有许多潜在的功能：一是超越传统教育的范围，弥补美国教育制度的不足；二是在更普遍的意义上，用公共事务节目帮助美国人了解他们生活的时代，使他们成为更好的世界公民；三是有助于戏剧、音乐、电影和其他艺术形式的试验，使先锋的美国艺术家获得承认。公共电视的远大目标被确定为加强一个"以开放和多元为骄傲"的社会，它将成为

① ［美］乔治·罗德曼：《认识媒体》，邓建国译，世界图书出版公司 2010 年版，第 327 页。

② 参见 Abhilaksh Likhi, Public Television in the United States of America: Evolution, Institutions, Issues and Relevance to India。

"未被听到的声音"的讲坛，成为"辩论和争论"的讲坛，成为"美国多样化的清晰体现"。卡内基教育电视委员会的努力最终催生了《1967年公共广播法》①。1967年11月7日，美国总统林登·约翰逊（Lyndon B. Johnson）正式签署并通过了《1967年公共广播法》。

（二）法案的主要内容

《1967年公共广播法》主要从公共广播公司的建立、资金来源、公司的性质和目标、公司的活动与责任等方面作出了13条规定。概括地说，其主要内容表现在以下三个方面。

1. 阐明了公共广播的根本宗旨——为了公众的利益

关于公共广播公司的根本宗旨，《1967年公共广播法》第1条"国会政策"首先予以了申明："为了公众的利益，鼓励公共广播电视的发展，并鼓励公共广播电视促进教育和文化的发展。为了公众的利益，鼓励发展有创造性的节目，使得不到广播服务和高质量广播服务的受众的节目需求得到满足，特别是儿童和少数民族。"

在"目标和活动"一条中，法案强调：公共广播应当（1）促进公共传播的全面发展，促使公共传播实体能提供各种不同来源的、高质量、丰富多彩、有创造性、优秀的节目，并严格地坚持客观性，保持不同节目的平衡性；（2）帮助建立和发展一个或多个互联互通的公共传播服务传输系统，以便所有的公共传播实体能在其选择的时间内提供这些服务。也就是说，公共广播应当完成那些社会上有需求，但国家或营利性组织都无力或不愿进入的公共服务领域的任务。

国会特别指出，公共广播公司必须保障公共广播机构的编辑自主权，同时确保这些机构能够客观公正。此外，公共广播公司还需资助为美国公共广播服务制定操守标准和怎样促进编辑自主的研究，因为关于操守标准的研究可以帮助公共广播电台从业人员处理遇到的涉及操守的重要问题。

法案第6条明确规定了公共电视的非营利性质：公司无权发行任何股份或发行任何股息；除了薪水和合理的服务补偿外，公司任何主管、官员、雇员或其他个人均不能从公司收入或资产中获取利益；公司不赞助或以任何形式支持任何政党候选人或任何公共机构的候选人；非营利组织一

---

① 参见郭镇之《中外广播电视史》，复旦大学出版社2005年版，第77页。

般是指不以获取利润为目的，而从事商品生产、流通、提供服务的民间组织；公共事业的非营利性强调的是组织宗旨的非营利性，不是组织手段的非营利性，公共事业组织可以有营利，但只能服务于社会目标①。

《1967年公共广播法》第13条还针对"满足少数民族和少数民族群的需求"，作出特别规定："公共广播公司必须在1989年7月1日之前开始，每三年对少数民族和各种受众的需求做出评估；对公共广播实体和公共传播实体为满足这些需求做出计划；制定公共广播和电视所能帮助这些团体的办法；对公共广播实体和公共传播实体聘用少数民族雇员做出规划。评估报告应能反映不同少数种族和少数民族的需求，反映新移民的需求，反映那些以英语为第二语言人群的需求，以及缺乏基本阅读能力的成年人的需求。"

2. 创建了公共广播的运行机制——公共广播公司

《1967年公共广播法》的突出贡献是公共电视的制度化，组织结构的设计是法案的一大亮点。国会授权建立的公共广播公司（CPB）既非联邦政府机关，亦非负责制作节目的全国公共广播机构，其主要职能是扶植公共广播事业的发展，分配联邦政府的拨款，向社会各界争取捐助，支付全国性节目的制作费，协调各台之间的联系，实施研究和培训计划，建立影片和胶带资料馆。依据法案规定，任何条文均不会"被视作……授权美国的任何部门、机关、人员或雇员对教育电视或电台服务或公共广播协会或任何受其资助的机构或承办商发出指示、进行监察或控制"。CPB下辖公共电视网（PBS）和公共广播网（NPR）。

CPB和PBS被设计成一个非营利的、非政府的机构，意味着"第三种力量"的"公共"概念未被抛弃。美国以非营利组织的方式设立CPB、PBS和NPR，目的就是希望不要被认为是国家设立电台②。此外，由于美国是一个联邦国家，联邦政府与地方政府的分权均以宪法为依据，故而联邦政府的权限并非无所不包。由于美国宪法并未赋予联邦政府经营媒体的权力，故亦使得CPB不得自行制作节目，而必须适用联邦宪法上的经费资助条款（Spending Clause），以经费资助（Spending）的方式来达成目的。

---

① 参见王丽雅《美国公共电视网保障公益性实现的经济学透视》，《商业时代》2010年第33期。

② Donald M. Gillmor and Jerome A. Barron, *Mass Communication Law*: *Cases and Comment* (4th ed.), St. Paul: West Publishing Co., 1984, p. 1020.

对于 CPB 的组织机构，《1967 年公共广播法》作了精心的设计：公共广播公司董事会由 15 名成员组成，他们由总统提名、参议院批准；董事会成员将从教育、文化、市政事务或者艺术、广播、电视领域中作出突出贡献的非全职人员中挑选，应当尽量代表各种文化、各个地区、各个行业，具备公司职能所需的多种才能和经验；他们在政治上是平衡的，来自同一政党的成员不得超过 5 人。董事会将每年从其成员中选举一位主席、一位或多位副主席。

CPB 在政府和公共广播网之间起着缓冲作用，防止节目制作过程中的政治影响。CPB 在履行其宗旨和职能及从事相关活动时，必须以最能确保公共广播电视机构及系统获得最大自由的形式进行，使这些机构的节目或其他活动免受干预与控制。CPB 担任的是咨询者的角色，而不是控制者的角色。为了避免政府操控广播系统，使 CPB 沦为政治工具或被用作政治宣传，CPB 不得拥有或经营任何电台或电视台、系统或网络；也不能为公众制作、编排或发送各类节目①。

根据法案规定，CPB 负责促进"公共电台的全面发展。从不同来源获得高质量、多元化、充满创意、卓越及创新的节目，给公共广播电视机构播放。对具有争议性的节目或节目系列，均须恪守客观及公平的原则"②。CPB 的节目服务应体现"3D"原则——数字化（Digital）、多样化（Diversity）和对话（Dialogue），即：支持基于数字化平台的创新；内容由不同的分众制作，来源于多样化的生活；促进美国人民和公共服务组织的对话，为对话提供服务。

CPB 虽然不能为公众制作、编排或发送节目，但可以支持制作适合小众需要的电台和电视节目。例如，该协会曾资助多个小众团体（Minority Consortia），包括美国亚裔美国人电讯大众传播协会（National Asian American Telecommunications Association）、美国黑人节目广播协会（National Black Programming Consortium）、美国土著公共电讯协会（Native American Public Telecommunications）、太平洋岛民通讯协会（Pacific Islanders in Communications），以及拉丁美洲人公共广播协会（Latino Public Broadcasting）。这些团体设计、制作和发行的电台及电视节目，既能满足

① 参见《1967 年公共广播法》第 396（g）(3)（A）条。
② 参见《1967 年公共广播法》第 396（g）(1)（A）条。

小众的要求，还能发挥他们的创作才华。公共广播公司亦支持独立电视服务（Independent Television Service）的工作，资助独立的电视制作人制作节目，满足受忽略的观众。

3. 确立了公共广播的资助方式——国会拨款

卡内基委员会曾建议：公共广播电视成立后，其经费来源可从电视机税收中拨款2%作为资助，以确保新体系相对于政府的独立性。但是，国会否决了这个建议，而是采用了一种国会直接拨款的资助方式。

《1967年公共广播法》明确规定：为了更好地保障公共广播履行其使命和职责，联邦政府财政部建立了一项"公共广播基金"（以下简称"基金"）。公共广播公司每年得到的资助，相当于前一年非联邦政府财政支持总额的40%。但是，拨款的数额在1978年不得超过1.21亿美元，1979年不得超过1.40亿美元，1980年不得超过1.60亿美元……1992年不得超过2.65亿美元，1993年不得超过2.85亿美元，1994年不得超过3.10亿美元，1995年不得超过3.75亿美元，1996年不得超过4.25亿美元。这一全新的资助机制保证了政府对公共广播的资金投入能够做到每年稳中有升，但从某种意义上讲，它也约束了公共广播获得更大发展的可能性。

国会规定，根据公共广播的根本宗旨和服务目标，公共广播公司有权从个人、私有企业、州政府、联邦政府部门和其他组织机构获得赞助，并有权与它们签订有关合同；法律允许公用传输公司对公共广播和电视服务提供免费或低费用的互联通讯服务，但必须遵守联邦通讯委员会的规定。

法案要求，公共广播公司必须"本着谨慎和负责的态度使用基金拨款，每年独立的持证公共会计师或经州正式授权机构或政府其他政策部门认证和许可的独立公共会计师将依照审计标准对公共广播公司的账目进行审计"。每年5月15日之前，公共广播公司必须向总统和国会提交上一财政年度（截止到9月30日）报告。报告应包括公司的经营、活动、财政状况，职责范围内的成就以及公司认为合适的建议；上一财政年度联邦政府分派给公共传播实体的资金库存情况；得到公司资助的节目制作者的姓名、节目题目或描述每笔资助的数量等内容。公司主管和官员需向国会中相关的委员会证实报告的可靠性。

（三）　法案的影响意义

《1967年公共广播法》是一个伟大的里程碑。它不仅从观念上，而且从组织上催生了与"教育广播电视"大不相同的"公共广播电视"，尽管这个新体系的经营还有许多问题。该法案的颁布，标志着从教育电视过渡到公共电视，从基金资助过渡到非商业电视网的联邦财政资助，亦象征着20世纪50年代的福特基金会和60年代肯尼迪与约翰逊官方政策极盛期的到来。20世纪70年代，联邦政府已经完全掌握了公共电视的经济命脉，成为其发展的主要财政来源[①]。

第一，《1967年公共广播法》顺应了20世纪60年代美国社会变革和价值体系变迁的主体方向，并对原有的教育电视模式进行了转型和延伸。

有学者指出："20年代至70年代末，美国经历了经济危机、世界大战和民权运动，美国国内社会的稳定对于政府来说是头等大事，社会责任被认为重要的价值信条，保障公民权利也是政府赢得民心的一种努力。因此，美国政府将公共利益视为国家整体利益的重要一端，与之相符，联邦通讯委员会也执行公共利益导向的媒介所有权政策，政治和社会文化因素被优先考虑，通过对广播电视所有权的严格限制来塑造一个民主的传播系统。"[②]

《1967年公共广播法》之所以"使用公共而非教育一词，暗示了这些非商业电视台所提供的功能不仅仅局限于本地学校的音像教室，这些电视台还可以为一般大众提供广泛的文化和信息服务。实际上，卡内基教育电视委员会在建议公共电视台应该提供商业电视台所没有提供的节目。公共电视将提供一些知识挑战性的节目，以及为那些商业电视台没有足够关注的群体，如少数族群、儿童和贫困人群制作的节目。同时公共电视台还将比商业电视台更多地满足本地观众的需求"[③]。

公共电视反映了社区的利益和需求，并为以电子形式开展交流提供了一个公共场所。换言之，公共电视让人们充分认识了它能够保证美国的多

---

①　Ralph Engleman, *Public Radio and Television in America：A Political History*, California：Sage Publications, 1996, p. 165.

②　陈昌凤：《美国传媒规制体系》，清华大学出版社2013年版，第91页。

③　［美］乔治·罗德曼：《认识媒体》，邓建国译，世界图书出版公司2010年版，第327页。

样性和复兴公民生活的民主工具的潜力："公共电视节目能够深化当地生活的社区意识。它应该显示我们社区的本来面目。它应该是辩论和争论的论坛。它应该开始家庭会议（现在一般不播送），主要的公共决定在会上敲定，这种场合社区的人民表达他们的希望、抗议、热情和意愿。它应该提供一种社区团体的声音，这声音在其他地方也许不能听到。"（卡内基教育电视委员会：《公共电视：行动纲领》）

第二，《1967 年公共广播法》通过建立公共广播公司，构建了美国公共电视的实际运作系统，将公共电视合法化、制度化，保证了公共电视发展的连续性和稳定性。

《1967 年公共广播法》的出台，直接催生了一个非政府、非营利性的组织机构——公共广播公司（CPB）。该组织被设计为公共广播电视与政府之间的政治绝缘体，它为电台和电视台支付运作经费，避免媒体因接受政府资助而受到政治控制。

不久以后，一个令人印象深刻的公共广播基础结构应运而生，这一系统的建立使得它们可以一起完成任何一家单独无法完成的事情。各公共电视台联合起来成立了公共电视网（PBS），PBS 的建立是为了规范各台之间的联系和节目销售，以及其他一些能够增加成员利益的服务，包括本地和全国性的。尽管有像 APT 和 NETA 这样的其他节目供应商，PBS 仍旧对自身的片库和一些试播的新节目编制了一个全国节目表，其中后者主要来自一小部分成员电视台，并且选择独立制片。另外还有一个独立的机构，创建于 1980 年的美国公共电视台协会（APTS）也是具有代表性的产物[1]。在每一个州、波多黎各、维尔京斯群岛、关岛和美属萨摩亚，PBS 的网络拥有将近 350 个台。到 20 世纪 90 年代中期之前，代表了 60% 以上美国电视用户的 1 亿人口每周收看公共电视。国家公共广播（NPR）自诩全国性的网络超过 500 个分支机构、伙伴和附属台（NPR，1995）。

按照所有权的类型，今天的公共广播电视台主要归属于这样四类团体：各州、市拥有约 40% 的电视台，大学拥有 25%，社会非营利基金会拥有 33%，而公立学校委员会拥有不到 3%。公立学校当前小规模的拥有

① Mary G. F. Bitterman, "How to Save Public Broadcasting", *Television Quarterly*, Winter, 2006.

量，说明了公共广播公司已经和开始时的教育电视台大不相同了①。

四　《1996 年电信法》：公共电视服务的转型

《1996 年电信法》是新自由派的"非规则化"理念获得胜利的法律②。它的出台是传媒产业管制放松历程中的标志性事件。作为平衡商业利益和公共利益的"调制器"，《1996 年电信法》拉开了电信网、互联网、有线电视网三网合一、全面竞争的序幕，对美国乃至世界广电产业发展产生了极其广泛而深远的影响。

（一）法案的立法背景

1. 信息技术革命的驱动

20 世纪 90 年代，美国经济迎来了新一轮的繁荣期，GDP 增长率保持较高水平，且波动幅度不大。与美国历史上的经济繁荣期截然不同的是，新一轮的经济繁荣呈现出典型的"新经济"特征。美国《商业周刊》认为"新经济"代表了两种发展趋势："一是经济的全球化；二是信息技术（Information Technology，IT）革命。"③ 尤其是信息技术对新经济发展的创新驱动作用十分明显。统计数据显示，在 20 世纪 90 年代，IT 产业对美国经济的贡献率不断攀升，以致成为美国经济快速增长的新引擎。

传媒技术的进步与全球市场的形成，加速了电信业与广电业等电子信息产业之间的互相融合。为了增强在全球市场中的竞争活力，各国政府竞相放松对传媒产业的管制。一时间，放松管制（deregulation）、全球化（globalization）、协同（synergy）和融合（convergence）成为描述当时世界传媒业态的四个关键词④。所谓"放松管制"，意味着进入媒介市场的条件放宽；"全球化"则是指媒介经营者通过兼并、购买和合资等方式，使其产品和输出管道趋于国际化；"协同"是指媒介经营者通过垂直整合

---

① 参见［美］乔治·罗德曼《认识媒体》，邓建国译，世界图书出版公司 2010 年版，第 328 页。

② 参见陆晔、赵月枝《美国数字电视：在权力结构与商业利益之间的曲折发展》，《新闻与传播研究》1999 年第 3 期。

③ S. B. Shepard, "The New Economy: What It Really Means", *Business Week*, No. 17, 1997, pp. 38 – 40.

④ 参见吴克宇《电视媒介经济学》，华夏出版社 2004 年版，第 10 页。

和多元化发展等方式以增加资产的最大效益；而"融合"是指在电讯传播的传统领域，出现了界限的消融现象，电信网、有线电视网和互联网已呈汇合趋势。卫星直播和互联网等新的通讯技术的出现，使得电视作为传播媒介的功能逐渐弱化。广播电视也不再是实现公共利益诉求的单一方式，电话公司对提供视频节目服务兴趣甚浓，有线电视公司则积极地探索提供电话服务业务的可能性。

面对信息技术和全球市场带来的新的挑战，美国"如何在全球产业转型中继续保持世界的'领头羊'的地位，成了政府迫切需要解决的问题。因此，美国政府将国内公共利益抛在了后面，转而把美国的全球利益作为最重要的国家利益，而联邦通讯委员会也相应采取了放松管制的媒介政策，经济因素、产业因素成为优先考虑的对象，让市场在媒介政策中发挥主导作用，成就了一批实力雄厚的大媒介集团，在全球竞争中捍卫美国国家利益"①。

2. 媒体市场格局的分化

解除管制时代的开启，标志着达洛尔·M. 韦斯特（Darrell M. West）所谓的"分化的媒体"阶段的来临。"在这个时期，新的电视网、小报式报业、脱口秀电台、卫星技术、全球互联网一一出现……所有这些变化都大幅增进了公众可接触到的新闻频道的数量和种类，弱化了一窝蜂式的同质化新闻，却也进一步败坏了公众对影响他们长达一世纪的新闻专业化的印象。媒体的分化标志着强有力的、统一的媒体体制的瓦解。记者逐渐失去了公众的尊敬。也失去了在客观性时代中给予他们巨大影响力的报道的可信度和同质性。"②

"独立无线台大量涌入市场并与上升中的第四大电视网福克斯（FOX）、派拉蒙和华纳兄弟新兴的 UPN 和 WB 电视网合作。这些台和网与多频道有线系统、卫星节目、录像带租赁服务一起争夺传统无线传媒的受众。传媒的多样性不仅细分了受众而且细分了广告商和他们所购买的广告时间。老牌电视网和广播公司发现自己处于急剧变化的市场。"③

媒体市场日益增长的私有化和商业化趋势，给公共广播电视的管理带

---

① 陈昌凤：《美国传媒规制体系》，清华大学出版社 2013 年版，第 91 页。

② ［美］达洛尔·M. 韦斯特：《美国传媒体制的兴衰》，北京大学出版社 2010 年版，第 93 页。

③ ［美］詹姆斯·A. 布朗、沃德·L. 奎尔：《广播电视管理》，钟新、宋晶、王海等译，中国人民大学出版社 2010 年第 3 版，第 14 页。

来了挑战。虽然公共广播电视台享有较高的政治地位和消费者支持，但在规模和经济实力方面与私人经营者相形见绌，后者的规则就是更加赤裸裸地追求盈利①。

媒体市场格局的分化也大大改变了精英电视网的地位。有电视的家庭中收看电视网"三巨头"的比率从1976年的近60%降至1999年的27%。而其中看电视的人收看三大电视网的比率则从1976年的90%降至1999年的43%。正如CBS新闻社主席安德鲁·霍华德（Andrew Hayward）在2000年指出的："媒体渐趋于碎片化。"②

3. 传媒治理理念的转变

随着当代传媒技术的日新月异，传媒资源不再稀缺。以1996年为例，全美共有超过12000家电台通过直播广播卫星、互联网、音频光缆提供多样化的新型服务。这一局面的出现，意味着曾经以资源稀缺为基本依据的传媒规制已不合时宜。于是，美国联邦最高法院和联邦通讯委员会相继改变了传媒治理理念。

美国传媒治理理念的转变，相当程度上也归功于美国一些传媒巨头的高声疾呼和持续努力。控制美国传媒市场版图的几大广播电视网一直以非市场经济手段的干预有可能导致变化速度的降低和资源垄断的形成为由，敦促国会取消规范、减少管理。例如，"美国哥伦比亚广播公司认为，在新的环境下有几十年历史的管制法规已不再适应节目多样化及防止市场垄断的新要求。相反地，已有的管制政策使广播电视业与有线电视和其他对手相比处于一种非常不利的竞争地位。因此，国会应当在平等的基础上对所有广播电视所有者撤销管制并开放广播电视所有权。全国广播公司的观点是：观点自由市场的竞争要比经济竞争更脆弱，因而更需要结构性的政策规定。媒体集团所拥有的电视台数量越多，播放的新闻和公共事务类节目也就越多，媒体集团比一个电视台所有者能够提供给更多的地方和全国新闻和公共事务新闻。福克斯广播公司建议废除多种所有权规定，因为它对今天这个多频道、多媒体的市场来说毫无意义"③。在此情形下，联邦

---

① Trine Syvertsen, "Challenges to Public Television in the Era of Convergence and Commercialization", *Television New Media*, 2003（4），p. 155.

② ［美］达洛尔·M. 韦斯特：《美国传媒体制的兴衰》，北京大学出版社2010年版，第94页。

③ 陈昌凤：《美国传媒规制体系》，清华大学出版社2013年版，第54—58页。

通讯委员会"取消了许多有关无线电广播和电视的政府法规，简化了执照更新的申请程序、放宽了电视台的运作制度。国会也加入了这一潮流，它延长了电台和电视台的执照有效年限、通过了 1984 年有线通讯政策法等。1984 年有线通讯政策法允许有线电视系统可以自行确定收视费率"①。

（二）法案的主要内容

在电信技术不断进步、产业结构不断调整、经济全球化浪潮日益迫近的背景下，美国《1996 年电信法》对《1934 年通讯法》进行了全面彻底的修改。该法及其附属文件长达 800 多页，法律本身的内容有 110 页之多，分为 710 小段。其基本框架由总则和七篇（第一篇为电信业务、第二篇为广播业务、第三篇为有线电视业务、第四篇为法令改革、第五篇为猥亵与犯罪、第六篇为对其他法律的影响、第七篇为其他条文）构成。法案的主要内容包括以下几个方面。

1. 重申传媒服务公共利益的要求

在美国国会看来，"一个解除了管制的市场，将更好地为公众利益服务"②。他们深信：进一步满足大众的利益需求有赖于市场力量的释放。因此，《1996 年电信法》"序言"郑重申明：本法颁布的目的在于"放松管制，促进竞争，以保证为美国电信消费者以更低的价格提供更高品质的服务，同时也鼓励新兴通讯技术的加速运用"。

《1996 年电信法》第 336 条"广播频谱的灵活性"中明确规定："没有任何理由可以允许电视广播台背离它们致力于公众权益、便利和生活必需的责任。"联邦通讯委员会认为，提供主体或附加服务的任何一家电视台若要换发其广播牌照，就必须将其现有的所有节目以及高级电视节目建立在服务公共利益的基础上③。任何违反委员会适用于辅助或补充服务规定的行为都将在复核牌照续期资格时予以酌处。

像所有的法律一样，美国《1996 年电信法》的合法性是建立在保护

① ［美］约瑟夫·多米尼克：《美国电视法规与管理研究》（上），刘宇清译，《世界电影》2006 年第 2 期。

② ［美］阿纳斯塔西娅·贝德纳斯基：《从多样到同一：美国 1996 年电信法影响下的大规模兼并及市场模式的失败》，载金冠军、郑涵、孙绍谊主编《国际传媒政策新视野》，上海三联书店 2005 年版，第 312 页。

③ 参见陈昌凤《美国传媒规制体系》，清华大学出版社 2013 年版，第 179 页。

公共利益基础之上的。如何在新的竞争环境下确保普遍服务得以维持和发展，法案在第一部分"电信服务"的第254条中明确指出，联邦通讯委员会——在普遍服务联合工作组的协助下——对现有的普遍服务补偿机制进行复核和审议，对不同时期的普遍服务内容进行定义（所谓普遍服务是指由FCC定期制定的不断演变的电信业务服务）。除了人们普遍认为的电话的接入服务应该保持公众可以接受的价格水平，理所当然属于普遍服务的内容外，《1996年电信法》明确提出了确定普遍服务的原则：（1）教育、公共健康或公共安全所必需；（2）已经被大多数居民消费者所使用；（3）已经或正在公共电信网上实施；（4）与公共利益一致。FCC可以根据技术和业务的发展，在不同的时期，对普遍服务作出不同的定义。对普遍服务的补贴必须是"显性的而不是隐性"。

作为一项社会政策，所有美国人有权以可以支付的费率享用电话服务。法案还明确提出，对某些特定的服务提供者，电信公司必须以低于同一地区一般电信消费者支付的价格向其提供电信服务，这些服务提供者包括中小学和公共图书馆、农村医疗卫生机构。可见，确保普遍服务仍然是《1996年电信法》的基本目标之一。

2. 放松媒介所有权限制促进竞争

频谱资源稀缺催生了对所有权的首次限制，即一家公司拥有的数量不得超过7个调幅台、7个调频台和7个电视台。同时，禁止"双头垄断"，即一个执照持有者在同一个城市里不能拥有两个提供相同服务的台（如2个调幅台或2个调频台或2个电视台）。《1996年电信法》几乎取消了对单个执照持有者拥有电台、电视台的限制。但是，所有电视台的覆盖率不得超过美国人口的35%（超高频只占市场人口的一半）。多个所有者的电台在市场上的数目根据该市场的电台总数加以限制，在最大的市场上，一个所有者至多可以拥有8家电台[①]。

《1996年电信法》对电视台所有权的规定是：废除最多只能拥有12家电视台的规定，将一家电视台对全国家庭的覆盖率由原来的25%提高到35%；责成FCC考虑放松"双头垄断"规则；保留了各台之间原来在地方市场上的合同，但新建台必须遵守FCC的新规定，改变了原来在一个市场

---

① 参见［美］詹姆斯·A. 布朗、沃德·L. 奎尔《广播电视管理》，钟新、宋晶、王海等译，中国人民大学出版社2010年第3版，第387页。

上不能同时拥有广播电台和电视台的规定；允许在 50 个最大的市场上同时拥有广播电台和电视台、同时拥有无线电视网和有线电视系统；撤销了在一个市场上不能同时拥有电视台和有线电视系统的规定，但仍保留 FCC 的有关规定。放宽不能同时拥有两家无线电视网的规定，即允许在拥有一家电视网的情况下新建一个电视网，但不允许购买另一个现成的电视网。

《1996 年电信法》对广播电台所有权的规定是：废除对全国范围内的所有权的限制，放松对地区范围内的所有权的限制。在一个具有 45 家或45 家以上的商业广播台的市场上，一个广播公司最多可拥有 8 家电台，但调幅和调频台的数量每一种最多只能有 5 家；一个具有 30—44 家商业电台的市场中，一个广播公司最多可拥有 7 家电台，其中调幅和调频台的数量则最多只能有 4 家；一个拥有 15—29 家商业电台的市场上，一个广播公司最多可拥有 6 家电台；在 14 家或 14 家以下商业电台的市场上，一个广播公司最多可拥有 5 家电台（表5—2）。①

表 5—2　　　　　　　　　　《1996 年电信法》的限制

市场上商业电台的数量	所有权限制
45 家及以上	最多 8 家，提供 FM 或 AM 任一种服务的电台不超过 5 家
30—44 家	最多 7 家，提供 FM 或 AM 任一种服务的电台不超过 4 家
15—29 家	最多 6 家，提供 FM 或 AM 任一种服务的电台不超过 4 家
少于 14 家	最多 4 家，提供 FM 或 AM 任一种服务的电台不超过 3 家 但不得超过市场上电台总数的 50%
20 家及以上	2 家电视台和 6 家无线电台，或 1 家电视台和 7 家无线电台，或 8 家无线电台
10—19 家	2 家电视台和 4 家无线电台，或 1 家电视台和 5 家无线电台

资料来源：金春：《西方传媒制度转型的新制度经济学研究》，博士学位论文，河北大学，2011 年。

关于广播电视执照的期限，由原来规定的电视执照 5 年、广播执照 7 年一律延长为 8 年，并且可以更新。

3. 鼓励不同媒介进行跨业竞争

《1996 年电信法》的一个最主要目标就是着眼和鼓励有线电视公司与电话公司之间的竞争。然而，实现市场跨业竞争的根本保障是消除市场壁

---

① 参见王海《博弈：反垄断与传媒集中》，暨南大学出版社 2009 年版，第 122—123 页。

垄和确保互联。为此，法案对电话公司进入有线电视业作出明确规定：撤销禁止电话公司在其服务范围内提供图像服务的规定，电话公司可自己选择有线电视系统或者两者兼营的系统，也可以作为新成立的公开图像系统来接受管理。它们不受联邦政府其他有关有线电视管理规定的限制，也不必获得地方政府的特许。与此同时，对有线电视进入电话业也予以大力支持：取消联邦政府和地方政府关于禁止有线电视业与其他人提供地方性电话服务的规定；要求和鼓励地方电话公司与这些电话业的新加入者就联网、号码分配、拨号协调等问题进行协商，以最大限度地降低对消费者的负面冲击。

法案的另一项主要条款是：各州或各市不能"禁止任何实体提供任何州际或州内电信服务，或对这种禁止产生影响"。这就意味着电信市场面向所有有意愿进入的人实行开放，无论是电力公司、电缆公司，还是天然气供应商，甚至包括市政当局自身。尽管这些公司想进入电信市场的可能性似乎不大，但是它们有权使用它们自己的经转换可用于电信服务的光纤和其他种类的电缆。

法案对电话公司和有线电视台互相收购的行为也有所规范：禁止电话公司收购有线电视台，反之亦然。但是，人口在 3.5 万以下的偏僻地区和其他一些特殊情况除外，也不禁止电话公司和有线电视台互相拥有 10% 以内的股份。

4. 限制色情和暴力等低俗内容的传播

媒体的激增，特别是无所不至的有线频道和专门的收费电视网，都使"媒体蔓延"的问题更加复杂。媒体无处不在，仅仅关掉电视或广播根本无济于事。1990 年，美国国会通过的《儿童电视法》（*Children's Television Act*）规定：电视台有为儿童提供知识性和教育性节目的义务。法案要求电视台从 1997 年起每周至少播出 3 小时儿童节目（即所谓的"3 小时法则"），儿童节目应以提供教育和信息为第一目标，娱乐放在第二位；节目必须安排在上午 7 点至晚上 10 点之间；每次播出时间不得少于 30 分钟；它还对儿童节目中播放广告的时间进行限制：平日每小时不超过 12 分钟，周末每小时不超过 10.5 分钟；儿童节目若超过规定的广告限额，征收的罚款额度从 1 万至 2 万美元增至 8 万美元。不能执行这一规定的电视台必须在续牌的时候说明该电视台是怎样以其他形式为儿童服务的。

在此基础上，《1996 年电信法》进一步规定：禁止使用电信设备故意传送猥亵内容的通话，如有用户要求，有线电视执照持有者必须采取使用户不能接收猥亵内容节目的措施；所有 13 英寸以上的电视接收机必须装有视听者可以拒收特定节目的功能（V - chip，V 芯片），以便家长控制那些他们认为"少儿不宜"的节目；禁止不带 V 芯片的电视机生产和上市；电视经营者必须在规定的时间内建立一个节目自动分级系统，以便用户的电视机识别；不允许商业电视台自由地从公共电视和有线电视节目市场上获得儿童节目。

（三）法案的影响意义

美国联邦通讯委员会"一方面大力放松管制，以促进传媒提高经济效率；另一方面确立电子传媒管制合法性的新理由，即由于广播电视构成了公共领域的基本结构，其社会以及政治影响严重，因此要立足于公正公平原则，通过维护传媒存在形态多元性与传媒内容多样性的方式，促进传媒有效竞争，以保障公共利益，使其为公众服务"①。

1. 引发了媒介结构的深刻变革

《1996 年电信法》是经济自由主义思想的产物。法案对《1934 年通讯法》进行了重大修改，取消了对电台所有权的限制，从而引发了产业的融合和行业的兼并，导致了媒体结构的深刻变革，20 世纪 90 年代传媒行业的兼并浪潮由此拉开了序幕。迪士尼买下 ABC，西屋买下 CBS，时代华纳收购了 CNN，康卡斯特收购美国电话电报宽带公司……这就使得广播、影视、报纸、杂志、音像制品的所有权归为一综合性媒体巨人，出现了全球性的"巨无霸"传媒公司。全球媒体市场是以集团形式出现的。第一集团由十来个规模庞大、纵向一体化的媒体集团构成，全部拥有全球分配网，年销售额一般为 100 亿—250 亿美元。第二集团由大约 36 家规模相当大的媒体公司组成，它们的年销售额一般为 20 亿—100 亿美元。一些跨国集团还把新兴的信息网络优势与传统的影视制作、旅游娱乐等专业优势结合起来，实行文化资源的高效组合，打造传媒业的新经济神话。在 2000 年来临之前，10 家最大的有线电视运营商共为 90% 的电视订户服务。这些合并后的公司拥有美国超过 40% 以上的电视台，从而超出了法

---

① 郑涵、金冠军：《当代西方传媒制度》，上海交通大学出版社 2008 年版，第 8—9 页。

律许可的 35% 的限额①。

影响所及，"整个公众电信业正处于前所未有的私有化大潮之中。在世界各地，公共服务企业正被卖给私人。一位学者说这是自英国'圈地运动'以来对公共财产的最意味深长的清算。在 1984 年到 1994 年之间，被私有化的电信企业的价值已达 1050 亿美元。然而这只是冰山一角。从 1995 年到 1996 年的全球电信资产重组和并购的价值额已成倍增长到 1350 亿美元。华尔街证券公司的梅里尔·林奇和萨罗蒙预测说，在可预见的将来，银行投资收益的 20% 将来源于全球电信私有化"②。

联邦通讯委员会放松管制后，全美不仅涌现出了许多拥有大量频道的有线电视系统，还出现了许多全国性电视网（最新数字是 7 个）、脱口秀电台节目（4000 个）、时事通讯（超过 100 万种）、广播电台（超过 12000 个）、网站（超过 150 万个）和各种各样的杂志（超过 2 万种），真可谓信息时代"百花齐放"。

综上可见，"在世界各国的传媒制度转型中，美国《1996 年电信法》具有里程碑的意义。该法案成为规制放松的最重要的传媒法规，为世界各国传媒制度所关注和复制。该法案打破了行业间交叉经营的限制，废除了广播电视网对有线电视系统所有权的限制"③。这也就不难理解 1996 年 2 月 8 日克林顿总统在签署《1996 年电信法》的国情咨文时为何会不吝褒奖之词："今天，我们的世界正在被一场信息革命再次地改造着……但是，这场革命已经被过时的法律所阻碍，过时的法律是为仅有一家电话公司、三家电视网络，没有诸如私人电脑的时代所设计的。今天，随着一支钢笔轻轻一勾，我们的法律将赶上未来。我们将有助于创造一个竞争和革新能够迅速展开的公开市场。"④

2. 导致了公共服务的质量下降

《1996 年电信法》是美国有史以来最大刀阔斧的广播电视规制改革，

---

① 参见［美］大卫·斯隆编著《美国传媒史》，刘琛等译，世纪出版集团、上海人民出版社 2010 年版，第 703 页。

② ［美］爱德华·赫尔曼、罗伯特·麦克切斯尼：《全球媒体：全球资本主义的新传教士》，甄春亮译，天津人民出版社 2001 年版，第 136 页。

③ 金春：《西方传媒制度转型的新制度经济学研究》，博士学位论文，河北大学，2011 年，第 55 页。

④ ［英］史蒂文·拉克斯：《尴尬的接近权：网络社会的敏感话题》，新华出版社 2004 年版，第 203—204 页。

该法案的核心是拆除行业壁垒，提升广电和电信产业的市场扩张能力并促进产业结构重组，最终达到提高服务质量和有效降低费率的目的。

值得注意的是，在广播电视和电信业走向私有化与解除管制的同时，公共服务业的服务标准亦下降到令人担忧的地步。"原先框定的媒介公共领域空间坍塌，以消费主义和获利为核心的商业化力量在联邦通讯委员会政策的庇护下成长。经过联邦通讯委员会的巧妙诠释，基础原则成为媒介资本安之若素践踏公共利益的'护佑牌'，并借助国家政权力量在世界媒介市场占据优势地位。联邦通讯委员会的功能从干预媒介所有权集中，转化为推进媒介所有权集中，从追求媒介政策的社会公平转到倾向于追求媒介政策的市场效率。"[1] 人们随处可见的是，"更少的公众服务和可供选择的栏目，企业内部新闻审查制度和利用新闻进行自我宣传，更多的娱乐信息和软新闻，同源新闻现象严重迫使媒介公司包装新闻来掩盖新闻多样性和内容独特性的缺失"[2]。

《1996 年电信法》中有关所有权的条款，因为减少了公众可以获得的节目来源而被认为损害了公共利益。因为任何一个地区的广播电视台的数量都是有限的，所以，以往 FCC 是通过设置所有权上限的方法以推进观点的多样化和市场竞争。《1996 年电信法》第 202 条款取消了广播所有权的限制，同时还取消了一家公司 12 座电视台的限制，并把观众占有率上限从 25% 提高到 35%。公众普遍抱怨，地方广播的集中化趋势导致了节目多样化的减少、地方公共新闻和公共事件报道的减少、地方危急事件报道的失落以及当地音乐人、政治候选人、慈善机构等接触电波的机会的丧失。广播电视相互仿效，频道的不同几乎没有什么意义。有线和录像带几乎是内容已经很单一的商业电视的简单复制。具有讽刺意味的是，伴随媒体数量的增长而来的竟是内容的日益同一化。

政策不仅仅是纠正市场失灵和解决竞争纠纷的工具，它更是塑造传媒市场未来发展的更为基础的途径。好的政策需要认识这些动态的互动性并运用比较分析工具激发不同的规则系统良性互动并预测它们互动的效果。以这样的标准评判《1996 年电信法》，确实很难说它代表了一种

---

① 　陈昌凤：《美国传媒规制体系》，清华大学出版社 2013 年版，第 81 页。

② 　[美] W. 兰斯·班尼特：《新闻：政治的幻象》，杨晓红、王家全译，当代中国出版社 2005 年版，第 119 页。

好的政策①。

麦克切斯尼（Robert W. McChesney）认为，《1934 年通讯法》奠定了美国广播电视业的发展道路：它虽然不反对公共广播的存在，但是允许广播私有化，实际上肯定了广播的商业化发展模式，种下了媒体反民主的祸根；《1996 年电信法》的出台更是导致了媒体的唯利是图、玷污新闻和公共机构的正统精神②。

贝戈蒂克安不无忧虑地指出："20 世纪末，美国的主流媒体为几家大公司所控制，成为他们的赢利法宝。但是，隐藏在每年的赢利报告和大公司的自我满足之下的，是主流媒体与民众之间越来越远的距离。这一距离不仅威胁到媒体未来存在的意义，还有美国政治程序的活力。"③

历史的经验告诉我们，制度变迁一方面通过改进现行激励机制为技术进步提供有效动力，另一方面通过维持自身稳定性和适应性来降低交易成本、扩大市场规模并收获更多贸易收益。"制度之所以会发生转型，就在于参与制度的主体之间相互博弈，当形成一个制度后，在新的制度安排下人们又会进行新的博弈，如此循环往复。传媒业的制度转型也是在这种反复博弈过程中发生的"④。

纵观《1927 年无线电法》《1934 年通讯法》《1967 年公共广播法》和《1996 年电信法》四部法律的演进变化，不仅表明了美国政府对包括广播电视在内的信息传播业法律规范的逐步成熟，也让我们窥见到了美国公共电视的发展逻辑和特殊规律。至此，无论是从历史的视域还是从现实的维度来说，我们都不难得出一个基本判断，这就是美国公共电视的确继承了美国法治（rule of law）的传统。一方面，美国有关广播电视等大众传播业的法律体系相对比较健全，以法治业已经成为整个大众传播业的历史传统；另一方面，美国的法律法规又善于根据社会的发展、产业的变化而作出适时的修正。抑或正是仰仗于这样一种法治传统，美国公共电视才得以在商业电视的丛林中安之若素地独善其身。

---

① 参见喻国明、戴元初《传媒规制的应然与实然——以美国 1996 电信法为标本解读》，《新闻与写作》2008 年第 3 期。

② 参见张春华《美国广播电视体制的反思与中国启示——基于公共利益与体制变迁的视角》，《中州学刊》2011 年第 5 期。

③ ［美］本·H. 贝戈蒂克安：《媒体垄断》，河北教育出版社 2004 年版，第 229 页。

④ ［日］青木昌彦：《比较制度分析》，上海远东出版社 2001 年版，第 28 页。

表 5—3　　　　　　　　　　　四部重要法案的简要比较

法律	主要条款	意义	缺点
《1927 年无线电法》	授权联邦无线电委员会分配无线电频率，并要求电台的经营要满足"公共利益、便利和需要"	将无线电置于政府控制之下，减少了无线电干扰	只涵盖了无线通信
《1934 年通讯法》	将联邦无线电委员会变成了联邦通讯委员会，并将各州之间的有线和无线通讯都置于它的控制之下	使得广播能适应电视和有线电视等新媒介，但是对电台的所有权做出了限制	到 20 世纪 90 年代，人们认为该法对于电台所有权的限制，已经不再适用于数字时代
《1967 年公共广播法》	将教育电视更名为公共电视，从基金资助过渡到非商业电视网的联邦财政资助，成立 CPB 作为公共电视运行机制	确立了公共电视的合法地位	政府拨款有限，无法满足公共电视发展的需要
《1996 年电信法》	取消了大部分对所有权的限制，以及其他条款	随着连锁企业和集团企业并购了数百家电台，导致了大规模的行业合并	批评家认为这项法律让少数几家公司的权力变得太大，从而减少了民主制度下必需的多样化选择

说明：依据乔治·罗德曼对几个重要的无线电法律比较修订而成。参见［美］乔治·罗德曼《认识媒体》，邓建国译，世界图书出版公司 2010 年版，第 275 页。

第六章　美国公共电视的战略选择

作为一种自然历史进程，"全球化"是指在市场经济和科技进步的双轮驱动下，不同国家和地区之间相互渗透、相互依存的程度不断加强，最终使人类活动突破区域限制，世界成为一个统一的发展整体。正如罗兰·罗伯森所强调的："作为一个概念，全球化既指世界的压缩（compression），又指认为世界是一个整体的意识的增强。"①

当今世界经济全球化、政治多极化、文化多样化、传媒数字化的变化态势，对美国公共电视而言，既是新挑战，也是新机遇。"从全球范围到一个家庭内部，电视都不再（如果它曾经是）孤立于其他信息和传播的媒介。再也不可能只把电视看作一种文化工具或一种文化工业，而不把它放到技术、政治和经济交织在一起的结构中去考察；正是这个结构在支撑着电视，也正是这个结构在生产与消费的过程中把电视融会到一个更为复杂的文化与工业整体中。同样，也不再可能只考虑电视文本而不去关注它的技术地位，这些技术潜在地或已经真实地改变着社会和文化中的各种关系。"②

制度变迁的路径依赖（Path Dependence）是指一种制度一旦形成，不管是否有效，都会在一定时期内持续存在并影响其后的制度选择，就好像进入一种特定的路径，制度变迁只能按照这种路径走下去③。在新的传媒环境下，美国公共电视是因循既有的历史框架，惯性地接过前人的接力棒萧规曹随？还是摆脱制度设计的路径依赖把目光投向更加广阔的领域？这已引起美国公共电视界以及关心美国公共电视发展的有识之士的深入思考。可以明确的是，今天，我们既不能用传统的方法去运作公共电视，也

---

① ［美］罗兰·罗伯森：《全球化社会理论和全球文化》，上海人民出版社 2000 年版，第 11 页。

② ［英］罗杰·西尔费斯通：《电视与日常生活》，江苏人民出版社 2004 年版，第 117 页。

③ 参见卢现祥、朱巧玲主编《新制度经济学》，北京大学出版社 2009 年版，第 474 页。

不能用追求商业价值的眼光去对待公共电视。只有这样，互联网时代的公共电视最终才可能存在于人类生存活动之中，获取并凸显自身的存在方式和价值。

一　实现媒介的数字转型

科技进步既是经济增长的直接推动力，也是产业升级和制度变迁的重要诱因。电视数字化转型，是信息时代大众传媒发展的时代要求和必然趋势。从产业层面看，电视数字化转型必然导致电视产品生产方式、消费方式的彻底改变，重构产业价值链；从组织层面看，电视数字化转型将使传媒市场竞争不断加剧，市场结构巨变，行业壁垒拆除。对此，卡斯特尔一语中的：因特网"是一种在所有活动领域中分配了信息权力（information power）、知识生产力（knowledge generation）和联网能力（networking capacity）的技术工具和组织形式"。"无法接入因特网，或者只是表面性的接入，相当于在这个全球化的网络系统中被边缘化了。没有因特网的发展就如同工业时代中没有电力的工业化一样。"当因特网"成为我们生活中司空见惯的一种基础设备时，谁来拥有和控制这一基础设备将成为自由之战的战场"①。

（一）设计数字转型"施工图"

传统的观点认为，新技术的发展必然导致公共广播电视走向衰落，因为公共广播电视正是建立在传播资源稀缺的基础之上的，新技术的发明和应用能够提供大量新的传播手段与方式，从而削弱了公共广播电视的地位。这的确是公共广播电视因新技术发展面对的挑战之一②。

不过，按照美国传播学者罗伯特·W.麦克切斯尼的观点：公共广播衰落的原因不在技术而在政治，这些新技术本质上并不一定要运用于商业目的，任何社会只要它需要都能够选择多频道的公共电视系统③。

---

① M. Castells, *The Internet Galaxy*, Oxford：Oxford University Press, 2001, p. 269.
② 参见刘新传《商业与公共的博弈：台湾公共电视政策的形成、变迁及启示——以台湾公共广播电视集团（TBS）为例》，《现代传播》2010年第10期。
③ 参见［美］罗伯特·W.麦克切斯尼《富媒体、穷民主：不确定时代的传播政治》，谢岳译，新华出版社2004年版，第334页。

"但是，在数字技术应用问题上，争论的焦点却集中在技术进步与各方利益的关系上。数字技术改变了传媒产业中包括广播业者、政界人士、各种特殊利益集团、新兴的竞争媒介、社会公益团体和广大媒介消费者在内的各种力量对比。市场结构在发生着巨变，没人能够预见这种变化将会释放多大的能量。总之，技术从来就不是单纯的自主性力量，而是权力结构与商业利益彼此消长的结果。技术进步和各方利益的关系需要通过政府的导向性政策进行调节。"①

无论各家所持观点的分野有多大，有一点是明确的：对于今天来说，数字电视是一种"最新"的技术，数字电视的发展虽然会使观众进一步分化，但同时也使加强公共服务有了现实的可能。数字电视可以成为多元交流空间的向心力和激活公民文化的媒介。历史上公共服务事业多停留在地面传输领域，有线电视和卫星电视多用于商业领域。但这不是数字电视时代的情况，世界上两个最受尊崇的公共广播机构——英国的 BBC 和日本的 NHK，都对过渡到数字电视作了规划和准备，并进行了各种实验。1999 年春，瑞典的公共电视把所有的新闻数字电视频道作为试点项目投入使用②。

在雄心勃勃的传媒数字化转型的蓝图中，美国联邦通讯委员会制订了战略规划，确立了重点突破的领域，以适应变革的速度。彼时 FCC 的计划是，在 1998 年至 2006 年的 8 年时间里，所有的开路电视台都将播出数字电视节目，模拟电视频道届时将归还给政府。

FCC 主席威廉·肯纳德认为，关于数字电视，至少有两点是至关重要的基本认识：第一，"它正在发生"，"我们所卷入的是一场全球性的从模拟技术到数字技术的转变，这是一场重大的技术革命，广播电视当然不能独自停留在模拟世界里"；第二，"没有人知道它将会怎样"，许多的产业将卷入其中，许多的市场可变性存在。

针对当时美国的数字电视计划，业界和学术界的有识之士和广大公众为广播电视业如何迅速进入数字化环境以捍卫公共利益问题进行了深入思考。他们参照其他新媒介技术在美国的渗透速度，即彩色电视机用了 22

---

① 洪丽：《数字时代下公共服务广播发展的核心问题》，《暨南大学学报》2011 年第 4 期。

② Peter Dahlgreen，"Public Service Media, Old and New: Vitalizing a Civic Culture?", *The Canadian Journal of Communication*, Vol. 24, No. 4, 1999.

年才达到85%的普及率，VCR用了16年，CD花了13年才覆盖68%的市场，认为1996年美国家庭拥有新媒介技术产品和服务的程度并不十分理想，这显然与FCC在从1998年到2006的8年内推进数字电视的时间表有相当的距离[①]。

2009年，CPB委托古普塔咨询公司（Gupta Consulting）对全美公共广播电视系统的500多家机构（包括广播台、电视台、节目制作公司等相关单位）进行了全面调查，希望借此了解全国公共广播电视的数字化现状。结果显示，美国公共广播电视机构的数字化发展现状不容乐观，在基础投入、数字化产品和服务的提供、数字化发展规划等方面均远远落后于商业广播电视机构。一个事例也许具有很好的说服力，那就是联邦政府近五年拨给全美公共电视的经费一直维持在4亿美元左右，其中数字化转换的相关拨款仅为3000万美元；而早在1999年，时代华纳公司设立的用于数字媒体开发的专项基金就达5亿美元[②]。公共电视与商业电视在数字化转型投入上的巨大悬殊由此可见一斑。

2010年3月，备受冷落的公共广播得以进入联邦通讯委员会发布的《国家宽带计划》之中。FCC提出要"建设一个更为生机勃勃的公共媒介体系"。在谈及对公共媒介的资助方式上，FCC一方面提出广播、电信运营商们应为使用公共频谱资源缴纳租金，另一方面建议拿出部分频道资源进行拍卖，用部分所得补贴公共媒介[③]。虽然迄今为止这个建议并未得到来自运营商或国会的热烈支持，但这毕竟是为公共广播争取公共政策支持的一个良好契机。公共广播如果想在未来走得更远，就必须利用好这个机遇[④]。

基于美国社会和媒介环境的变化、公共广播电视体系的数字化发展现状，2010年5月，CPB、PBS、NPR、APTS（Association of Public Television Stations）联合向美国国会递交了一份题为《媒介的未来与数字时代的社区信息需求》（The Future of Media and Information Needs of Communi-

---

① 参见陆晔、赵月枝《美国数字电视的曲折发展》，《中华新闻报》2007年4月25日，第C02版。

② 参见王润珏《数字时代美国公共广播电视的现状、问题与趋势》，《电视研究》2011年第11期。

③ National Broadband Plan, FCC, 2010, pp. 14, 108（http：//download. broadband. gov/plan/national—broadband—plan. pdf）.

④ 参见侯红霞《美国公共广播的公共政策和资金模式》，《现代传播》2012年第3期。

ties in a Digital Age）的报告，指出数字时代美国公共广播电视体系的转型已经成为必需。新的公共媒介体系不仅包括既有公共广播电视机构及其建构的数字化多媒体服务平台，还应包括非认证的公共媒介服务提供者，提供技术、科研、经费支持的各类机构和美国公民，以及与之相适应的运行机制，即形成"公共媒介生态系统"（Public Media Ecosystem）①。

公共电视的从业者看到了数字技术的巨大潜力，并参加了一个名为"数字化未来倡议"（DFI）的计划，这一计划得到了麦克阿瑟基金会和PBS的支持，并由詹姆士·巴克斯代尔（James Barksdale，前 Netscape 公司首席执行官）和里德·汉德特（Reed Hundt，前美国联邦通讯委员会主席）联合主持。DFI 研究小组相信，如果今天的公共广播公司能成功适应市场越来越零散的现实，成功适应观众对于节目的期望——对于节目内容的需求和播放平台或设备的需要，同时又拥有足够的资源，那么"增强公共服务的潜力"在某些领域是"巨大的"，如教育、公民参与、应急准备等。

据统计，在过去 15 年中，非联邦政府的资金虽有小幅增加（约为3%），但是其中的大部分已经用来进行数字转换。在联邦政府授权却没有给予资金支持的情况下，公共电视从业者花费了近 20 亿美元完成了从模拟信号系统到数字信号系统的转变，并成立了首个全数字频道，专门用于高清电视的播放，这一发展速度比许多商业性质的同行快了不少②。

为了确保数字化转型"施工图"的完成进度，美国国会参议院的商务委员会要求联邦通讯委员会（FCC）与美国电信和信息管理局（NTIA）每个月定期向国会提交数字电视状况报告。

FCC 消费者咨询委员会数字电视转换项目主管希望该委员会通过社会团体为数字电视教育工作成立一个特别基金，为数字电视教育埋单；媒体局副局长埃罗依·戈尔（Eloise Gore）称：数字网络建设已经完成了1800 多个全功率电视台中的 1000 个，剩下的大概还有 700 个，其中大约500 个正在切换频道，因此一些地方的观众暂时无法收到所有全功率数字电视的信号。

---

① 参见王润珏《数字时代美国公共广播电视的现状、问题与趋势》，《电视研究》2011 年第 11 期。

② 参见 Mary G. F. Bitterman，"How to Save Public Broadcasting"，*Television Quarterly*，Winter，2006，p. 36。

NTIA 代理署长马瑞迪斯·贝克（Meredith Baker）报告："我们密切监控数字转换工程的信息。消费者们已经开始用派发的优惠券购买转换器了。截至目前，NTIA 总共接收了 520 万户近 990 万的优惠券，占该计划第一阶段金额的 46%。"

美国无线电电话系统（APTS）的一份调查数字让公共电视机构得到安慰：62% 的家庭已打算通过数字转换器和数字电视机接收节目信号。要知道在 2006 年 11 月，有这种想法的用户只有 28%。这的确是一个令人振奋的消息。

（二）开播数字化专业频道

随着技术的创新，公共电视业不断地与时俱进，而且比起那些商业性质的同行，它更关心这些新技术的前景。历史上公共电视的先驱们建立超高频频道，把真实的生活融入其中；和老师们一起为要在全美课堂上使用的电视节目资料做准备；他们还开发专门为听障人士准备的字幕。如今的公共电视从业者遵循了以往的传统，他们先于商业电视通过卫星联网、铺设陆地线路连接众多的公共电视台。另外，他们将互联网作为一个重要而独特的教育平台，开发了 pbs. org，这是世界上使用最广泛的 ORG 网络之一[①]。

互联网的令人吊诡之处在于：虽然眼前的信息内容比过去更容易创造，但也比过去更难被别人关注。因为更多的竞争意味着更高的集中度。

网络已经成为媒体环境的一个重要部分。FCC 原主席迈克尔·科普威尔（Michael Kpowell）指出："高新技术提供了数量越来越充足的频道，这意味着未来的新闻内容发布将越来越多样化，越来越灵活。"

美国公共电视已经正式朝多平台经营的方向迈进。PBS 不惜重金开发网络资源，用来作为对儿童电视节目的补充和拓展。

2004 年 10 月，美国公共电视首度利用数字化的优势，推出一个全国播放的儿童专业频道"PBS Kids Go"，从此开启了美国公共电视的全新局面，如今 Kids Go 不仅与四大无线电视网一样，拥有全国联播频道，而且还可以同有线电视系统以及卫星电视合作，率先跨越不同平台的限制，另

---

① 参见 Mary G. F. Bitterman, "How to Save Public Broadcasting", *Television Quarterly*, Winter, 2006, p. 36。

外 Kids Go 也积极联系随选视频系统 VOD（Video On Demand）、线上影音节目（Videos Onlne）等多个不同的媒介，加强相互之间的合作。Kids Go 网站更是多彩多姿，各种互动式的游戏教育业已成为美国儿童最好的学习与游玩去处。PBS Kids Go 的网站吸引了数百万人浏览，2009 年 12 月，PBS Kids Go 的视频播放甫一亮相，当月的视频浏览次数就超过了 8750 万，成为最受孩子们欢迎的网站之一。

2007 年 8 月 15 日，一个令人耳目一新的电视频道——PBS World 在美国正式开播。PBS 表示，新频道将以每周 7 天、每天 24 小时的方式，连续播放由美国公共电视所制作的各种纪录片以及公众所关心的话题类节目。因此，PBS World——这个美国有史以来第一个以纪录片及公众话题为主的全国性专业频道（国家地理频道或探索频道均有一定主题，且很少针对美国时事或者公众话题作深入讨论），这既为美国公众提供了一个全新的收视选择，也为那些高品质却往往无人问津的纪录片提供了一个绝佳的播放渠道。

所有这些改变，得归功于数字电视的快速发展。原先的模拟频道由于数字压缩可以增加 2—3 个频道，因此各家公共电视台便有多余的数字频道可以相互调整，再加上 PBS 明确将多平台经营视为公共电视发展的关键策略，因此在电视数字化的浪潮下，美国公共电视除了致力于新媒体的开创，更努力达成多平台的经营目标，未来 PBS World 除了将在原本的数字无线电视播出之外，还将让更多的美国公众可以通过各种媒体平台，随意就能收看到优秀的公共电视纪录片[①]。

（三）丰富在线新闻信源

威廉·F. 贝克尔认为，新媒体范式最令人羡慕的特征之一是其内在的民主意识，而这恰恰是迎合了美国公共电视的价值取向。易于使用、相对成本较低的数字技术的扩张，使今天的每一个人都能在传媒中享有话语权成为可能。每一个人都是生产者、评论员甚至是新闻记者。

传媒学者赫尔曼·瓦瑟曼在一篇文章中写道："在新媒体技术以令人目眩的速度呈现的时候，乐观主义观察家预见到新闻业的巨大变化，

---

① 参见尔东《美国公共电视的新秀——PBS World》，《卫星电视与宽带多媒体》2007 年第 18 期。

因为与互联网和手机休戚相关的每一个人现在都能声称自己是一名记者，职业伦理将日益成为把新闻记者与危险的业余人士区别开来的标准。"

与昔日依赖于职业标识——主持人和声名显赫的名人不同的是，今天的观众有他们自己的评论员。他们中的绝大多数是业余的。但他们说的是观众的语言，所作的评论彰显了个性化特征。正是这些评论员邀请人们与之互动，在一个更开放和平民媒体的体验中进行对话。

威廉·F. 贝克尔除休息之日外，每一个工作日都会把他写作的"媒体简讯"发在波士顿公共广播电台（WNET）13 频道的网站"博客 13"上。"媒体简讯"的内容囊括了贝克尔对时政、并购、法律进展的观察，对技术进步、公共利益和消费问题的追踪，以及对媒体新闻生产行为的关注[1]。

根据"我们媒体——佐格比交互民意测验"的数据，55% 的美国人认为博客对于未来的美国新闻业是重要的，74% 的人说公民新闻将扮演重要的角色。此外，53% 的人认为互联网展示了"专业新闻记者未来最大的机会"，而 76% 的人说，"互联网对整体的新闻质量会产生积极的影响"。一项新的调查发现，如今，1 亿零 1 万的美国成年人从网站上了解大多数新闻，800 万人把博客作为其主要的新闻源，84% 的新闻记者表示他们会把博客作为第一或第二位的文章来源。

从"Pew 因特网与美国生活项目的"一项研究中发现，37% 的成年互联网用户观看在线视频新闻，而 50% 以上的成年网民使用互联网观看任何一种视频。每天 YouTube 上数以亿计的影片在同一时间被点击收看，而电视收视率则在许多市场下降。如果一个主流新闻机构报道政治新闻，观众可以在 YouTube 网站上零成本收看[2]。

2008 年 1 月由 Pew 人民和出版研究中心主导的题为"互联网在 2008 年竞选运动中更广泛的作用"的研究报告显示，近 1/4（24%）的美国人说，他们定期从互联网了解竞选活动，这几乎是 2004 年竞选活动时的两

---

① 参见 William F. Baker, The New World of American Media（http: //www. annenberg. usc. edu, 2007 James L. Loper Lecture in Public Service Broadcasting, USC. November 12, 2007）。

② 参见 Steve Grove, "YouTube：The Flattening of Politics", Source：Nieman Reports, Summer 2008, Vol. 62, Issue 2, pp. 28 – 29。

倍。大多数人已转向网上浏览新闻，比如 MSNBC 和 CNN，3% 的人将 Drudge Report 或 MySpace 作为其主要的在线竞选新闻来源①。

（四）　加快遗产数字化保护

保存数据检索与存档以便查阅对于数字时代媒介传输的未来至关重要。美国公共电视台考虑到其教育义务，积极探索新方法以保护资料档案，并努力把它们转换成数字学习对象。快速扫描一下下列新举措，便可以看出各电视台对应对电视档案挑战表现出的重视程度和浓厚兴趣。

（1）位于印第安纳大学的 WTIU 近日收到来自国家人文基金会（NEH）的保护援助赠款，邀请顾问参与调查电视遗产保护工作，让他们对保护工作有更好的了解。

（2）肯塔基州教育电视台（KET）收到赠款，用以将播出节目数字化归档。之后，KET 开始着手视频保存的数字化、元数据生成、归档管理及收集其余遗留资产的战略。

（3）新泽西州公共电视台（NJN）目前已经开始一项计划，将档案中被大量引用的部分进行数字化处理。格鲁吉亚公共广播（GPB）正在建设 DAM 基础设施，包括数字化处理档案，这使得媒介运营及分布更合理有效。他们还举办 SURA/ViDe 会议，集中讨论关于数字视频的管理与传播问题。

（4）衣阿华州公共电视台（IPTV）每年都会举办数字电视专题研讨会，探讨最新的有关数字电视的信息，其中包括元数据、归档工作和 DAM 的演讲报告。

（5）威斯康星公共电视台（WPT）开辟了一个网站，上面有很多他们参与 DAM 问题的研究，其中包括了一些来自他们进化链接项目的信息、阅读资料的清单、相关演讲报告，以及涉及存档和传播电视资产内容的网站与定义等。

（6）底特律公共电视台（DPTV）认真研究了他们的档案，并与密歇根州立大学（MSU）的 MATRIX 项目合作，与 American Black Journal 在线建立链接，并将资料数字化。国家人文基金会资助 MATRIX，让其接手

①　Nancy Davis Kho, "The Blogging Business", Source: EContent, Jul/Aug 2008, Vol. 31, Issue 6, pp. 24 – 28.

此项研究，此外底特律公共电视台也得到了国家电视和视频保存基金会的赞助，参与转化一系列保存在 2 英寸方形录像带里的节目。

研究与资助构建了全国性的归档与数字化工作。范德堡大学的电视新闻档案馆是目前最大的档案馆，它为社会公众提供了最全面的国家广播电视新闻档案。该馆由美国国家科学基金会、国家人文基金会、美国研究图书馆以及当地组织进行资助，进行电视数字化技术和数字化档案的研究工作。

作为长期以来研究 DAM 问题的带头人，WGBH 与纽约大学、WNET13 和 PBS 一起合作，共同负责由国家数字信息基础设施和保护计划（NDIIPP）资助的一个项目——数字公共电视节目存档。这一努力将提高国家标准，并为数字节目的归档提供范例。由此项目得出的样本和结论将有益于所有电视存档的方案。

2006 年，公共广播公司（CBP）发布了第一个专门为电视素材设计的元数据标准，被称作铅芯。这部元数据字典为描述电视素材提供了统一标准，使得其内容更易被检索、共享或另作他用。铅芯的另一个用途是为私营电视台的归档及资产管理工作提供指导。

这些示范项目和制定标准的倡议为拯救电视收集的文化遗产设定了框架，同时也前瞻了未来电视产品管理保存工作的发展。

WGBH、WNET、WPT、UNC - TV、WITU、KET、GPB，甚至是 PBS 都将这项工作指派给某一职员来主要负责，有的甚至专门设立了专职档案管理人员或媒体资产管理职位[1]。

最新资料显示，2015 年 4 月 7 日，由美国国会图书馆联合波士顿 WGBH 公司、美国公共电视台发起的"美国公共广播电视存储计划"的新网站上线（http：//american archive. org）。该存储计划所汇集的资源可追溯至 1950 年，共有美国 120 多个公共广播机构的音视频资料得到数字化保存。目前，该计划网站提供约 250 万件数字化音视频资源的元数据信息，其中包括国家和地方名人访谈、演出等。2015 年 10 月后有望向公众开放音视频资源的具体内容[2]。

---

① 参见 Lisa R. Carter，"Saving Our Legacy：Archiving Television at the Crossroads"，*Television Quarterly*，Winter，2006，p. 36。

② 参见 American Archive of Public Broadcasting Launches New Website—Local Radio and Television Records from Public Media Station Across the Country To Be Made Available to the Public（http：//www. loc. gov/today/pr/2015/15 -059. html. 2015 - 04 - 17）。

二　强化节目的地方观念

著名传播学者麦奎尔认为，关于传媒表现的规范性框架，其基础是一个基本的推定，即传媒无论出于设计或者出于偶然，都服务于"公共利益"或者"整体福祉"①。

就承担公共服务职责而言，在美国，公共电视毫无疑问比其他任何一家大众传媒做得都要出色。但是，一项研究表明，公共电视台晚间节目中有60%是全国性非公共事务性的，33%属于全国性公众事务范畴，只有7%是地方性节目，这是这个全国性系统中的大缺陷，主要原因是地方台资金不足②。另外有识之士提醒，进入新世纪，公共电视"在不降低标准的前提下需要找到一些创新的方法。向已经打瞌睡的人播送新闻只能得到有限的职业满足感"③。看来，公共电视如何提高面向公众服务的品质，是实现其公共性的根本途径。

（一）确保公共电视的地方性优势

无论是组织架构或是节目播放，美国公共电视都是零星松散而非全国一致的，因为各电视台可以依据自己的需求决定节目的内容和时段④。公共电视协会董事长兼执行总裁约翰·罗森（John Lawson）说："美国的公共电视，可能是被地方控制的、自由的、隔空传播的媒体的最后一块真正的基石。公共电视台是有组织有任务的机构。他们就像很多地方团体、地方分会和国家机构一样，也要得到许可才能运营。而且他们日常开销中的大部分都来自当地的经济资助。"

约翰·罗森的看法在日本学者渡边靖的研究中可以得到某种印证。后者通过对有关美国建国史的大量资料的研究，得出了一个言之凿凿的结

---

① Denis McQuail, *Mass Media in the Public Interest: towards a Framework of Norms For Media Performance*, *Mass Media and Society*, edited by James Curran and Michael Urevitch, Arnold, 1996, p. 96.

② 参见［美］迈克尔·埃默里、埃德温·埃默里、南希·L. 罗伯茨《美国新闻史：大众传播媒介解释史》（第九版），展江译，中国人民大学出版社2009年版，第498页。

③ 转引自［英］斯图亚特·艾伦《新闻文化》，北京大学出版社2008年版，绪论。

④ 参见尔东《美国公共电视的新秀——PBS World》，《卫星电视与宽带多媒体》2007年第18期。

论，即"美国的地方分权现象十分严重，因而联邦政府很难实现中央集权，采取强有力的行动。需要特别指出的是，地方对于中央政府实行的信息和文化管理政策怀有强烈的抵触情绪"。①

公共电视的优势之一就是地方性，它也一直是公共电视的重要力量。商业电视依循商业模式运作，而这种模式对有关当地的问题、新闻、文化和艺术的严肃报道支持甚少，这也留给了公共电视可以填充的增长空间。公共电视可以提供有影响的地方性节目，为观众提供他们在其他地方可能无法获得的信息和见解，满足他们的本土感的需求。

社区电视台占公共电视台总数的27%，但却是其中最有趣也是最重要的组成部分。这类电视台由各种各样的社区组织、社区服务组织、社区学校、社区艺术文化组织等的代表来统一管理。这种非营利性的电视台通常也不直接从税收中抽取费用，节目制作和电视台管理费用来自基金会、企业赞助或收视基金。因而节目的设置也是自由而多样的。比如波士顿的WGBH电视台②。

地方视角和公众参与相结合的强烈色彩，可以为公共电视的节目内容增添更深层、更多样化的有关种族、社会和思想问题的报道与讨论，这也势必使公共电视节目与更广泛的观众建立起更大的关联性，进而强化公共电视的存在感。

针对近20年来美国公共广播的公共服务质量下滑的现象，美国联邦通讯委员会委员迈克尔·J.科普斯撰文提出尖锐的批评：我们曾经衡量一个广播电台是否维护了公共利益的清晰标准开始失去力量。电台的所有者不再与社区的公民商议他们需要什么样的节目；他们也不再被要求报道对民主所必需的有争议的议题和那些健康的对立观点之间的辩论；他们不再需要每三年审核一次，并在执照重审时说明对公共服务的贡献。

科普斯深刻地分析了导致这一现象的原因。首先，迄今为止，我们看到的媒介联合仅仅是一种商业行为，并没有提供一个能为大多数美国人带来更好服务的媒体系统。其次，纯商业主义的传播行为与高品质的新闻报道之间难以结盟。当法律不再要求电视和广播电台为本地社区服务，当它

---

① ［日］渡边靖：《美国文化中心：美国的国际文化战略》，商务印书馆2013年版，第12页。

② 参见王纬主编《镜头里的"第四势力"：美国电视新闻节目》，北京广播学院出版社2000年版，第111页。

们被全国性的大公司所有时，观众和听众就成了被它们卖给广告商的产品。不仅罗斯福这样想，赫伯特·胡佛也说过："不可思议的是：我们允许媒介在提供服务、新闻、娱乐、教育以及重要的商业目标报道中穿插大量的广告。"最后，我们常听到的关于"新闻已死"通常是被夸大了。他呼吁，现在我们国家迫切需要建立一个有利于反映和培育民主多样性的媒介环境。如果没有一个健康的媒介环境，在面临重大问题时就不会有新闻监督的真实报道，也就找不到令人满意的解决方法①。

纽约市公共电视台台长尼尔·夏皮罗指出："公共电视节目不聚焦于地方事务，还有谁能持续关注教育和贫困问题？"公共电视台必须报道地方节目和推广 PBS 节目，因为 PBS 是它们的"衣食父母"（为它们提供分配的经费）。

一份联合请愿里写道：公共电视台应要求提供教育节目，并播放"数量巨大"的关涉全国的、区域性的和本地事件的节目，并广泛传播节目信息②。

（二）积极回应地方需求

美国公共电视如何才能从充斥着 500 个频道和数字刻录机及卫星电视的环境中脱颖而出？美国公共广播公司的运营总监凯瑟琳·科克斯认为，强化"地方观念意味着更加了解地方需求，更好地服务于他们；意味着要学会与其他的团体机构一道合作，为不断扩大的观众群提供有效的资源与服务。拓展地方服务，可以使公共电视更有文化活力，更具教育意义，可以使 21 世纪的美国更加富裕"③。

丹佛 KSDI 电视台的口号是"世界的观点，地方的声音"。该台一周之内制作了 8 个以当地公共事件为题材的电视节目，充分地展示了 KSDI 的宗旨。

自 1994 年起，PBS 独自或与其他机构合作开展了多项有关选举的公共新闻报道。在地方及国家选举期间，PBS 与当地报纸以及商业电视台和

①　参见［美］迈克尔·J. 科普斯《媒介联合，并非为了公共利益——一位联邦通信委员会的委员提出的警告：卡特尔控制了大众媒介》，美国《电视季刊》2007 年春/夏季号。

②　Fritz Jacobi, "Is PBS Still Necessary?", *Television quarterly*, Spring/Summer, 2008, p. 38.

③　Sherri Hope Culver, "What's the Future of Public TV?", *Television Quarterly*, Spring/Summer, 2004.

商业电台合作，开展电话调查、深度访谈、焦点小组讨论以收集选民特别关注的问题；举办并播放选民自己讨论哪些问题的辩论会；发起选民与候选人的见面会以便候选人解答选民提问①。

FCC 委员迈克尔·科普斯宣称，尽管互联网、移动装置、广播渠道的增长已经成为"美国公众主要的、关键性的信息资源，但几乎 60% 的成年人每天收看地方电视新闻，地方新闻仍然是美国最受欢迎的信息资源"。鉴于这一实际状况，科普斯提出为复核电视台执照考试制定更严格的考核内容，例如，电视台播出地方公民事务的节目吗？……或者为地方社区组织预留了播出时间吗？它广播地方政治会议和地方及国家候选人的辩论吗？社区的业主们见过地方社区领导吗？他们会对公众提出的意见给予及时反馈吗？等等②。

拉夫·英格尔曼认为："公共电视节目能够深化公民的地方观念。公共电视应当真实再现日常生活的原貌，成为一个可以各抒己见的论坛。它也应当变成一个家庭式的会议，阐释重要的公共决策，自由地表达社区成员的期盼、不满、热情和意愿。它还能够呈现有可能被忽略的社群成员的心声。"③ 可见，公共电视的重要性不仅在于向观众提供信息，还在于创造社群内部的凝聚力。任何其他的媒介或机构，包括政府在内，都无法扮演这一角色。

大众化的节目固然容易产生平庸和煽情的弊端，但也可以使新闻和纪实类节目变得更易懂、更贴近观众。例如，大众谈话节目需要展现人们日常生活中重要的问题和体验，比如道德问题、认知问题以及人际关系问题。只要这些话题和关心这些话题的人能够保持足够的能见度，这些节目就能转化为一种积极的力量：使人们的认知和体验合法化。令人遗憾的是，现实中不少节目往往把镜头对准宏大的论题和激烈的争辩，而不是实质的讨论，无法产生深入人心的力量，亦得不出解决问题的好的答案，因此这些节目的寿命很短，往往一两季之后就销声匿迹了。

---

① 参见［美］坦尼·哈斯《公共新闻研究：理论、实践与批评》，曹进译，华夏出版社 2010 年版，第 22 页。

② William F. Baker, New World of American Media (http://www.annenberg.usc.edu, 2007 James L. Loper Lecture in Public Service Broadcasting, USC).

③ Ralph Engleman, *Public Radio and Television in America: A Political History*, California: Sage Publications, 1996, p.92.

（三）费城 WYBE 的尝试

对于美国公共电视体系而言，地方台是整个体系的基础和核心。真正的媒体地方观念是指在当地的社区有发言权。他们不仅仅只是坐在桌前，而且还代表这个社区的所有人作出决定，不管这些人是何种性别，何种种族，何种性取向，何种社会经济水平或者其他条件。在全美各地，公共电视台正在尝试这一理念，以新的方式延伸它。

美国 WYBE 公共电视台总经理、PBS 首席执行官、独立制片人谢利·胡珀·凯尔夫在《公共电视的未来是什么?》一文中，为我们详细地解析了费城 WYBE 节目地方化的经典案例。

WYBE 是一家在费城注册的独立公共电视台。WYBE 的口号是"真正的多样化，真正的公共电视"。WYBE 的目标是建立与众不同的公共电视。这个目标最初是由 WYBE 的创始人提出的，他认为 WYBE 不能只是简单地成为另一个千篇一律的公共电视台，播放《老房子》这样的节目。创始人注意到这个城市的居民来自不同的民族，有着不同的观点，有着不同的社会经济水平和文化背景，但是他们在广播电视中都没有发言权。

大卫·哈斯（David Haas）是 WYBE 的创始人之一，也是现任董事会成员。大卫说："从电视台创办开始，我们坚持的目标不是重复现有的公共广播节目，而是要真正地扩展现有节目的范围和多样性，为更多的声音提供媒介平台。"WYBE 在给联邦通讯委员会的申请书的原件上写道：WYBE 将为那些没有被服务到的群体提供服务。的确不假，美国不少地区的观众都有类似大卫的感受，他们经常抱怨在电视荧屏呈现的众多形象中，唯独缺乏"像我这样的人"，因此他们大失所望。

但是公共电视与众不同之处在哪里? 公共电视有很多让人疑惑不解的地方，特别是对于外界人士来说，他们对 PBS 有些误解。PBS 是一个有着强大节目制作能力的服务性质的会员制协会。PBS 下属的每个机构都有自己的董事会，能够独立自主地作决定。当 PBS 的董事长帕特·米切尔（Pat Mitchell）站在会议室前，慷慨激昂地跟台下各个电视台台长讲要给一个国家计划做联播的时候，台下的电视台台长都在窃窃私语："我不参加。"最后，这些电视台就不像是从属于同一个有线电视网一样，自主决定什么样的电视节目最适合自己所在的地区播放。当人们知道播放电视节目的目的是维护国家的正常运行的时候，可能会有点沮丧，但是，这也正是公共广播在现今的媒介集团中仍然具有重要地位的主要原因。

WYBE 从一开始就秉承立足当地的角度看问题，其使命可以解读为"WYBE 借依公共交流的方式，努力加强有着不同背景和文化的人们的共享社区的意识"。WYBE 多样化的目标追求体现在节目的制作、工作人员的构成、董事会的构成和推广工作等方面。WYBE 的节目分别通过卫星电视、电视网和网站进行播出。WYBE 认为，它的目标就是要利用电视使人们更加理解跨文化，尊重差异性。

WYBE 坚守着他们对同性恋群体的承诺，每周一期有关同性恋的谈话节目，而且在黄金时段播出。现在有越来越多的 WYBE 自制节目被收购。这些节目都属于原创的、当地制作的、可以解决当前紧要大事的电视节目。一个名为"包容"的项目汇集学生团体来建立有关宗教、种族与民族和性取向的纪录片。一个名为"邻居"的项目是由一个个少数民族团体自己制作的系列纪录片，重点介绍他们的文化、音乐、食物和民族。"文化远航"是一个多媒体的项目，为当地的高中生和国外的高中生提供一个联系的桥梁，以扩展学生的跨文化交流经验。这个节目采用的是纪实的手法、公共电视的风格。经过多年提供这种独特的全球/地方的电视节目，WYBE 已经成为费城观众信任的信息资源。这些观众不仅有少数民族人士还有一般大众，他们都认为自己是全球社区中的一员。

公共广播公司对外推广及多元化节目制作总监谢里尔·赫德（Cheryl Head）解释说：多元化不仅仅是让一个其他肤色的人站在摄像机前，也是让人们可以听到"真实可信"的观点。这就意味着还要有不同肤色的制作人、撰稿人和编辑。董事会和管理层从他们各自独特的立场出发，参与电视台的管理工作。

弗吉尼亚州亚历山大的赫兹网络（原名为 WNVC）是个例外。赫兹网络已经采用了类似多元文化电视节目的方式，制作了原创的电视节目来支持这项任务。但是只有 WYBE 把电视节目的多样性和公司成员、董事会成员的多样性结合起来，成为其宣传活动的目标。多样化的核心贯穿于电视台的每个组成部分。WYBE 现在正在和几个公共电视台的负责人合作，努力在其他地区推广这一理念和使命。丹佛、圣保罗、纽约市、橙县、加州的公共电视台已经在为多样化的少数民族团体服务了。

历史上还没有一家公共电视台富有热情地去尝试一种新的方法，而WYBE 的实践证明了一群新观众的存在，只要电视节目立足本地，放眼全球，观点新颖，内容真实，这群观众就会看这家电视台的节目。伴随着联邦政府对公开播放政治拉锯战的支持和国家对艺术补助不断增加的财政赤字，公共电视需要有机会去接触新的观众。WYBE 的经验表明，这些观众是忠诚的，是值得赞赏的。他们知道在其他地方没有这样的服务，而且还经常在电视台会员的评价的过程中为电视台提供证明。在这个清楚明了的案例的支持下，这些新观众很有可能将会成为新公共事业的坚实基础①。

三 鼓励服务的多元供给

钱穆在《中国历代政治得失》中指出："政治制度是现实的，每一制度，必须针对现实，时时刻刻求其能变动适应。任何制度，断无二三十年而不变的，更无二三百年而不变的。"他虽然谈的是政治制度，但同样适合于传媒制度。

多样性是全球化的一个基本方面。在复杂多变的全球传媒环境下，"媒介政策的核心目的是维护和保证公民自由获取参与经济、政治和社会生活所必需的信息的权利，因为这是现代社会公民应有的主要权利之一。为了保证这种社会公平，在公共广播电视政策安排上，就要确保节目内容的多样性和供给机构的多元化。广电公共利益的实现可以通过公共、商业的等多种途径"②。

纵观美国公共电视的发展历史，随着社会的进步，观念的变革，公共服务的外延也在不断地扩大，公共服务的供给方式更加灵活多样，既可以通过政府，也可以通过市场，尤其当财政负担过重时，鼓励公共物品生产、提供主体的多元化已成常态。"美国第 104 届国会已经强迫公共电视业重新评价它们的选择。当联邦政府的所有资助渠道都被撤销的时候，公共电视必须迅速做出巨大的调整，以适应新的形势。很多人断言，公共电

---

① 参见 Sherri Hope Culver, "What's the Future of Public TV?", *Television Quarterly*, Spring/Summer, 2004。

② 李继东：《英国公共广播电视政策变迁的意识形态成因分析》，《新闻大学》2007 年第 3 期。

视应该在自由市场经济的政策下得到生存和发展。另外一些人则认为，这些变化会给无线广播电视中的文化尊严带来毁灭性的影响。"① 给由来已久的有关公共电视的争论下一定论似乎并不重要，重要的是，如今的美国公共电视在保留传统服务供给模式的基础上，已经开始尝试引入新的供给机制。

（一）政府拨款模式

在20世纪六七十年代，由于政府职能的扩张，联邦政府管理者在公共项目管理中的作用越来越重要。"联邦政府和州政府的早期功能扩展还使得非营利部门的作用越来越强，州政府和地方政府经常选择与非营利机构签约的方式，将公共服务委托给非营利机构，而不是自己直接提供。这样，非营利机构就逐渐发展成为唐·凯特尔（Don Kettl）所称'联邦政府第四部门'的代表。"②

美国公共广播局的补助是 PBS 经费的主要来源。补助到账后，PBS 会合理分配给全美354个公共电视台。不过除联邦政府的补助外，美国公共电视也会获得州政府、地方政府、学校社区以及各基金会和企业团体的补助，但经费来源比例因其属性不同而有很大差异③。根据美国国会修订出台的《1975年公共广播资助法案》，国会每三年审批一次对公共广播的拨款，拨款条件愈加苛刻：（1）作为联邦政府拨款的前提条件，公共广播必须通过其他渠道（包括个人、地方政府、基金会、公司企业等）筹得款项，以证明其存在的必要性；（2）联邦政府拨款公式为：6美元其他渠道筹款＝1美元联邦政府拨款。以2004年为例，整个公共广播系统共筹款约21亿美元，联邦政府的拨款仅为3.8亿美元④。

然而，联邦政府机构提供的资金支持毕竟有限，一味地沉湎于政府资助的模式在今天或许是画地为牢、不合时宜。诚如李普曼所言："经费问题既是重要的，又是困难的。如果一个研究机构依靠不论是善于猜疑的或

---

① ［美］詹姆斯·沃克、道格拉斯·弗格森：《美国广播电视产业》，陆地、赵丽颖译，清华大学出版社2005年版，第165页。

② ［美］约翰·克莱顿·托马斯：《公共决策中的公民参与》，中国人民大学出版社2010年版，第113页。

③ 参见陈信聪《美国大幅增加公共电视预算》（http：//www.pts.org.tw/~rnd/p2/2007/PBS200706.pdf，2007年6月23日）。

④ 参见孙镜《从"巴斯特门"事件看美国公共广播困境》，《中国记者》2005年第4期。

者过分节俭的国会每年所给予的施舍的话，它是得不到真正的自由的。然而，经费的控制最终离不开立法机关。"①

（二）政策优惠模式

新公共服务的核心原则之一就是重新肯定公共利益在政府服务中的中心地位。随着现代社会的不断发展和变迁，政府的特征"首先是政府的统治者其次才是公共管理和服务者"逐渐被"公共管理和服务者"所取代。正如法国公法学家莱昂·狄骥所言："国家就是政府为着公共利益进行的公共服务的总和。"②

近几年来，美国政府对公共电视的扶持更多地通过制定经济优惠政策而非拨款方式实行。这一方面避免了公共电视出现"官方化"倾向，同时一定程度上减轻了公共财政负担，另一方面又鼓励社会各界支持公共电视的发展，进而有利于吸引更多的社会财富用于公共电视事业③。

例如，为了打破电视媒体对节目市场的垄断，1971年美国政府颁布实施了《黄金时间机会条例》，规定每天19：00—23：00的黄金时间，电视网及附属电视台不可以只播出自己制作的娱乐节目，并因此出现了独立节目制作公司。这一政策措施不仅丰富了美国广播电视网的节目内容，提高了电视业的利润，而且还使美国电视节目从国内市场走向国外市场，从而使美国电视节目风靡全球。

又比如，按照美国《国家艺术和人文事业基金法》的规定，政府对文化艺术给予优先支持的方式是对非营利性质的文化艺术团体和公共电台、公共电视台免征所得税，并减免为其提供赞助的个人或公司的税额。美国联邦税法明确规定凡是与非营利性文化事业（特别是公益文化事业）相关的组织或人群均可以一律享受免税待遇④。

1990年，在批评团体的压力下，美国国会通过了《儿童电视法》（*Children's Television Act*）。基于对儿童和公共利益的保护原则，该法不允

---

① ［美］沃尔特·李普曼：《舆论学》，林珊译，华夏出版社1989年版，第254页。

② ［法］莱昂·狄骥：《公法的变迁》，郑戈译，商务印书馆2013年版，第78页。

③ 参见周小普、王丽雅《美国公共电视网公益性内涵浅析》，《国际新闻界》2007年第3期。

④ 参见张慧娟《美国文化产业政策及其对中国文化建设的启示》，博士学位论文，中共中央党校，2012年，第17页。

许商业电视台自由地从公共电视和有线电视节目市场上获得儿童节目。所谓儿童节目，被该法定性为"专门为 12 岁及 12 岁以下观众制作和播出的节目"。是否遵守这一规定，电视台在申请续牌的时候将予以检查。该法还对儿童节目中播放广告的时间进行限制：平日每小时不超过 12 分钟，周末每小时不超过 10.5 分钟。

（三）基金资助模式

基金会是美国的一大特色。从美国公共电视诞生之日起，社会各公益组织机构、个人捐赠的公益基金就在其中起到重要的作用。

基金会为何会不遗余力地把数额不菲的资金投入到没有经济回报的公共电视上？对此，卡内基在《财富之道》中认为，美国需要第三种力量协调大众民主与工业资本之间的关系，并劝告那些从自由经济制度中获得利益的人以慈善的行为削减社会的不平等，以改善社会关系，维护社会的稳定。美国的基金会除了著名的卡内基基金会之外，还有大大小小超过一万家基金会，例如洛克菲勒基金会、国际科学基金会、麦克阿瑟基金会、皮尤慈善信托基金等，这些基金会提供的资金是美国公共电视一项重要的资金来源[①]。

如果联邦政府对于公共电视的经费支持不能增加，却又要至少维持现有的规模，那么公共电视就会寄希望于基金会把资金用在一些更有意义的地方。为此，PBS 董事会设立了 PBS 基金，提供一个机构"在全国范围内寻求、促进和接收特别捐赠"。基金会与成员电视台在全国范围内协作，以此来推动公共电视议程，特别是节目计划。

仅仅几个月的运作，PBS 基金会已经收到了一些重要的捐赠：其中一份来自麦克阿瑟基金会以承担数字化未来倡议的工作；来自福特基金会的五年资助以支持新的数字技术项目和 PBS 基金会；奈特基金会的捐款用于支持"公共广场"，这是一项用于地方和全国性的公共事务，以及公民参与的数字服务[②]。

在威廉·佩恩基金会和特拉华河港口管理局的财政支持下，费城

---

① 参见赵曦《西方公共电视体系中的纪录片生产与传播——以 PBS 运营模式为例》，《现代传播》2012 年第 10 期。

② 参见 Mary G. F. Bitterman，"How to save public broadcasting"，*Television Quarterly*，Winter，2006，p. 36。

WYBE 创设了 10 个独立的少数民族理事会，为电视台提供现场指导，指导电视台如何作为城市伙伴给他们所在的少数民族团体提供最好的服务。他们分别是美国、乌克兰、泛非洲、拉丁美洲、韩国、印度/南亚、中国、意大利、犹太人、爱尔兰、波兰和希腊理事会。在 12 个理事会中，除了前面 10 个是电视台自己组织的之外，其他两个则是当地的团体主动联系电视台要求建立的。理事会成员在观众参与、电视节目制作、营销、资金筹集和少数民族团体的重大事件等方面提供指导；还可以保证电视台关于多样性的决定是在电视台所要服务的观众指导下完成的①。

　　根据 CPB 的历年财报，公共电视自 1973 年起接受私有资金的赞助，当年所占比例为 29.3%，次年即突破 30%，1981 年升至 40.4%，1985 年更达 52.5%，此后直至 2003 年，这个比例都稳居 50% 以上，之后虽然略有反复，但近十年私有资金在公共电视总收入中所占比例的平均值仍高达 50.9%。如图 6—1 所示（CPB 官网的最新年报数据来自 2009 年，因此数据只截止到 2009 年）。

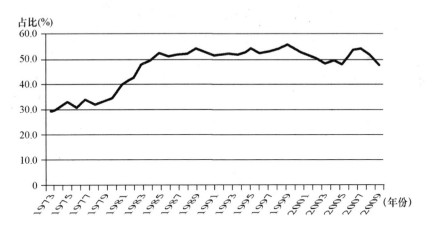

图 6—1　历年私有资金在美国公共电视总收入中所占比例（1973—2009）
资料来源：CPB。

公共资助的持续缩水使公共电视日益求助于私有资金，如图 6—2 所

---

　　① 参见 Sherri Hope Culver, "What's the Future of Public TV?", *Television Quarterly*, Spring/Summer, 2004。

示，从 1973 年到 2009 年，公共电视收入中公共资金和私有资金所占的比例上演了"乾坤大挪移"：1973 年，来自政府的公共资助（包括联邦政府、州政府和地方政府）占公共电视总体收入的 70.7%；可到了 2009 年，这个数字下降为 42.9%，私有资金所占比重由原来的不到 30% 提高到超过 57.1%[①]。

如果仅就 2009 年而言，美国公共广播服务公司的总收入则是 5.03 亿美元，比 2008 年减少 0.9 亿美元，其中捐助达到 2.29 亿美元，会员费为 2 亿美元，联邦补助 0.53 亿美元，录像收入 0.37 亿美元，还有版权和投资回报等[②]。

图 6—2　美国公共电视历年收入中公共资金
与私有资金所占比例的变化（1973—2009）

数据来源：CPB。

看来，为了生存和发展，公共电视需要继续寻求慈善事业的支持，不仅如此，它还需要开发创新型的自筹资金技术。这意味着要用企业家的热

①　参见侯红霞《美国公共电视的资金机制及其问题》，《现代传播》2013 年第 9 期。

②　http://www.pbs.org/about/corporate – information/financialhighlights/.

情、创造力和驱动力去取代一些旧的非营利模式。

（四）私人提供模式

在促进公民参与文化活动机制方面，"美国公共文化政策的一个重要方面是提高全体公民的艺术文化参与率；政府决定着公共物品和服务的供给和管理水平和模式，这种水平和模式是公民文化艺术的参与办法和参与程度的基石"①。

公共服务的私人提供，是改变公共服务政府垄断的传统模式的有效方式。公共管理学者认为，公共服务的私人提供并非全新事物，而是许多发达国家的长期政策。正如霍奇所言，圣经中的征税者马修、英格兰18世纪的路灯保洁、19世纪的铁路等，都是这方面的例证。只是出于政治气候和意识观念，导致了公共产品和公共服务政府垄断的传统模式；当代的市场化改革并非政策转向，而主要是一场观念的变革。

就美国而言，公私伙伴关系半个世纪以来一直是政府的官方政策。1955年艾森豪威尔执政期间，美国政府正式发布了一项规定："如果某些产品或服务能够通过正常商业渠道从私人企业采购获得，联邦政府不得开展或继续从事此类商业性活动。"卡特政府在1979年重新修订了《A—76号通知》，新的《通知》明白无误地重申了1955年确定的原则："在一个民主、自由的企业体制中，政府不应该与它的公民展开竞争。具有个人自由和创新意识的私人企业制度是国家经济实力的重要源泉。基于这一原则，政府的一贯政策是依靠竞争性私人企业提供政府需要的产品和服务，这一政策将不会改变。"②

美国公共电视机构努力接触全国范围内的资金捐助人。这些捐助人拥有高学历、良好的文化修养、高度的社会责任感，并对在一个民主国家里建立一个强有力的、勇敢的、完全独立的公共电视机构有着清醒的认识。他们鼓励那些拥有自由权和有能力承担大型项目的个体捐赠者支持他们的新节目。这些新节目内容丰富，儿童和青年、艺术、科学、医学、公共事务、喜剧、宗教和历史无所不包。用这些资金开发出来的节目或系列产品

---

① ［美］詹姆斯·海尔布伦、查尔斯·M. 格雷：《艺术文化经济学》，詹正茂等译，中国人民大学出版社2007年版，第48页。

② ［美］唐纳德·凯德尔：《权力共享：公共治理与私人市场》，孙迎春译，北京大学出版社2009年版，序言第2页。

将会变成捐赠者馈赠给世界的遗产。捐赠者出资资助一些有价值高品位的现有节目，也使得公共电视台有可能节省资金用于其他新节目内容的开发①。

为了获得私人捐款，各公共电视台必须倾心打造一些有钱的中高收入阶层喜欢看的电视节目，而将那些"不具吸引力的"低收入观众排除在外，这部分观众同样不能从商业广播电视那里得到良好的服务。私人捐款的迅速增加使系统摆脱了财务困境，其在总收入中所占的比例增长到了53.1%。但令人担忧的是，公共电视对私人捐助的依赖越多，其节目内容就会越来越接近于商业电视，这原本就是它们意图进行的一项明确选择②。

（五）"以商养公"模式

通过市场调节，媒体能够以最小的政治强制实现最大速度的发展，最好地实现信息的自由流动，维护民主权利。美国北卡罗来纳大学教授梅耶（Meyer）认为，市场导向能提供读者和观众比过去更好的服务，市场是一种民主化的机制，使购买者有更多选择，也在媒体市场产生自然淘汰、适者生存的效果。其结果是市场导向下的媒体政策，将会真正形成一种自由的"思想市场"。而且市场可以减少道德和文化规范的约束，鼓励电视运营者超越传统角色和期望的限制，创造个性化电视媒体，从而实现节目的多样化③。

FCC 前主席马克·弗勒（Mark Fowler）直言：传统的公众委托人管制模式已告结束；广播人不是公众的被委托人，而是市场的自由竞争者；通过正常的市场竞争机制，广播电视台能比 FCC 作出更好的服务公众需求的决定④。

从 1995 年开始，美国公共电视开始努力建设一个更向市场倾斜的"新的公共电视"（New PBS），其定位是 21 世纪的"现代媒体企业"，以

---

① 参见王哲平《美国公共电视的现实困境及其解困之策》，《电视研究》2011 年第 9 期。

② 参见［美］詹姆斯·海尔布伦、查尔斯·M. 格雷《艺术文化经济学》，詹正茂等译，中国人民大学出版社 2007 年版，第 379 页。

③ 参见［英］威廉·肖克罗斯《默多克传》，樊新志译，世界知识出版社 2001 年版，第32 页。

④ 参见 Mark Fowler, The Public Interest, 61 Fed. B. J. 21, 1982。

适应数字化技术时代的发展需求。故此，人们看到越来越多的公共与商业资金的混合形式。

以《芝麻街》节目为例，在2005—2006财政年，其收入为1.01亿美元，其来源有三个部分。第一部分是来自政府、基金会及企业的赞助，共有2256万美元，包括美国教育部、福特基金会、麦当劳等。第二部分来自教育内容的多渠道发行销售，包括电视节目的海外发行、书、杂志、DVD、游戏，参与主体公园活动和现场演出，共有收入3250万美元。第三部分是来自《芝麻街》形象的授权生产经营，授权美泰玩具、宝洁、新奇士、儿童服装集团、美国贺卡制造公司等使用《芝麻街》中的人物和品牌形象，这一块收入高达4690万美元。在《芝麻街》的收入构成中，节目的形象经营几乎占总收入的一半，来自商业经营的收入，已经共计占到总数的近80%，而赞助部分仅为20%左右①。

根据法规条款，美国公共电视禁止播放广告。但是，随着美国联邦政府拨款的萎缩，一些公共电视台已部分地或堂而皇之地做起广告或更加倾向于做广告，商业赞助的形式越来越灵活多样，公共电视中企业鸣谢越来越接近传统的商业广告，它可以提及赞助商的名称、电话、地址，可以出现展示其Logo或产品的画面，可以客观叙述产品和服务，而且在公共电视总收入的比率也逐年上升②。

"随着公共电视对企业赞助的依赖越来越强，美国联邦通讯委员会（FCC）针对公共电视对企业鸣谢（announcement）的规范却变得越来越宽松。起初，对赞助企业的鸣谢被限制在非常严格的框架内，但随着节目制作费用的增长，联邦政府拨款的萎缩，商业赞助显得越来越重要，加上里根政府上台后对广播电视业执行放松管制的政策，公共电视对赞助企业的鸣谢方式也越来越'灵活'。从最早只能提及企业名称，到可以提及产品，再到20世纪80年代中期的'升级版'鸣谢规定，又到如今把对企业赞助商的鸣谢时间放宽至30秒，公共电视的'鸣谢'与商业电视的广告之间的界限越来越模糊。"③

不少企业认为，公共电视品牌是最重要的资产，它们愿意与之积极合

---

① 参见陆生《走进美国电视》，复旦大学出版社2007年版，第112页。

② 参见苏华《制度设计和财源：英、日、美公共电视要素分析》，《沿海企业与科技》2012年第10期。

③ 侯红霞：《美国公共电视的资金机制及其问题》，《现代传播》2013年第9期。

作。例如，PBS 和 AOL 的策略性联盟，旨在成为内容的合作者，两个公司提供网络的超链接，AOL 在网络上促销 PBS，而 AOL 可接收 PBS 的节目。又如 PBS 联合华纳兄弟唱片公司，营销某个商标的录音带①，如此等等，不一而足。

不过，公共电视从事相关的商业活动的前提应当是商业活动源于公共服务目标。为商业活动制作的节目必须与为公共服务制作的节目有某种关系，并且公共服务的宗旨是构成商业活动节目的基础，以此指导商业活动的发展②。

---

① 参见彭芸《汇流时代的电视产业及观众》，台湾五南图书出版公司 2004 年版，第 75 页。

② 参见［英］尚克尔曼《透视 BBC 与 CNN：媒介组织管理》，彭泰权译，清华大学出版社 2004 年版，第 199 页。

第七章 美国公共电视的启示意义

在过去的 20 多年里，广播电视发展的最突出的特点之一就是公共服务体系在全球范围内的衰落。数据显示，在 20 世纪 70 年代中期，德国、法国、荷兰的公共服务电视均占其本国电视市场份额的 100%，意大利占91%，英国占 52%。到了 90 年代，公共服务电视所占市场份额均大幅下降，德国为 69%，意大利为 46%，法国为 33%，荷兰为 58%，英国为48%[①]，其中尤以欧洲联盟特别是英国最为明显。许多人把公共电视看作早期国家统治时代一件没有效率的遗物、一个过时的概念，缺少竞争已使许多公共电视沾沾自喜和人浮于事；而商业电视在利用市场的技巧方面常常表现得更为老到，商业电视较之呆板的、熟识的公共电视更富有进取精神并更令人兴奋[②]。诚然，在当代社会急遽转型、商业电视大放异彩的今天，美国公共电视备受诟病，四面楚歌，但是，其独特的价值和历史功绩仍令人津津乐道。

当前，我国正在着力构建广播电视公共服务体系。由于这一系统工程"背后的制度安排和理念更加复杂而深刻"，因此"研究中国广播电视公共服务体系更多的是对政策变迁、现实运作等实践的经验总结与参照国际通行模式的审视和探索"[③]。面对创建"中国模式"的全新实践，罔顾语境、生搬硬套地移植美国"非商业""非政府"的公共电视模式，显然会有"无土栽培"或"水土不服"之虞，但是，"通过认识美国可以避免发

---

① 转引自潘祥辉《论媒介技术演化和媒介制度变迁的内在关联》，《北京理工大学学报》（社会科学版）2010 年第 1 期。

② Monroe E. Price and Marc Raboy, *Public Service Broadcasting in Transition: A Documentary Reader*, The Hugae: Kluwer Law International, 2003, pp. 6–7.

③ 胡正荣、李继东主编：《中国广播电视公共服务体系：目标与实践研究》，中国广播电视出版社 2010 年版，序言。

生错误"①，美国公共电视的理念与机制，可以为我国的本土化实践提供
有益的启示与借鉴。从某种意义上说，检视美国公共电视发展的实践经
验，既是对历史的尊重，也是对未来的启迪。

一 社会整合：美国公共电视的显在功能

人们的日常生活原本是由众多不同的现实"世界"构成的，在不同
的情境下，人们运用不同的知识，套用不同的假设，履行不同的规则，扮
演不同的角色。所有这些构成了人们身份的核心，并呈现出人的多元而复
合的特征——"自身的多元化"②。因此，在价值多元化和传媒多样化的
时代，政府应高度重视公共电视的整合凝聚作用。

美国公共电视的先驱们认为，公众是一个相当巨大、广泛散居、持久
存在的集合体，他们各自有着特殊利益及意识形态，并非铁板一块。因
此，如何在现代民主社会开放的政治环境下，有效地调动民众的注意力与
情绪，在一定的公共领域彼此交锋竞争、协调合作，发挥"第四权力"
监督政府和社会实力集团、制造社会舆论以影响社会政治与公众思想的功
能③，避免社会经济、政治、种族、文化方面的分裂与分化加剧，进而形
成社会的统一体，公共电视可以发挥独特的作用。例如，"9·11"之后
美国公共电视网播出了一系列节目来讨论美国民众如何面对"9·11"之
后的生活，如何处理各族裔、各宗教派别之间的关系，满足了社会的公共
利益。美国民众评价这些节目"使得美国人民重新团结在一起"④。

美国公共电视的最初理念，即是提供对公共事务、庆典以及国家大事
的大范围的公共接近途径，提供一个国家与社会之间的空间，在这个被称
为公共领域的空间里，建立足以将公民社会凝聚起来的共识，从而揭示和
解决社会对抗，以维护公众利益⑤。换句话说，公共电视的存在前提，是
面对全体社会成员——公众的，公共电视本质上是保证公众在公共领域实

---

① ［美］赫伯特·席勒：《大众传播与美利坚帝国》，刘晓红译，上海译文出版社2006年
版，第17页。

② Peter Dahlgreen, "Public Service Media, Old and New: Vitalizing a Civic Culture?", *The Canadian Journal of Communication*, Vol. 24, No 4, 1999.

③ 参见郑涵《当代西方传媒制度》，上海交通大学出版社2008年版，第48页。

④ 周小普、王丽雅：《美国公共电视网公益性内涵浅析》，《国际新闻界》2007年第3期。

⑤ 参见郑涵《当代西方传媒制度》，上海交通大学出版社2008年版，第19—20页。

现公共利益的一项传媒制度安排。

公共电视与商业电视的根本区别在于：后者遵从市场的逻辑，只需吸引用户锁定屏幕即告完成任务；而前者永远要面对一个更大的媒介环境传播它的声音，更重要的是，要意识到应该传播什么声音，可以起到什么作用（其他机构起不到或将无法起到）——强调共享和共同，强调多元和分化，强调归属和参与。社会心理学家多米尼克·沃尔顿提醒人们不应忘记公共电视，因为公共电视的"呼唤真正创造了'社会联系'。'明天，在一个互动的和网络密布的多媒体的世界里，公共媒体将会比昨天扮演更重要的角色，因为它们将是个人主义的大众社会里为数不多的社会联系之一。公共媒体的目标就是在极端等级主义、个人主义的社会里继续共享某些东西'"①。

现代传媒技术飞速发展带来的一个显著而直接的社会变化，就是人们媒体选择数量的惊人增长。与此同时，由多样化传媒隔绝为四分五裂的众多亚群体，亦使得社会的价值更趋多元。批判学派理论家恩森斯伯格（Enzensberger）不无忧虑地指出："新的传播技术将带来巨大的变革，将从根本上削弱传统的国家基础和资本主义垄断；在互动交流的基础上，不受文化藩篱阻隔的新型社区也将会出现。"② 在此情形下，一个社会若要作为统一的整体长期存在和发展，就需要社会成员对该社会达成一种"共识"，即对客观存在的事物、重要的事物以及它们之间的相互关系形成大体一致或接近的认识。只有在这个基础上，人们的认识、判断和行为才会有共同的基准，社会生活才会实现协调。

公共电视隐含了一种潜移默化中影响受众思想观念、价值取向甚至文化认同的"涵化"功能，它能造就一个良好的社会，通过加强公民权的体验以及身份和各种社会体验的归属感，更好地履行由公共电视向受众提供和传播信息，由受众选择、使用、理解和影响信息的重要职能。正如有学者指出的那样，"文化身份是公民归属感的集中体现。这种归属感不是来自强制性的认同，而是来自经过历史和生活培育而成的油然生成的情愫。在当代，大众传媒，尤其是电视，是社会和历史的主流叙述者，是文

---

①　Price E. Monroe, Raboy Marc, *Public Service Broadcasting in Transition: A Documentary Reader*, The Hugae: Kluwer Law International, 2003, p. 31.

②　[美] 丹尼斯·麦奎尔：《受众分析》，刘燕南、李颖、杨振荣译，中国人民大学出版社2006年版，第34页。

化的传播者和历史的传承者，是公民社会化的主要渠道。通过日常的、点点滴滴的接触，公民才成为社会的、民族的、文化的群体。"①

二　内容为王：美国公共电视的生存之道

当曾作为全美最具权威的电视新闻杂志栏目《Dateline》的执行制片、并亲自指导著名主持人汤姆·布罗考转型成为布莱恩·威廉姆斯的尼尔·夏皮罗被问及从商业电视台转入公共电视台是否有不适应时，他说："完全没有，我非常高兴在这里工作，如同我当时为什么选择做记者的理由一样。电视可以使人进步，她可以照亮、激励别人，并把艺术和文化带给那些没有经历过的人们。我们正在挖掘新一代的伟大作家和伟大的表演者。我们将会发现未来的阿瑟·米勒和下一个梅丽尔·斯特里普。"②

基于对人类本身多样性的尊重，美国公共电视矢志"要广泛承诺提供并保护多样的、互补的节目表……有着高远的志向，不仅仅提供娱乐性节目。要努力制作出高质量、很流行的节目。它要确实能公正地评判人类的经验。它涉及的类型要尽可能地多。它要提高人们生活的质量。它的节目种类要能反映出人类的复杂性"③，否则，公共电视的传播内容若与商业电视相差无几，其存在的合理性必然会遭到公众的质疑。

在加拿大传播学者马克·莱伯伊看来，美国公共电视提供的节目内容始终与信息、教育和娱乐这三重使命紧密联系在一起，体现出以下五个特征：（1）公正的、启蒙的信息。公共电视必须提供给观众能够形成对事件最公正可能的看法与信息，并进行深度阐释，细致审视，以启发民智。（2）普遍感兴趣的服务节目。公民们能够找到他们感兴趣的不同题材，所有这些节目简称为"服务节目"或"普遍兴趣节目"，它们常常涉及人们感兴趣的当代问题或实际问题，宣讲消费或法律问题，提供现实的建议，讨论健康问题，告示社区服务等。正是通过这样一些节目，公共电视更充分地满足了大众的特殊需求。（3）留下深刻印象的节目。必须促进

---

① 郭镇之：《数字化时代的公共广播电视》，传播学论坛（http://www.chuanboxue.net/list.asp? unid = 2231，2006 - 10 - 18）。

② Fritz Jacobi, "Is PBS Still Necessary?", *Televison Quarterly*, Spring/Summer, 2008.

③ ［美］约翰·基恩：《媒体与民主》，邵继红、刘士军译，社会科学文献出版社2003年版，第103页。

艺术与文化的发展，为广大公众提供以娱乐为特征的原创作品，给他们留下深刻的印象。此外，电视的教育使命不应该被夸大，应该牢记捷克·里戈德的忠告，传媒尤其是电视，不是夜间的课程。（4）自行设计的节目。公共电视的特殊规范，要求节目设计应有特别的关注。自行设计的节目不仅要符合公共电视的宗旨，而且要保证满足长年不断的专家鉴定的要求。它应成为公共电视的校准器，一种与其他电视台相区别的身份和"信号曲"。（5）全国性的内容。内容上是全国性的，并不意味着外国节目被排除在外。但是，按照它们担当的公共论坛的角色，公共电视机构首先必须促进当前它们所操纵的社会的观点、意见和价值的表达①。

遵循这一规约，什么是公共电视的个性？什么使得公共电视必须满足特殊社会正在变化的需要？公共电视是多样化的吗？它宣讲少数人的需求和利益的方式不会被商业电视采用吗？为公民提供信息是一项义务吗？公共电视有特别的责任鼓励公民提供创作和产品吗？公共电视在文化冲突和身份认同中负有何种责任？在全球频道和数字化时代，公共电视如何才能表现得与众不同？公共电视怎样确保节目的客观与公正，反映各种政治观点？诸如此类的问题，常常成为拷问和衡量公共电视节目生产质量的准绳。

名动天下的《麦克尼尔/莱赫尔新闻时间》试图把印刷术的话语因素带入电视，舍弃了视觉刺激，由对事件的详细报道和深度访谈构成。该节目每次只报道少数几个事件，强调背景资料和完整性②，长期被称为公共电视最佳新闻和信息节目之一。

众多的家长对公共电视为其孩子提供一个比较安全的收视环境一直心存感激，《罗杰斯先生》《邻居》《芝麻街》《阅读彩虹》《克里福德》《阿瑟》《我们一家都是狮》和《大千世界》等节目不仅为无数孩子着迷，同时也赢得了家长们的口碑。

波士顿的 WGBH 台在科学、纪录片和戏剧表演的创新方面有着悠久的历史，地方生产的节目构成其主要的新闻和公共事务服务。

美国公共电视节目获得的艾美奖的数量也相当多。仅 2007 年，美国

---

① Monroe E. Price and Marc Raboy, *Public Service Broadcasting in Transition: A Documentary Reader*, The Hugae: Kluwer Law International, 2003, pp. 16－18.

② 参见［美］尼尔·波兹曼《娱乐至死》，章艳译，广西师范大学出版社 2004 年版，第137 页。

公共电视台就狂揽艾美奖 8 项新闻、纪录片奖。其节目内容的质量和品位由此也可见一斑。

美国教育广播公司主席兼首席执行官威廉·F. 贝克自信地认为："能拯救公共电视现状的既不是我们，也不是富人，而是那些普普通通的美国人。"贝克的自信源自他对"美国人是不会让公共电视消亡的"这样一个基本面的判断。因为电视观众需要的那些体现文化多样性的公共电视节目，是无法在商业电视节目的丛林中搜索到的。这也证明"内容为王"才是公共电视的"必杀技"和"护身符"①。

三　公共治理：美国公共电视的运行机制

美国公共电视是传统政府管理模式的典型样本。然而，"20 世纪 80 年代以前，传统政府管理模式占据主导地位，其主要特征包括：（1）对政府追求公共目标的动机和政府能力的高度自信。政府就像大公无私而又能力非凡的骑士，当出现市场缺陷和社会病症时行侠仗义，祛邪匡正。（2）夸大公共部门和私营部门之间的区别，淡化两者在管理方面的共通性。（3）以公共部门的特殊性为由，强化公共服务的政府垄断、集中化管理和政府机构的直接生产，排斥市场主体、市场价值和市场机制。（4）政府改革持续不断，但都具有内向特征，关注焦点是政府组织结构、程序、公务员素质提高和奖惩制度的改进"②。

按照新公共服务理论的观点，公共利益不是由个人的自我利益聚集而成的，而是产生于一种基于共同价值观的对话，公共利益是目标而非副产品。政府是用来做出公共决策的一种机制。在实现公共服务的整个过程中，政府必须承担最终责任，保障公共服务的提供和绩效，但提供公共服务的方式，却可以根据情况灵活选择和组合。这就是说，政府必须依法履行公共服务的最终责任，同时完善政府、社会组织和公民之间的公共治理机制。

制度是人的行为规则，是一种受益或受损的权利，它直接影响资源配

---

① William F. Baker, The New World of American Media（http：//www. annenberg. usc. edu, 2007 James L. Loper Lecture in Public Service Broadcasting, USC, November 12, 2007）.

② 参见周志忍《当代政府管理的新理念》，《北京大学学报》（哲学社会科学版）2005 年第 3 页。

置效率。美国公共电视有一整套保障其公益性实现的制度设计，正是这些制度构成了公共电视保护者的社会环境。PBS 董事长埃文斯·S. 杜根之所以把美国公共电视喻为一笔伟大的国家财富，它与国家公园或者史密森学会无法相提并论，是因为公共电视奉行公民不应因为地理时限等因素而分享不到高质量的多元公共利益/价值的信息这一根本原则，象征着捍卫人类信息自由传播的理想。

　　首先，以法治业的历史传统，保证了美国公共电视生存的合理与合法。"美国是世界上最早应用无线电技术建立广播电视体系的国家之一，其体制的建立具有内生性与稳定性，能提供完整的关于体制变迁的模型与案例。"[①] 美国公共电视的整个管理过程都置于法律框架和公众监督之下，立法机构对其管理权限、组织形式、活动方式、基本职责和法律责任都以条文形式明确约定，这使它必须严格地在法定范围内运行。例如，《1927 年无线电法》要求广播电视必须满足"公共利益、方便和必需"，保持中立并公平地反映政府、政党、个人、宗教、社会和营利团体的声音；《1934 年通讯法》明确将无线电频谱资源视为一种公共财产，严禁商业利益凌驾于公共利益之上，并创建联邦通讯委员会（FCC）负责监管所有的节目内容；《1967 年公共广播法》在使公共电视身份合法化的同时，也确定了公共电视的根本特征——非营利性。FCC 辛克莱广播集团之所以不受《宪法》第一修正案的权力保护而获得一张运营许可证，是因为它无法满足公众利益。相反，最高法院判定"红狮"广播公司作为一个合法的基本标准，是希望将公众利益放在传播者之上，因为"观众和听众的权利，而不是广播公司的权利，才是压倒一切的"[②]。

　　其次，权力制衡的管理原则，保证了美国公共电视服务的公平和尽责。美国的多党制决定了公共电视的管理权必须与政府脱钩，否则会有被政府（执政党）操控之虞。尽管由于公共电视的国有特征，这种脱钩并不彻底，但分工明确、各自独立的管理模式无疑减少了营私牟利的可能。作为独立的联邦行政机构，美国联邦通讯委员会（FCC）向国会负责，对广播、电视、电信进行宏观政策管理；而美国公共广播公司（CPB）作为

---

　　① 张春华：《简析美国广播电视体制"公众委托模式"的困境》，《中国电视》2011 年第11 期。

　　② 郝晓贞：《由"红狮案"透视美国媒体与政府、司法机构的博弈》，传媒学术网（http：//www.my510.com/forum/article‐651464.html，2006‐09‐12）。

一个非政府、非营利性机构，主要职责是进行微观业务管理，如分配联邦政府的拨款、向社会各界争取捐助、支付全国性节目的制作费、协调公共广播电视与政府以及各台之间的联系；美国公共电视网（PBS）则是一个由354个加盟电视台组成的公共电视机构，负责向全国公共电视台传送、交流电视节目，向国会提供公开透明的年度报告、接受每年一次的责任审计是PSB法定的职责。PBS严禁将节目与分配挂钩，节目审批归CPB。

最后，资金筹措的多元模式，保证了美国公共电视运作的秩序与效率。在国会拨款、基金会、企业赞助、社会捐赠等多种资金模式中，每三年审批一次的国会拨款，是美国公共电视发展的主要命脉，体现了政府对公共利益的坚定捍卫与支持。以福特、佩恩、卡内基为代表的私人基金会每每在关键时刻给予公共电视慷慨的扶持，并促成了非商业电视的成功转型。由于美国公共电视赢得了"公共信托"和"人民的事业"的美誉，除了基金会外，它还广泛地获得全国范围内的资金捐助人——那些拥有高学历、良好的文化修养和高度的国家责任感的人，以及认识到在一个民主国家里有一个强有力的、勇敢的并且完全独立的公共电视是多么重要的那部分人。他们的捐赠资金支持和开发的新节目与系列专辑，随后成了捐赠者遗留给世界的遗产①。此外，企业赞助也是美国公共电视自我拯救的一条重要途径。上述所有这些资金筹措渠道，演绎成美国公共电视令人瞩目的公共治理现象。

总之，美国公共电视发展模式创新的首要任务就是"打破政府神话。只要能够证明，在某一特定领域应用特定民营化方式能够更好地提供公共产品或服务，对改革者来说就是一种胜利，因为这打破了政府垄断性直接生产是唯一最佳模式的观念，为市场化改革破除了思想藩篱，开拓了发展空间"②。

四　唯变所适：美国公共电视的发展策略

近年来，西方国家公共电视普遍地由盛转衰，颇遭非议，主要有三个

---

① 参见 Mary G. F. Bitterman, A Public Trust Revisited（http：//www. annenberg. usc. edu. 2005）。

② ［美］唐纳德·凯德尔：《权力共享：公共治理与私人市场》，北京大学出版社2009年版，序言第2页。

原因：一是传媒技术革命极大地缓解了频谱资源的不足，使得更多的商业电视加入竞争；二是新保守主义者当政削减公共开支；三是政府干预影响了公共电视的编辑独立原则。看来，公共电视即使肩负崇高的使命，也无法独善其身于市场经济的洪流之外。

值得警惕的是，商业电视奉行的物竞天择的"丛林法则"，迫使公共电视不得不为生存而战，原来意义上的公共电视体制在性质上悄然发生着变化。以公共服务而著称的德国电视台在第二次世界大战后建台不久就开始吸收广告资金，如今许多公共电视纷纷在有限的范围内展开商业运作，英国 BBC 也不例外。美国公共电视的生存环境在 20 世纪 90 年代初出现了出人意料的转变，国内的保守派 1992 年在国会展开大规模的游说，希望将公共电视私有化；更有甚者，1995 年共和党执掌参、众两院，议长金里奇指责公共电视自由派的倾向，誓将公共电视的拨款经费减为零。一段时间内，美国联邦政府给予公共电视的资助持续下滑。据统计，1999年在所有经合组织（OECD）国家中，公共广播电视财政资助占国内生产总值（GDP）0.25% 以上的国家只有芬兰，公共财政资助占 GDP 0.2% 以上的国家有丹麦、挪威和英国，而公共财政资助最低的国家则是美国，还不到 GDP 的 0.05%[①]。显然，公共电视的资金筹措对其成功地追求目标实现具有意义深远的影响。"由于一开始就得不到足够的资金，电视公共服务模式始终面临着认同危机。"[②]

从 1995 年开始，美国公共电视开始努力建设一个更向市场倾斜的"新的公共电视"（New PBS），其定位是 21 世纪的"现代媒体企业"，以适应数字化技术时代的发展需求。于是，人们看到越来越多的公共与商业资金的混合形式。过去几年里，一些公共电视台已部分地或堂而皇之地做起广告或更加倾向于做广告，创造新的赞助者服务或者倡导完全的商业活动以资助它们的主要服务目标。例如，在白天儿童节目之前或之后，儿童麦片、水果糖及其他产品，就引起了不少正反两方的辩驳。许多企业认为，公共电视品牌是最重要的资产，它们愿意与之积极合作。例如，PBS和 AOL 的策略性联盟，旨在成为内容的合作者，两个公司提供网络的超

---

① 参见李娜《媒介市场化与公共广播电视的危机》，中国传媒大学出版社 2009 年版，第 89页。

② ［美］约翰·基恩：《媒体与民主》，邵继红、刘士军译，社会科学文献出版社 2003 年版，第 110 页。

链接，AOL 在网络上促销 PBS，而 AOL 可接收 PBS 的节目。又比如 PBS
联合华纳兄弟唱片公司，营销某个商标的录音带①，等等。

当代美国广播电视业的发展，获益于其较为完善的市场机制方面的优
势。美国联邦通讯委员会（FCC）原主席马克·富勒和丹尼尔·布伦纳曾
指出，资源稀缺基础上的"公共委托模式"在新的技术条件下丧失了合
理性，该模式不利于提高生产效率，受众福利可以交由市场而非政府去决
定。"给经营者自由，让他们应对市场，换句话说，就是给消费者主权。"
他们不再把广电媒体看作社会和文化工具。在其主政下，FCC 的规制目
标从促进社会平等转向提高经济效率，从保护传统广电转向鼓励引进新技
术、新服务。20 世纪 80 年代，FCC 逐步解除了长期以来为提升节目多元
化、地方服务等公共利益标准而设立的节目内容规约。《1996 年电信法》
大幅放松了广电所有权的多元化限制，鼓励垂直合并，同时缩减其公共受
托人义务，很大程度上导致了当地音乐人、政治候选人、慈善机构等接触
公共电视机会的丧失。

在我们看来，政策不仅是纠正市场失灵和解决竞争纠纷的工具，更是
塑造传媒市场未来发展的更为基础的途径。从倘若过分依赖国会每年给予
的有限拨款和无法明确预计的社会捐赠，公共电视是得不到真正的自由的
角度来说，唯变适从或许是美国公共电视十分现实和明智的选择。

---

① 参见彭芸《汇流时代的电视产业及观众》，台湾五南图书出版公司 2004 年版，第 75 页。

附录一 《独立宣言》

大陆会议(1776 年 7 月 4 日)

美利坚合众国十三个州一致通过的独立宣言:

在有关人类事务的发展过程中,当一个民族必须解除其和另一个民族之间的政治联系,并在世界各国之间依照自然法则和自然神明的意旨,接受独立和平等的地位时,出于人类公义的尊重,必须把他们不得不独立的原因予以宣布。

我们认为以下这些真理是不言而喻的:人人生而平等,人人都享有造物者赋予他们的若干不可剥夺的权利,生命的权利、自由的权利和追求幸福的权利。

为了保障这些权利,人类才在他们之间建立政府,而政府之正当权力,是经被治理者的同意而产生的。

当任何形式的政府对这些目标具有破坏作用时,人民便有权利改变或废除它,以建立一个新的政府;其赖以奠基的原则,其组织权力的方式,务使人民认为唯有这样才最可能获得他们的安全和幸福。为了慎重起见,成立多年的政府,是不应当由于轻微和短暂的原因而予以变更的。过去的一切经验也都说明,任何苦难,只要是尚能忍受,人类都宁愿容忍,而无意为了本身的权益便废除他们久已习惯了的政府。但是,当追逐同一目标的一连串滥用职权和强取豪夺发生,证明政府企图把人民置于专制统治之下时,那么人民就有权利,也有义务推翻这个政府,并为他们未来的安全建立新的保障——

这就是这些殖民地过去逆来顺受的情况,也是它们不得不改变政府制度的原因。大不列颠国王的历史,是接连不断地伤天害理和强取豪夺的历史,这些暴行的唯一目标,就是想在这些州建立专制的暴政。为了证明所言属实，现把下列事实向公正的世界宣布——

他拒绝批准对公众利益最有益、最必要的法律。

他禁止他的总督们批准迫切而极为必要的法律，要不就把这些法律搁置起来暂不生效，等待他的同意；而一旦这些法律被搁置起来，他对它们就完全置之不理。

他拒绝批准便利广大地区人民的其他法律，除非那些人民情愿放弃自己在立法机关中的代表权；但这种权利对他们有无法估量的价值，而且只有暴君才畏惧这种权利。

他把各州立法团体召集到异乎寻常的、极为不便的、远离它们档案库的地方去开会，唯一的目的是使他们疲于奔命，不得不顺从他的意旨。

他一再解散各州的议会，因为它们以无畏的坚毅态度反对他侵犯人民的权利。

他在解散各州议会之后，又长期拒绝另选新议会；但立法权是无法取消的，因此这项权力仍由一般人民来行使。其实各州仍然处于危险的境地，既有外来侵略之患，又有发生内乱之忧。

他竭力抑制我们各州增加人口；为此目的，他阻挠外国人入籍法的通过，拒绝批准其他鼓励外国人移居各州的法律，并提高分配新土地的条件。

他拒绝批准建立司法权力的法律，借以阻挠司法工作的推行。

他把法官的任期、薪金数额和支付，完全置于他个人意志的支配之下。

他建立新官署，派遣大批官员，骚扰我们人民，并耗尽人民必要的生活物质。

他在和平时期，未经我们的立法机关同意，就在我们中间维持常备军。

他力图使军队独立于民政之外，并凌驾于民政之上。

他同某些人勾结起来，把我们置于一种不适合我们的体制且不为我们的法律所承认的管辖之下。

他还批准那些人炮制的各种伪法案来达到以下目的：

在我们中间驻扎大批武装部队；

用假审讯来包庇他们，使他们杀害我们各州居民而仍然逍遥法外；

切断我们同世界各地的贸易；

未经我们同意便向我们强行征税；

在许多案件中剥夺我们享有陪审制的权益；

罗织罪名押送我们到海外去受审；

在邻近地区废除英国的自由法制，在那里建立专制政府，并扩大它的疆界，企图把它变成既是一个样板又是一个得心应手的工具，以便进而向这里的各殖民地推行同样的极权统治；

取消我们的宪章，废除我们最宝贵的法律，并且根本上改变我们各州政府的形式；

中止我们自己的立法机关行使权力，宣称他们自己有权就一切事宜为我们制定法律。

他宣布我们已不属他保护之列，并对我们作战，从而放弃了在这里的政务。

他在我们的海域大肆掠夺，蹂躏我们沿海地区，焚烧我们的城镇，残害我们人民的生命。

他此时正在运送大批外国佣兵来完成屠杀、破坏和肆虐的老勾当，这种勾当早就开始，其残酷卑劣甚至在最野蛮的时代都难以找到先例。他完全不配作为一个文明国家的元首。

他在公海上俘虏我们的同胞，强迫他们拿起武器来反对自己的国家，成为残杀自己亲人和朋友的刽子手，或是死于自己的亲人和朋友的手下。

他在我们中间煽动内乱，并且竭力挑唆那些残酷无情、没有开化的印第安人来杀掠我们边疆的居民；而众所周知，印第安人的作战律令是不分男女老幼，一律格杀勿论的。

在这些压迫的每一阶段中，我们都是用最谦卑的言辞请愿改善；但屡次请求所得到的答复是屡次遭受损害。一个君主，当他的品格已打上了暴君行为的烙印时，是不配做自由人民的统治者的。

我们不是没有顾念我们英国的弟兄。我们时常提醒他们，他们的立法机关企图把无理的管辖权横加到我们的头上。我们也曾把我们移民出这里和在这里定居的情形告诉他们。我们曾经向他们天生的正义感和雅量呼吁，我们恳求他们念在同种同宗的份儿上，弃绝这些掠夺行为，以免影响彼此的关系和往来。但是他们却对于这种正义和血缘的呼声一直充耳不闻。因此，我们实在不得不宣布和他们脱离，并且以对待世界上其他民族一样的态度对待他们：战即为敌；和则为友。

因此，我们，在大陆会议上集会的美利坚合众国代表，以各殖民地善良人民的名义并经他们授权，向全世界最崇高的正义呼吁，说明我们的严正意向，同时郑重宣布；这些联合的殖民地是而且有权成为自由和独立的国家，它们取消一切对英国王室效忠的义务，它们和大不列颠国家之间的一切政治关系从此全部断绝，而且必须断绝；作为自由独立的国家，它们完全有权宣战、缔和、结盟、通商和独立国家有权去做的一切行动。为了支持这篇宣言，我们坚决信赖上帝的庇佑，以我们的生命、我们的财产和我们神圣的名誉，彼此宣誓。

约翰·汉考克，主席

查尔斯·汤森，秘书

新罕布什尔：约西亚·巴列特、威廉·卫普、马修·松顿

马萨诸塞：山缪·亚当斯、约翰·亚当斯、约翰·汉考克、罗伯特·崔特·潘恩、艾尔布里吉·杰利

罗德岛州：史帝芬·霍普金斯、威廉·艾勒里

康涅狄格州：罗杰·谢尔曼、山缪·杭丁顿、威廉·威廉斯、奥利佛·渥寇特

乔治亚：巴顿·格威内特、李曼·侯尔、乔治·华顿

马里兰：山缪·却斯、威廉·帕卡、托马斯·史东、卡罗顿的查尔斯·卡罗

维吉尼亚：乔治·怀勒、理查·亨利·李、托马斯·杰斐逊、本杰明·哈里森、小托马斯·尼尔森、法兰西斯·莱富特·李、卡特·布瑞斯顿

纽约：威廉·佛洛依德、菲利普·李文斯顿、法兰西斯·路易斯、路易斯·莫里斯

宾夕法尼亚：罗伯特·莫里斯、本杰明·拉许、本杰明·富兰克林、约翰·莫顿、乔治·克莱谟、詹姆斯·史密斯、乔治·泰勒、詹姆斯·威尔森、乔治·罗斯

特拉华：乔治·瑞德、凯撒·罗德内、托马斯·麦肯

北卡罗来那：威廉·霍普、约瑟夫·希维斯、约翰·潘恩

南卡罗来那：爱德华·拉特利奇、托马斯·黑华、小托马斯·林区、亚瑟·米窦顿

新泽西：理查·史塔克顿、约翰·维斯朋、法兰西斯·霍普金斯、约

翰·哈特、亚伯拉罕·克拉克

（译文参见［美］加里·沃塞曼《美国政治基础》，陆震纶、何祚康、郑明哲等译，中国社会科学出版社 1994 年版，第 221—224 页）

附录二 《美利坚合众国宪法》

序 言

我们合众国人民，为了建立一个更完善的联邦，树立正义，确保内部安宁，提供共同防御，增进公共福利，并确保我们自身和子孙后代永享自由的幸福，特制定美利坚合众国宪法。

第一条

第一款 本宪法所授予的全部立法权，均属于由参议院和众议院组成的合众国国会。

第二款 众议院由各州人民每两年选举产生的议员组成，每州的选举人应具有该州州议会人数最多一院的选举人所需具备的资格。

凡年龄未满 25 岁，为合众国公民未满 7 年以及当选时非其选出州居民者，不得为众议院议员。

【众议员人数和直接税税额①，均应按本联邦所辖各州的人口比例分配于各州，各州人口数目指自由人总数加上其他人口的 3/5。自由人总数包括必须在一定年限内服役的人，但不包括未被征税的印第安人。】② 人口的实际统计应于合众国国会第一次会议后 3 年内，以及此后每 10 年内依照法律规定的方式进行。众议员人数以每 3 万人选出 1 人为限，但每州至少应有众议员 1 人。在实行此种人口统计前，新罕布什尔州可选出 3 人，马萨诸塞州 8 人，罗德岛州和普罗维登斯种植地 1 人，康涅狄格州 5

---

① 已由第十六条修正案中有关所得税部分代替。

② 已由第十四条修正案废止。

人，纽约州 6 人，新泽西州 4 人，宾夕法尼亚州 8 人，特拉华州 1 人，马里兰州 6 人，弗吉尼亚州 10 人，北卡罗来纳州 5 人，南卡罗来纳州 5 人，乔治亚州 3 人。

任何一州所选众议员中出现缺额时，该州行政长官应发布选举令以补足此项缺额。

众议院应选举该院议长和其他官员，并独自享有弹劾权。

第三款　合众国参议院由每州州议会①选举 2 名参议员组成，参议员任期 6 年，每名参议员有 1 票表决权。

参议员在第一次选举后集会时，应即尽可能平均分为三组：第一组参议员应于第 2 年年终改选，第二组参议员应于第 4 年年终改选，第三组参议员应于第 6 年年终改选，以便每两年改选参议员总数的 1/3。

在任何一州州议会休会期间，如因辞职或其他原因出现参议员缺额，该州行政长官可在州议会召开下次会议时补足缺额之前，任命临时参议员。②

凡年龄未满 30 岁，为合众国公民未满 9 年以及当选时非其选出州居民者，不得为参议员。

合众国副总统应为参议院议长，除非出现该院全体参议员的赞成票和反对票相等的情况，议长无投票权。

参议院应选定本院其他官员，遇副总统缺席或行使合众国总统职权时，还应选举临时议长。

所有弹劾案，只有参议院有权审理。在开庭审理弹劾案时，参议员们均应宣誓或作郑重声明。合众国总统受审时，应由最高法院首席大法官主持审判。无论何人，非经出席参议员的 2/3 同意，不得被定罪。

弹劾案的判决，应以免职和剥夺其担任并享有合众国荣誉职位、信任职位或高收益职位的资格为限；但被定罪者仍应依法接受起诉、审讯、判决和惩罚。

第四款　举行参议员和众议员选举的时间、地点和方式，由各州州议会自行规定，但除选举参议员地点一项外，国会可随时以法律制定或改变此类规定。

---

① 已由第十七条修正案第一款修正。
② 已由第十七条修正案修正。

国会至少每年应开会一次，除以法律另行指定日期外，会议应在 12 月的第一个星期一举行。

第五款　各院应自行审查本院议员的选举、选举结果报告和议员资格；各院议员出席过半数即构成议事的法定人数；不足法定人数时可逐日休会，并可依照各院规定的方式与罚则强迫缺席议员出席会议。

各院可制定其议事程序规则，处罚扰乱秩序的议员，并可经 2/3 人数同意开除议员。

各院应保存本院的会议记录，并不时予以公布，但各院认为需要保密的部分除外；各院议员对任何问题所投的赞成票或反对票应依出席议员 1/5 的请求，载入会议记录。

在国会开会期间，一院未经另一院同意不得休会 3 日以上，也不得从两会开会地点移往他处。

第六款　参议员与众议员应取得由法律规定，并从合众国国库支付的服务报酬。两院议员，除犯有叛国罪、重罪和妨碍治安罪外，在出席各自议院会议期间和往返于各自议院途中不受逮捕；也不得因其在各自议院发表的演说或辩论而在其他任何地方受到质问。

参议员或众议员在其当选任期内不得出任合众国当局在此期间设置或增加薪俸的任何文官职务；在合众国政府供职者，在其继续任职期间，不得担任国会任何一院的议员。

第七款　所有征税议案应首先由众议院提出；但参议院可以如同对待其他议案一样，提出修正案或对修正案表示赞同。

经众议院或参议院通过的每一议案，均应在成为法律之前呈送合众国总统；总统如批准该议案，即应签署；如不批准，则应附上异议书将议案退还给提出该项议案的议院，该院应将总统异议详细载入本院会议记录，并进行复议。如经复议后，该院 2/3 议员同意通过，即应将该议案连同异议书送交另一院，另一院亦应加以复议，如经该院 2/3 议员认可，该项议案即成为法律。但在这种情况下，两院的表决应以投赞成票和反对票来决定，投赞成票或反对票的议员的姓名应分别载入各院的会议记录之内。如议案在送交总统后 10 日内（星期日除外）未经退还，即视为业经总统签署，此项法案即成为法；但如因国会休会而阻碍该议案退还，则该项议案不能成为法律。

凡须经参议员和众议院一致同意的命令、决议或表决（有关休会问题者除外）均应呈送合众国总统，以上命令、决议或表决须经总统批准始能生效。如总统不予批准，则应按照对于议案所规定的规则与限制，由参议院和众议院 2/3 议员再行通过。

第八款 国会拥有下列权力：

规定和征收直接税、间接税、进口税与货物税，以偿付国债、提供合众国共同防御与公共福利；但所有间接税、进口税与货物税应全国统一；

以合众国的名义借贷款项；

管理合众国与外国的、各州之间的以及与印第安部落的贸易；

制定全国统一的归化条例和破产法；

铸造货币，厘定国币和外币的价值，并确定度量衡的标准；

制定关于伪造合众国证券和通币的罚则；

设立邮政局并开辟邮路；

保障著作家和发明家对其著作和发明在限定期限内的专利权，以促进科学与实用技艺的发展；

设置低于最高法院的各级法院；

明确划定和惩罚在公海上所犯的海盗罪与重罪以及违反国际法的犯罪行为；

宣战，颁发缉拿敌船许可证和报复性的拘捕证，制定关于陆上和水上的拘捕条例；

招募陆军并提供给养，但此项用途的拨款期限不得超过 2 年；

装备海军并提供给养；

制定统辖和管理陆海军的条例；

规定征召民兵以执行联邦法律、平息叛乱和抵御外侮的条例；

规定民兵的组织、装备和纪律，规定可能征召为合众国服务的那部分民兵的管理办法；但民兵军官的任命和按照国会规定纪律训练民兵的权力由各州保留；

在任何情况下，对由某些州让与合众国，经国会接受，充作合众国政府所在地的区域（其面积不超过 10 平方英里）行使专有的立法权；并对经立法机构同意由合众国在该州购买的一切用于修筑要塞、军火库、兵工厂、船厂及其他必要建筑物的地方行使同样权力；

制定为执行以上各项权力和依据本宪法授予合众国政府或政府中任何机关或官员的其他一切权力所必要的和恰当的法律。

第九款　现有任何一州认为应予接纳的人员移居或入境时，国会在1808年以前不得加以禁止；但对入境者可征收每人不超过10美元的税金或关税。

根据人身保护令享有的特权，除非在发生叛乱或遭遇入侵，公共治安需要停止此项特权时，不得中止。

不得通过公民权利剥夺法案或追溯既往的法律。

除按本宪法前文对人口普查或统计结果规定的比例征税外，不得征收人头税或其他直接税①。

对于从任何一州输出的货物不得征收直接税或间接税。

任何贸易条例或税收条例不得给予一州港口以优于另一州港口的特惠，开往或来自一州的船舶不得强令其在另一州入港、出港或缴纳关税。

除依据法律规定拨款外，不得从国库中支款；一切公款的收支报告和账目应不时予以公布。

合众国不得授予贵族爵位；在合众国担任任何信任职位或高收益职位者，未经国会许可，不得接受任何外国君主或国家赠予的任何礼物、酬金、官职或爵位。

第十款　无论何州不得缔结条约、结盟或加入邦联；不得颁发缉拿敌船许可证和报复性拘捕证；不得铸造货币；不得发行纸币；不得将金银币以外的任何物品作为偿还债务的法定货币；不得通过公民权利剥夺法案、追溯既往的法律或损害契约义务的法律；不得授予任何贵族爵位。

无论何州，未经国会同意，不得对进出口货物征收进口税或间接税，但为执行该州检查法令而所绝对必要者不在此限。任何一州对进出口货物所征得的一切间接税和进口税的净所得额应充合众国国库之用，所有这类法律都应由国会负责修定与控制。

无论何州，未经国会同意，不得征收船舶吨位税，不得在和平时期保持军队或军舰，不得与另一州或外国缔结协定或条约，除非已实际遭受入侵或者遇到刻不容缓的危险，不得进行战争。

第二条

第一款　行政权属于美利坚合众国总统。总统任期为4年，副总统

---

① 已由第十六条修正案修正。

任期与总统任期相同。总统和副总统的选举办法如下：

各州应依照该州议会规定的方式选派选举人若干名，其人数应与该州所应选派于国会的参议员和众议员的总数相等；但参议员或众议员或在合众国政府中担任信任职位或高收益职位者不得被选派为选举人。

选举人应在本州集会，投票选举 2 人，其中至少应有 1 人不是选举人同州的居民。选举人应开列名单，写明所有被选人和每人所得票数；在名单上签名做证，封印后送至合众国政府所在地，呈交参议院议长。参议院议长应在参议院和众议院全体议员面前拆开所有证明书，计算票数。获得选票最多者如选票超出选举人总数的一半，即当选为总统。如不止 1 人获得过半数选票且票数相等，众议院应立即投票，选举其中一人为总统。如无人获得过半数票，则众议院应以同样方式从名单上得票最多的 5 人中选举 1 人为总统。但众议院选举总统时，应以州为单位投票，每州代表有 1 票表决权；以此种方式选举总统的法定人数为全国 2/3 的州各有 1 名或数名代表出席，并须取得所有州的过半数票始能当选。在总统选出后，获得选举人所投票数最多者，即当选为副总统；但如有 2 人或数人获得相等票数，参议院应投票选举其中一人为副总统。①

国会可决定选出选举人的时间以及选举人的投票日期，该日期须全国统一。

除出生于合众国的公民或在本宪法通过时已为合众国公民者外，任何人不得当选为总统。年龄未满 35 岁及居住于合众国境内未满 14 年者，亦不得当选为总统。

如遇总统免职、死亡、辞职或丧失履行总统权力和职责的能力时，该项职务应移交给副总统；在总统与副总统均被免职、死亡、辞职或丧失履行职务能力时，国会得依法律规定宣布某一官员代行总统职务，该官员即为代总统，直至总统恢复任职能力或新总统选出为止。

总统应在规定时间获得服务报酬，此项报酬在其当选任总统期间不得增加或减少。总统在任期内不得收受合众国或任何一州给予的任何其他酬金。

总统在就职前应作如下宣誓或郑重声明：

"我谨庄严宣誓（或郑重声明），我一定忠实执行合众国总统职务，

① 本段已于 1804 年为第十二条修正案修正。

竭尽全力，恪守、维护和捍卫合众国宪法。"

第二款   总统为合众国陆海军总司令，并在各州民团被征召为合众国服役时任民团总司令；总统可要求各行政部门的长官就其职责有关事项提出书面意见，并有权对触犯合众国利益的罪行发布缓刑令和特赦令，唯弹劾案不在此列。

总统在咨询参议院并取得其同意，并经该院出席议员 2/3 的赞成后，有权缔订条约；总统应提出人选，并在咨询参议院取得其同意后任命大使、其他使节和领事、最高法院法官，以及任命手续未经本宪法另行规定而须以法律加以规定的其他一切合众国官员。但国会如认为适当，可根据法律将下级官员的任命权授予总统一人，或授予各级法院或各部部长。

总统有权任命人员填补参议院休会期间可能出现的官员缺额，此项任命应在参议院下次会议结束时满期。

第三款   总统应经常向国会提供有关国情的报告，并将他认为必要和妥善的议案提请国会审议；总统可于非常时期召集国会两院或任何一院举行会议，如两院对休会时间意见分歧，总统可使两院休会到他认为适当的时间为止；总统应接见大使和其他使节，应监督一切法律的切实执行，并任命合众国的所有官员。

第四款   总统、副总统及合众国一切文职官员因叛国罪、贿赂罪或其他重罪与轻罪而遭弹劾并被判定有罪时，应予以免职。

第三条

第一款   合众国的司法权属于最高法院以及国会随时规定设置的下级法院。最高法院和下级法院的法官如行为良好得继续任职，并应在规定时间获得服务报酬，此项报酬在他们继续任职期间不得减少。

第二款   司法权所及范围如下：一切基于本宪法、合众国法律以及根据合众国权力所缔结或将缔结的条约而产生的普通法的和衡平法的案件；一切涉及大使、其他使节和领事的案件；一切有关海事法和海事管辖权的案件；以合众国为当事人的诉讼；两个或数个州之间的诉讼；一州与另一州公民之间的诉讼①；各州公民之间的诉讼；同州公民之间对他州让与之

---

①   已由第十一条修正案加以修正。

土地的所有权的诉讼；一州或其公民与外国或外国公民或国民之间的诉讼。①

涉及大使、其他使节和领事以及以一州为当事人的一切案件，其初审权属于最高法院。对上述的所有其他案件，无论是法律方面还是事实方面，最高法院有上诉审理权，但须遵照国会所规定的例外与规则。

一切罪案，除弹劾案外，应由陪审团审判，审判应在犯罪发生的州内举行，但如不止在一个州内发生，审判应在国会以法律规定的一处或数处地点进行。

第三款 只有对合众国发动战争或依附、帮助、庇护合众国敌人者，才犯叛国罪。无论何人，非经两个证人对同一公然犯罪行为做证或本人在公开法庭上的供认，不得判定为叛国罪。

国会有权宣告对叛国罪的惩治，但叛国罪犯公民权利的剥夺，不得影响其继承人的权益，除剥夺公民权利终身者外，不得包括没收财产。

第四条

第一款 各州对于其他州的公共法令、记录和司法诉讼程序应给予充分信任和尊重。国会可用一般法律规定此类法令、记录和司法诉讼程序的验定方法及其效力。

第二款 每州公民均应享受其他各州公民的一切特权和豁免权。

凡在任何一州被控犯有叛国罪、重罪或其他罪行的人在逃并于另一州被缉获时，该州应根据该人所逃出之州行政当局的要求将其交出，以便押送到对该罪行有审理权的州。

凡根据一州法律应在该州服兵役或劳役之人逃往另一州时，不得根据逃往州的任何法律或规章解除该项兵役或劳役，而应根据有权得到劳役或劳动的当事者的要求将其交出。②

第三款 国会可准许新州加入本联邦；但不得在任何其他州的管辖权之内组成或建立新州；亦不得未经有关州议会和国会同意合并两州或数州的部分地区建立新州。

---

① 已由第十一条修正案加以修正。
② 本段已由第十三条修正案修正。

国会有权处置并制定有关合众国领土或其他财产的一切必要的规章和条例；对本宪法条文不得作有损于合众国或任何特定州的任何权利的解释。

第四款　合众国应保障联邦各州实行共和政体，保护各州免遭入侵，并应根据州议会或州行政长官（在州议会不能召开时）的请求平定内乱。

第五条

国会应在两院各 2/3 议员认为必要时提出本宪法的修正案，或根据全国 2/3 州议会的请求召开会议提出修正案。以上任何一种情况下提出的修正案，经全国 3/4 州的州议会或 3/4 州的制宪会议批准，即成为本宪法的一部分而发生实际效力；采用哪种批准方式可由国会提出。但在 1808 年前所制定的修正案不得以任何形式影响本宪法第一条第九款第一、第四两项；无论何州，未经其同意，不得剥夺它在参议院中的平等投票权。

第六条

本宪法生效前所负的一切债务和所签订的一切契约在本宪法生效后对合众国仍然有效，其效力一如邦联时代。

本宪法及依照本宪法制定的合众国法律以及根据合众国权力所缔结或将要缔结的一切条约，均为全国的最高法律；即使与任何州的宪法或法律相抵触，各州法官仍应遵守。

上述参议员和众议员，各州议会议员以及合众国和各州一切行政、司法官员均应宣誓或作郑重声明拥护本宪法，但不得以宗教信仰作为担任合众国任何官职或公职的必要资格。

第七条

经 9 个州的制宪会议批准，即足以使本宪法在批准本宪法的各州开始生效。

本宪法于公元 1787 年，即美利坚合众国独立后第 12 年的 9 月 17 日，经出席制宪会议的各州与会者一致同意后制定。我们谨在此签名做证。

乔治·华盛顿

会议主席、弗吉尼亚州代表

（译文参见 ［美］加里·沃塞曼《美国政治基础》，陆震纶、何祚康、郑明哲等译，中国社会科学出版社 1994 年版，第 225—235 页）

附录三 经 1996 年修订后的 《1934 年通信法》目录

第 I 篇 总则

第 II 篇 公共电信公司

第Ⅲ篇　关于无线电的规定

第Ⅳ篇　程序与行政管理的规定

第Ⅴ篇　行事处罚——罚金

第Ⅵ篇   有线电视通信

第Ⅶ篇　附则

（参见王俊豪等《美国联邦通信委员会及其运行机制》，经济管理出版社 2003 年版，第 110—118 页）

附录四 《1996 年电信法》目录

第 I 篇 电信服务

第 A 章 电信服务

第 101 条 在《1934 年通信法》第 II 篇中增设第二部分：竞争性市场的发展

第 102 条 合格的电信公司

第 103 条 豁免电信公司

第 104 条 非歧视性原则

第 B 章 对贝尔电信公司的专门规定

第 C 章 在《1934 年通信法》第 II 篇中增设第三部分：对贝尔电信公司的专门规定

第 II 篇 广播服务

第 201 条 广播频率的灵活性

第 202 条 广播所有权

第 203 条 许可证条款

第 204 条 广播许可证的更新程序

第 205 条 卫星直播服务

第 206 条 海滩求救与安全系统

第 207 条 空中接收装置的限制

第Ⅲ篇 有线电视服务

第Ⅳ篇 管制改革

第Ⅴ篇 色情与暴力

第 561 条　复议程序

第Ⅵ篇　对其他法律的效力

第 601 条　反托拉斯协议和其他法律的适用性
第 602 条　直接进入家庭的卫星直播业务

第Ⅶ篇　其他条款

第 701 条　防止利用免费电话提供信息或服务进行不公平收费
第 702 条　用户信息的保密
第 703 条　天线塔台搭载
第 704 条　设施选址；无线电辐射标准
第 705 条　无线业务直接接入长途电信公司
第 706 条　鼓励使用先进的电信技术
第 707 条　电信发展基金
第 708 条　全国教育技术资金管理公司
第 709 条　医用先进电信业务的报告
第 710 条　拨款权

（参见王俊豪等《美国联邦通信委员会及其运行机制》，经济管理出版社 2003 年版，第 119—121 页）

参考文献

论　文

［1］白谦诚：《访美国公共电视网第 13 台》，《电视研究》1995 年第 7 期。

［2］蔡雯：《"公共新闻"：发展中的理论与探索中的实践》，《国际新闻界》2004 年第 1 期。

［3］曹三省、刘剑波：《广播电视公共服务支撑技术框架分析》，《现代传播》2008 年第 1 期。

［4］崔亚娟、俞虹：《以财源为核心的公共电视运营模式分析——域外公共电视系列研究之一》，《现代传播》2008 年第 4 期。

［5］陈昌凤：《多重制约：美国对电视娱乐化的管控》，《中国广播电视学刊》2011 年第 9 期。

［6］陈力丹、王辰瑶：《电视传媒与公共空间——2005 年我国电视研究理论聚焦》，《山东视听》2006 年第 1 期。

［7］陈堂发：《论传媒政策的"公共性"》，《新闻大学》2005 年秋季号。

［8］谌达军：《我国公共电视角色失调原因分析》，《当代传播》2006 年第 2 期。

［9］丁汉青：《NHK 的经营管理》，《青年记者》2005 年第 3 期。

［10］董静、李本乾：《欧美传媒产业规制及规模》，《当代传播》2006 年第 5 期。

［11］范红：《韩国放送公社"三个面向"的战略导向》，《现代传播》2006 年第 3 期。

［12］范叶妮：《欧洲公共媒体生存探究》，《重庆工商大学学报》2005 年第 1 期。

［13］尔东：《美国公共电视的新秀——PBS World》，《卫星电视与宽带多

媒体》2007 年第 18 期。

［14］方雪琴、阎大荣：《公共电视的本土化建构》，《现代传播》2006 年第 6 期。

［15］冯广超、冯应谦：《世界公共电视的生存及其争议》，中华传媒网 2005 年 5 月 19 日。

［16］冯建三：《台湾公共电视的构建与扩大，1990—2006》，《传播与社会学刊》（香港）2006 年第 1 期。

［17］冯建三、卢迎安：《公共电视：理念、实践与挑战——访台湾政治大学冯建三教授》，《新闻大学》2008 年第 2 期。

［18］冯雁：《英国公共广播电视体制的尴尬——广播电视的发展带来的冲击》，《中国电视》2006 年第 7 期。

［19］高子华：《美国广播电视的运营与管制》，《新闻实践》2005 年第 9 期。

［20］顾亚奇：《中国广播电视公共服务的三个历史阶段》，《现代传播》2008 年第 1 期。

［21］郭景哲：《英国广播公司的受众意识》，《电视研究》2004 年第 1 期。

［22］郭小平：《新自由主义思潮对当代西方广播电视业的影响》，《新闻大学》2008 年第 1 期。

［23］郭镇之：《美国公共广播电视的起源》，《新闻与传播研究》1997 年第 4 期。

［24］郭镇之：《公共广播电视：变与不变之间》，《新闻大学》2006 年第 3 期。

［25］郭镇之：《欧洲公共广播电视的历史遗产及当代解释》，《国际新闻界》1998 年第 5—6 期。

［26］郭镇之：《加拿大广播公司的新战略》，《中国广播电视学刊》2000 年第 8 期。

［27］郭镇之：《商营政策比较：CBC 与 CCTV》，《新闻与传播研究》1996 年第 3 期。

［28］郭镇之：《加拿大广播政策史评》，《现代传播》1996 年第 6 期。

［29］郭镇之：《数字时代的公共广播电视》，《传播学论坛》2006 年 11 月 28 日。

［30］贺丹：《公共电视的当代之路》，《新闻前哨》2007 年第 5 期。

[31] 贺东航、孔繁斌:《公共政策执行的中国经验》,《中国社会科学》2011 年第 5 期。

[32] 何志武:《公共政策的电视对话:协商民主的视角》,《当代传播》2010 年第 2 期。

[33] 侯红霞:《英国公共服务广播面临的问题及对策》,《中国广播电视学刊》2008 年第 4 期。

[34] 侯红霞:《美国公共广播的公共政策和资金模式》,《现代传播》2012 年第 3 期。

[35] 侯红霞:《美国公共电视的资金机制及其问题》,《现代传播》2013 年第 9 期。

[36] 洪金镖:《公共产品提供与生产理论对电视媒介体制改革的启示》,《国际新闻界》2005 年第 5 期。

[37] 金冠军、郑涵:《当代西方公共广播电视体制的基本类型》,《国际新闻界》2002 年第 2 期。

[38] 黄春平、杨世军:《简论美国广播电视内容监管政策的演变》,《三峡大学学报》2009 年第 3 期。

[39] 黄学建:《公共电视的四大难题——从台湾公视的经验和困扰说起》,《现代传播》2008 年第 1 期。

[40] 黄玉:《BBC:收视费面临挑战与危机》,《中国记者》2003 年第 7 期。

[41] 黄玉:《德国的广播电视与保护措施》,《中国记者》2001 年第 5 期。

[42] 黄玉:《法国的视听保护政策》,《中国记者》2001 年第 4 期。

[43] 黄玉:《瑞士:多元文化挑战公共电视》,《电视研究》2000 年第 11 期。

[44] 贾玉敏:《文化保护与市场化进程中的法国广电业》,《当代传播》2001 年第 4 期。

[45] 姜红:《奥地利公共广播电视地位稳定》,《电视研究》1998 年第 11 期。

[46] 姜红:《德国广播电视体制:双轨并存》,《电视研究》1998 年第 9 期。

[47] 姜红:《英国公共广播电视体制:困境与变革（上）》,《电视研究》1998 年第 5 期。

[48] 姜红：《英国公共广播电视体制：困境与变革（下）》，《电视研究》1998 年第 6 期。

[49] 蒋艳芳：《电视精英文化拯救与公共电视的建立》，《声屏世界》2006 年第 9 期。

[50] 柯杨：《区别、鼓励、协调、保护与发展——澳大利亚广播局的管理方法》，《中国广播电视学刊》2003 年第 2 期。

[51] 李法宝：《维护公共利益：香港电视管理原则》，《当代传播》2008 年第 5 期。

[52] 李继东：《英国公共广播电视政策变迁的意识形态成因分析》，《新闻大学》2007 年第 3 期。

[53] 李继东：《西方广播电视公共服务的价值理念、基本原则和运行路径》，《现代传播》2008 年第 1 期。

[54] 李蕾：《欧洲商业电视台的区域特色探析》，《新闻界》2003 年第 3 期。

[55] 李立新：《大众媒体的经济分析》，《深圳大学学报》2001 年第 11 期。

[56] 李良荣、张华：《参与社会治理：传媒公共性的实践逻辑》，《现代传播》2014 年第 4 期。

[57] 岭摘：《美国公共电视的困境》，《中国电视》1988 年第 5 期。

[58] 李娜：《市场化背景下公共广播制度的变迁——以英国广播公司 BBC 为例》，《现代传播》2006 年第 3 期。

[59] 李希光：《互联网与下一代美国主流媒体》，《科技潮》2000 年第 5 期。

[60] 梁宁：《英、日、法三国公共电视财税体制及相关问题研究》，《中国广播电视学刊》2004 年第 3 期。

[61] 梁山：《中美广播电视宏观管理体制比较（上、下）》，《中国广播电视学刊》2003 年第 9 期。

[62] 刘丹：《公共电视如何走出商业化怪圈》，《新闻前哨》2006 年第 2—3 期。

[63] 刘建明：《欧洲"无国界电视"》，《中国广播电视学刊》2003 年第 7 期。

[64] 刘晓鹏：《欧洲公共广播电视的困局与出路》，《新闻大学》2005 年

第 2 期。

[65] 刘新传:《商业与公共的博弈:台湾公共电视政策的形成、变迁及启示——以台湾公共广播电视集团（TBS）为例》,《现代传播》2010年第 10 期。

[66] 刘燕南:《公共广播体制下的市场结构调整:韩国个案（上、下）》,《现代传播》2003 年第 4 期。

[67] 陆地、方芳:《国际公共电视的历史、现状和发展趋势》,《声屏世界》2005 年第 8 期。

[68] 陆地、高宝霖:《中国是否需要建立公共广播电视?》,《声屏世界》2005 年第 8 期。

[69] 陆地、高菲:《我国建立公共电视的总体思路、模式和路径》,《声屏世界》2005 年第 8 期。

[70] 陆地、方芳、朱一彬:《中国的公共频道离公共电视有多远?》,《南方电视学刊》2004 年第 5 期。

[71] 陆晔、赵月枝:《美国数字电视:在权利结构与商业利益之间的曲折发展》,《新闻与传播研究》1999 年第 3 期。

[72] 卢迎安:《公共电视:理念、实践与挑战——访台湾政治大学冯建三教授》,《新闻大学》2008 年第 2 期。

[73] 卢迎安:《欧美近年公共服务广播研究述评》,《浙江传媒学院学报》2008 年第 5 期。

[74] 罗乐:《公共取向还是市场取向——从 BBC 改革看公共服务广播体制的转型》,《当代经理人》2006 年第 5 期。

[75] 吕书练:《公共电视的社会价值》,《传媒透视》2002 年第 7 期。

[76] 倪燕、赵曙光:《西方公共电视的节目评估:收视率悖论》,《国际新闻界》2004 年第 2 期。

[77] 潘忠党等:《反思与展望:中国传媒改革开放三十周年笔谈》,《传播与社会学刊》2008 年第 6 期。

[78] 芮跃峰:《美国公共电视对我国教育电视事业发展的启示》,《中国教育技术装备》2006 年第 5 期。

[79] 沈国麟:《C－SPAN 镜头中的美国国会:美国媒体与政治的互动》,《美国研究》2002 年第 3 期。

[80] 沈国麟:《把摄像机架到国会去——美国公共事务有线电视网的借

鉴》，《新闻大学》2003 年第 4 期。

［81］沈国麟：《美国公共电视的生存空间——美国公共电视网（PBS）记者温格·艾菲儿访谈》，《新闻大学》2008 年第 2 期。

［82］石长顺：《公共电视与公共领域的建构》，《现代传播》2006 年第5 期。

［83］石长顺、周莉：《公共电视的公共文化服务诉求》，《中国广播电视学刊》2006 年第 12 期。

［84］石长顺、王琰：《广播电视媒体的政府规制与监管》，《中国广播电视学刊》2008 年第 1 期。

［85］施文泼：《从产权角度看公共品的供给效率》，《四川财政》2001 年第 8 期。

［86］唐世鼎、黎斌、郭振玺：《西欧公共电视机构的市场化改革》，《电视研究》2001 年第 5 期。

［87］唐世鼎、黎斌、张令振：《台际合作与电视集团化的运作——西欧电视业考察启示》，《电视研究》2001 年第 5 期。

［88］汤民国译：《公共广播电视的使命》，《电视研究》1994 年第 8 期。

［89］陶鹤山：《中国和欧洲传媒体制改革及其合作前景分析》，《开放时代》2001 年第 5 期。

［90］童颖：《美、英广播电视集团发展及其启示》，《新闻界》2005 年第5 期。

［91］王辰瑶：《2004 年广播电视研究的十个关键词》，《声屏世界》2005 年第 2 期。

［92］王甘文、雷元亮、曹寅：《关于德、法两国广播电视立法情况的考察》，《中国广播电视学刊》2000 年第 7 期。

［93］王满满：《传播技术变革对媒介公共性的限制》，《新闻记者》2004 年第 8 期。

［94］王哲平译：《美国公共电视的编辑标准和方针》，《声屏世界》2009 年第 3 期。

［95］王哲平、周琼：《美国公共电视的理念与机制》，《声屏世界》2010 年第 6 期。

［96］王哲平、王子轩：《美国公共电视的启示》，《当代传播》2012 年第1 期。

［97］王哲平：《美国公共电视的现实困境及其解困之策》，《电视研究》
2011 年第 9 期。

［98］王哲平、冷超超译：《公共电视的未来是什么?》，《南方电视学刊》
2010 年第 1 期。

［99］王哲平、蔡姬煌译：《媒体公共服务的新与旧：激活公民文化》，
《南方电视学刊》2010 年第 3 期。

［100］王哲平、陈沈玲译：《新媒体时代公共广播的赢利模式》，《视听
界》2009 年第 3 期。

［101］王哲平、程文艺译：《媒介融合，并非为了公共利益》，《声屏世
界》2010 年第 9 期。

［102］王子轩译：《怎样拯救公共电视?》，《南方电视学刊》2010 年第
6 期。

［103］汪黎黎：《公共新闻：电视新闻新形态》，《传媒观察》2005 年第 3 期。

［104］温飚：《数字时代英国广播电视新变化》，《电视研究》2005 年第
3 期。

［105］翁秀琪：《我国公共电视立法应有之精神》，《新闻学研究》（台湾）
1991 年第 3 期。

［106］吴俐萍、李昕：《西方传媒管理体制变迁及对我国的启示——以欧
洲模式与美国模式为例》，《武汉科技学院学报》2005 年第 9 期。

［107］吴非：《俄罗斯广电国有公共服务体制的形成》，《中国广播电视学
刊》2005 年第 5 期。

［108］夏倩芳：《公共利益与广播电视规制——以美国和英国为例》，博
士学位论文，武汉大学，2004 年 10 月。

［109］夏倩芳：《公共利益界定与广播电视规制》，《新闻与传播研究》
2005 年第 1 期。

［110］夏倩芳：《广播电视放松规制与重新界定公共利益》，《现代传播》
2005 年第 4 期。

［111］夏铸九：《建构公共空间——理论的反省》，《台湾社会研究季刊》
1994 年第 16 期。

［112］肖生福：《传媒公共性之内涵解析与考察框架》，《社会科学论坛》
2010 年第 9 期。

［113］许剑：《新闻媒体与我国当前公共领域的建构》，《新闻大学》2003

年春季号。

[114] 许鑫：《传媒公共性：概念的解析与应用》，《国际新闻界》2011年第 5 期。

[115] 许鑫：《公共电视的本质、模式及其建构——对重庆卫视"公益频道"实验的反思》，《理论导刊》2013 年第 5 期。

[116] 徐秀龙：《电视新闻面临的挑战对策（五）——日本公共广播电视的优势》，《声屏世界》2000 年第 3 期。

[117] 薛洁：《论公共广播电视体制的优势——日本 NHK 经营模式分析》，《新闻知识》2004 年第 10 期。

[118] 杨乘虎：《中国广播电视公共服务体系建设三论》，《现代传播》2008 年第 1 期。

[119] 杨瑞明：《大鸟还能飞多远？——困境中的美国公共电视》，《国际新闻界》1996 年第 6 期。

[120] 阎成胜：《日本政府对广播电视业的管理及对我国的借鉴作用》，《中国广播电视学刊》2001 年第 5 期。

[121] 禹建国：《对媒介产品的经济学分析》，《国际新闻界》2003 年第 4 期。

[122] 袁侃、周怡：《西方公共广播电视体制变迁变化——以 BBC 为例》，《青年记者》2005 年第 11 期。

[123] 袁茜、项立新：《公共电视，势在必行》，《现代传播》2006 年第 5 期。

[124] 张钗：《西方公共广播电视现状透视》，《声屏世界》2005 年第 6 期。

[125] 张春华：《美国广播电视体制的反思与中国启示——基于公共利益与体制变迁的视角》，《中州学刊》2011 年第 5 期。

[126] 张春华：《简析美国广播电视体制"公众委托模式"的困境》，《中国电视》2011 年第 11 期。

[127] 张春华、李培：《美国广播电视体制"公众委托模式"的形成机制》，《湖南大众传媒职业技术学院学报》2009 年第 5 期。

[128] 张国涛：《广播电视公共服务的基本内涵》，《现代传播》2008 年第 1 期。

[129] 张海涛：《按照科学发展观的要求，大力推进农村广播电视公共服

务体系建设》，《广播电视技术》2004 年第 12 期。

[130] 张海鹰：《英国广播公司的网络及商业运作》，《新闻大学》2003
年第 3 期。

[131] 张建凤：《境外公共广播电视媒介经营策略》，《新闻前哨》2006
年第 1 期。

[132] 张金海、李小曼：《传媒公共性与公共性传媒——兼论传媒结构的
合理建构》，《武汉大学学报》（人文科学版）2007 年第 6 期。

[133] 张谦：《欧洲理事会与欧盟的广播电视政策法规》，《国际新闻界》
2002 年第 5 期。

[134] 张生祥：《德国的电视体制与产业政策》，《当代电视》2004 年第
12 期。

[135] 张昆、杨林：《BBC 公信力的培育》，《新闻记者》2004 年第 9 期。

[136] 张毓强：《角色与责任：西方广播电视与公共服务》，《现代传播》
2008 年第 1 期。

[137] 张允若：《外国广播电视体制类型的比较》，《中国广播电视学刊》
1999 年第 6 期。

[138] 张允若：《美国电视的新近印象》，《国际新闻界》2001 年第 1 期。

[139] 张玉：《英国广播电视管理体制管窥》，《兰州学刊》2006 年第
10 期。

[140] 张政法：《北京市广播电视公共服务体系建设面临的主要矛盾与问
题》，《现代传播》2008 年第 1 期。

[141] 章维：《从台湾公视看公共电视如何对待收视率》，《东南传播》
2006 年第 6 期。

[142] 赵鹏：《西欧三国电视机构考察报告》，《电视研究》2005 年第
1 期。

[143] 赵瑜：《电视媒介新技术背后的利益博弈——从欧美数字电视标准
的确立谈起》，《中国广播电视学刊》2008 年第 5 期。

[144] 赵光锐：《欧洲大众传媒领域一体化运动解析——从哈贝马斯"公
共领域"的视角》，《湖北社会科学》2005 年第 12 期。

[145] 赵彦华：《谁在操纵 BBC——公众？政府？——透视英国政府关于
BBC 公共广播改革的"绿皮书"》，《国际新闻界》2005 年第 2 期。

[146] 赵月枝：《公共利益、民主与欧美广播电视的市场化》，《新闻与传

播研究》1998 年第 2 期。

[147] 赵月枝：《国家、市场与社会——从全球视野和批判角度审视中国传播与权力的关系》，《传播与社会学刊》2007 年第 2 期。

[148] 郑岑：《内容政策与制作投资——加拿大媒介业在平衡中发展》，《声屏世界》2004 年第 5 期。

[149] 郑涵：《当代西方广播电视体制商业模式研究》，《上海大学学报》2002 年第 4 期。

[150] 周宪：《文化工业/公共领域/收视率——布尔迪厄的媒体批判理论》，《国外社会科学》1999 年第 2 期。

[151] 周宪：《文化工业/公共领域/收视率——从阿多诺到布尔迪厄的媒介批判理论》，《新闻与传播研究》1998 年第 4 期。

[152] 周小普、王雅丽：《美国公共电视网公益性内涵浅析》，《国际新闻界》2007 年第 6 期。

[153] 周志忍：《当代政府管理的新理念》，《北京大学学报》（哲学社会科学版）2005 年第 3 期。

[154] 朱清河、张荣华：《现代政府——传媒公共性实践的多维困境》，《国际新闻界》2012 年第 9 期。

[155] 丹尼斯·麦奎尔、罗萨里奥·德马特奥、海伦娜·塔珀：《90 年代欧洲媒介变革分析框架》，孙五三译，《新闻与传播研究》1994 年第 4 期。

[156] 皮埃尔·约尼奥：《公共广播电视应得到保护和加强》，《电视研究》1998 年第 8 期。

[157] 本杰明·康佩因：《关于全球传媒的再思考》，郑城译，《国外社会科学文摘》2002 年第 12 期。

[158] 洪浚浩、劳伦斯·舍里克：《BBC 与 BSkyB 之战：新环境下公共广播电视与商业广播电视的竞争及启示》，《新闻大学》2003 年冬季号。

[159] J. 哈里森、L. M. 伍兹：《定义欧洲公共广播》，《新闻大学》2003 年冬季号。

[160] 康贤斗：《多媒体时代韩国广播电视业的发展》，北京广播学院"中日韩广播电视发展国际学术研讨会"2000 年 6 月。

[161] 维拉德·D. 罗兰德、米奇尔·特瑞塞：《公共广播电视面临世界挑战》，《国际新闻界》1990 年第 4 期。

[162] 马克·莱伯伊:《世界公共服务广播的形势:俯瞰与分析》,《新闻与传播研究》1997 年第 2 期。

[163] Bitterman G. F. Mary, "How to Save Public Broadcasting", *Television Quarterly*, Winter, 2006.

[164] Culver Hope Sherri, "What's the Future of Public TV?", *Television Quarterly*, Spring/Summer, 2004.

[165] C. V. Girod, "PBS, Satellites, and Digital Video Compression", *SMPTE Journal*, 1995, 104 (2).

[166] Jacobi Fritz, "Is PBS Still Necessary?" *Television Quarterly*, Spring/Summer, 2008.

[167] Julia Rozanova, "Public Television in the Context of Established and Emerging Democracies; Quo Vadis", *International Communication Gazette*, 2007, 69.

[168] P. M. Napoli, "The Public Interest Obligations Initiative: Lost in the Digital Television Shuffle", *Journal of Broadcasting & Electronic Media*, 2003, 47 (1).

[169] Silverstein Morton, "Public Television's Struggle to Survive: An Interview with Bill Baker", *Television Quarterly*, Winter, 2008.

[170] William F. Baker, The New World of American Media, Source: 2007 James L. Loper Lecture in Public Service Broadcasting, USC, November 12, 2007.

著　作

[1] 陈昌凤:《美国传媒规制体系》,清华大学出版社 2013 年版。

[2] 陈振明:《政策科学》,中国人民大学出版社 1998 年版。

[3] 樊勇明、杜莉:《公共经济学》,复旦大学出版社 2007 年版。

[4] 郭镇之:《中外广播电视史》,复旦大学出版社 2005 年版。

[5] 洪丽:《公共广播收入模式研究》,中国广播电视出版社 2010 年版。

[6] 胡正荣主编:《媒介公共服务:理论与实践》,中国传媒大学 2009 年版。

[7] 胡正荣、李继东主编:《中国广播电视公共服务体系:目标与实践研

究》，中国广播电视出版社 2010 年版。

[8] 江宜桦：《自由民主的理路》，新星出版社 2006 年版。

[9] 金冠军、郑涵、孙绍谊：《国际传媒政策新视野》，上海三联书店 2005 年版。

[10] 李军鹏：《公共服务学——政府公共服务的理论与实践》，国家行政学院出版社 2007 年版。

[11] 李良荣：《西方新闻事业概论》，复旦大学出版社 2006 年版。

[12] 李娜：《欧美公共广播电视危机与变迁研究》，中国传媒大学出版社 2009 年版。

[13] 雷建军：《视频互动媒介》，清华大学出版社 2007 年版。

[14] 陆生：《走进美国公共电视》，复旦大学出版社 2007 年版。

[15] 彭芸：《NCC 与媒介政策——公共利益、规管哲学与实务》，风云论坛有限公司 2012 年版。

[16] 彭芸：《汇流时代的电视产业及观众》，台湾五南图书出版公司 2004 年版。

[17] 王海：《博弈：反垄断与传媒集中》，暨南大学出版社 2009 年版。

[18] 石长顺、张建红：《公共电视》，武汉大学出版社 2007 年版。

[19] 谢静：《美国的新闻媒介批评》，中国人民大学出版社 2009 年版。

[20] 郑涵、金冠军：《当代西方传媒制度》，上海交通大学出版社 2007 年版。

[21] [德] 严斯·鲁赫特：《德国公法广播电视：基础—分析—展望》，中国广播电视出版社 2011 年版。

[22] [德] 尤尔根·哈贝马斯：《公共领域的结构转型》，曹卫东译，学林出版社 1990 年版。

[23] [法] 托克维尔：《论美国的民主》（上、下册），董果良译，商务印书馆 1988 年版。

[24] [加] 文森特·莫斯可：《传播政治经济学》，胡正荣等译，华夏出版社 2000 年版。

[25] [加] 玛丽·崴庞德：《传媒的历史与分析》，郭镇之译，北京广播学院出版社 2002 年版。

[26] [美] 爱德华·赫尔曼、罗伯特·麦克切斯尼：《全球媒体：全球资本主义的新传教士》，甄春亮译，天津人民出版社 2001 年版。

［27］［美］查尔斯·贝克：《媒体、市场与民主》，冯建三译，陈卫星校，上海世纪出版集团 2008 年版。

［28］［美］大卫·克罗图、威廉·霍伊尼斯：《运营媒体：在商业媒体与公共利益之间》，董关鹏、金城译，清华大学出版社 2007 年版。

［29］［美］大卫·斯隆：《美国传媒史》，刘琛等译，世纪出版集团、上海人民出版社 2010 年版。

［30］［美］戴安娜·克兰：《文化生产：媒体与都市艺术》，赵国新译，译林出版社 2001 年版。

［31］［美］弗雷德里克·S. 西伯特、西奥多·彼得森、威尔伯·施拉姆：《传媒的四种理论》，戴鑫译，中国人民大学出版社 2008 年版。

［32］［美］加里·沃塞曼：《美国政治基础》，陆震纶、何祚康、郑明哲等译，中国社会科学出版社 1994 年版。

［33］［美］隆·莱博：《思考电视》，葛忠明译，中华书局 2005 年版。

［34］［美］罗伯特·G. 皮卡德：《全球媒体》，赵丽颖译，中国人民大学出版社 2005 年版。

［35］［美］罗伯特·W. 麦克切斯尼：《富媒体，穷民主：不确定时代的传播政治》，谢岳译，新华出版社 2004 年版。

［36］［美］马丁·迈耶：《美国商业电视的竞争》，刘燕南、肖弦弈、和轶红译，展江、欧丽娜等校，中国传媒大学出版社 2007 年版。

［37］［美］迈克尔·罗斯金等：《政治科学》，林震等译，华夏出版社 2002 年版。

［38］［美］迈克尔·埃默里、埃德温·埃默里、南希·L. 罗伯茨：《美国新闻史：大众传播媒介解释史》（第 9 版），展江译，中国人民大学出版社 2009 年版。

［39］［美］美国新闻自由委员会：《一个自由而负责的新闻界》，展江、王征、王涛译，中国人民大学出版社 2004 年版。

［40］［美］尼尔·波茨曼：《娱乐至死》，章艳译，广西师范大学出版社 2004 年版。

［41］［美］苏珊·泰勒·伊斯特曼、道格拉斯·A. 弗格森：《电子媒介节目设计与运营》，谢新洲等译，北京大学出版社 2005 年版。

［42］［美］威迪逊：《公共部门经济学》，邓力平译，中国人民大学出版社 2000 年版。

［43］［美］约翰·费斯克等编撰：《关键概念》，李彬译注，新华出版社
2004 年版。

［44］［美］约翰·克莱顿·托马斯：《公共决策中的公民参与》，中国人
民大学出版社 2010 年版。

［45］［美］约翰·帕夫利克：《新媒体技术——文化和商业前景》，李勇、
张平锋、景刚译，清华大学出版社 2005 年版。

［46］［美］约瑟夫·R. 多米尼克、弗里茨·梅塞尔、巴里·L. 谢尔曼：
《电子媒体导论》，张海鹰译，复旦大学出版社 2006 年版。

［47］［美］詹姆斯·A. 布朗、沃德·L. 奎尔：《广播电视管理》（第 3
版），钟新、宋晶、王海、李文君译，中国人民大学出版社 2010 年版。

［48］［美］詹姆斯·海尔布伦、查尔斯·M. 格雷：《艺术文化经济学》，
詹正茂等译，中国人民大学出版社 2007 年版。

［49］［美］詹姆斯·沃克、道格拉斯·弗格森：《美国广播电视产业》，
陆地、赵丽颖译，清华大学出版社 2005 年版。

［50］［美］珍妮特·V. 登哈特、罗伯特·B. 登哈特：《新公共服务：服
务，而不是掌舵》，中国人民大学出版社 2010 年版。

［51］［日］水越伸：《数字媒介社会》，冉华、于小川译，李国胜译校，
武汉大学出版社 2009 年版。

［52］［英］戴维·莫利、凯文·罗宾斯：《认同的空间：全球媒介电子世
界景观与文化边界》，司艳译，南京大学出版社 2001 年版。

［53］［英］吉德温、惠内尔：《电视的真相》，魏礼庆译，中央编译出版
社 2001 年版。

［54］［英］密尔：《论自由》，于庆生译，中国法制出版社 2009 年版。

［55］［英］约翰·弥尔顿：《论出版自由》，吴小坤译，上海交通大学出
版社 2008 年版。

［56］［英］约翰·基恩：《媒体与民主》，邵继红、刘士军译，社会科学
文献出版社 2003 年版。

［57］［英］詹姆斯·卡伦：《媒体与权力》，史安斌、董关鹏译，清华大
学出版社 2006 年版。

［58］Bruce M. Owen & Steven S. Wildman, *Vedio Economics*, London：Har-
vard University Press.

［59］Charles M. Firestone（ed.）, *Television for the 21st Century：The Next*

Wave, Washington, D. C. : The Aspen Institute, 1993.

[60] D. Easton, *The Political System*, New York: Knopf, 1953.

[61] M. Castells, *The Internet Galaxy*, Oxford: Oxford University Press, 2001.

[62] Petros Iosifidis, *Public Television in Diget Era*, England: Antony Rowe Ltd. , Chippenham and Esstboume, 2007.

[63] Price E. Monroe, Raboy Marc, *Public Service Broadcasting in Transition: A Documentary Reader*, The Newlands: Kluwer Law International, 2003.

[64] Raboy Marc, *Public Broadcasting for the 21st Century*, England: John Libbey Media Faculty of Hummanities University of Luton.

[65] Ralph Engleman, *Public Radio and Television in America: A Political History*, California, Sage Publications, 1996.

[66] Thomas R. Dye, *Understanding Public Policy* (6th ed.), Englewood Cliffs, N. J. : Prentice – Hall Inc. , 1987.

致　　谢

本研究原本应该更早一些时间完成，因为种种原因延至今日才得以杀青，其中的周折与艰辛唯有自知。在此，谨列出曾以各种方式帮助过我的人，以示铭记。

首先向浙江大学邵培仁教授表示由衷的感谢。随师从事二站博士后研究直接促成了本书的写作。他的敏锐智识、拓新勇气和丰富著述多年来一直激励着我。

对美国南加州大学安纳伯格传播学院的欧内斯特·詹姆士·威尔逊（Ernest James Wilson）教授、迈克尔·帕克斯（Michael Parks）教授我一直心存感激。这不仅因为他们在最短的时间里率先向我发出了访学邀请函，还因为在我甫一抵达洛杉矶国际机场时派车接机，并为我指配了设施完备的工作室。素昧平生却如此的友善与周到，念兹在兹，温煦无比。此外，南希（Nancy）女士、王坚博士至今仍让我不时怀想。

复旦大学张骏德教授对弟子与后学多予鼓励、关顾，先生的仁厚、通达与卓识弥足珍贵。

上海交通大学李本乾教授在媒介管理领域富有见地，他对本研究的肯定增添了作者的信心。

还有其他一些人曾经鼓励、推动过我，向我提出过讨论，特别是浙江大学传播研究所的教授们。

许多相识和不相识的学者同人的研究成果，开启了我的思路，使我得以在他们夯实的基础上添砖加瓦，这一切岂一个"谢"字了得？！

美国密苏里新闻学院孙志刚博士电邮四部英文法规文献，省却了我的许多劳顿。

硕士研究生陈沈玲、吕淑敏、孙迎怡、周琼、蔡姬煌、冷超超、程文艺，以及美国纽约大学硕士娄悦、美国匹兹堡大学博士候选人徐钟颖在文献资料的检索与整理方面多有贡献。

作者与深圳广电集团的张春朗博士二十余年来亦师亦友，切磋砥砺，他在诸多方面都曾给予过我帮助。

必须要说的是，这些年来，我亏欠最多的是妻儿和家人。妻子一直是不断给予我动力的源泉，她总是宽容我的种种缺点，而我对她的诸多美德心生敬意；儿子可谓我生命中的阳光，他的励志成长每每让我感到惊喜和人生的美好；家妹以其特别的体恤给了我无尽无私的关爱……对他们道一声"谢谢"，只恐太轻、太廉。

最后，感谢教育部社科司和诸位匿名评审专家，没有他们的抬爱，本研究不可能忝列"教育部人文社会科学研究一般课题"（批准号：11YJA860024）。

感谢浙江省哲学社会科学重点研究基地——"浙江省传播与文化产业研究中心"的立项支持（批准号：07JDCB08YB）。

感谢浙江工业大学社会科学研究院、浙江工业大学"新闻传播学"省重点学科的出版资助。

王哲平

2015 年 8 月 13 日